2020年江苏高校"青蓝工程"优秀教学团队项目资助成果

和记洋行与近代南京

朱 翔 著

东南大学出版社
SOUTHEAST UNIVERSITY PRESS
·南京·

图书在版编目(CIP)数据

和记洋行与近代南京/朱翔著. —南京:东南大学出版社,2022.1
 ISBN 978-7-5641-9737-7

Ⅰ. ①和… Ⅱ. ①朱… Ⅲ. ①食品企业—企业史—南京—近代 Ⅳ. ①F426.82

中国版本图书馆 CIP 数据核字(2021)第 269043 号

责任编辑:陈淑　责任校对:子雪莲　封面设计:王玥　责任印制:周荣虎

和记洋行与近代南京

著　　者:朱　翔
出版发行:东南大学出版社
社　　址:南京四牌楼 2 号　邮编:210096　电话:025 - 83793330
网　　址:http://www.seupress.com
电子邮件:press@seupress.com
经　　销:全国各地新华书店
印　　刷:江苏凤凰数码印务有限公司
开　　本:700mm×1 000mm　1/16
印　　张:16
字　　数:325 千字
版　　次:2022 年 1 月第 1 版
印　　次:2022 年 1 月第 1 次印刷
书　　号:ISBN 978-7-5641-9737-7
定　　价:69.00 元

本社图书若有印装质量问题,请直接与营销部调换。电话(传真):025 - 83791830

引 言

南京和记洋行,是英国联合冷藏公司投资,以蛋、禽等农产品加工冷藏为主要业务的近代化大型工厂;1911年辛亥革命前后在南京下关宝塔桥附近征地建厂,广泛征购内地廉价的农副产品,加工生产并出口海外,生产规模日益扩张。

第一次世界大战爆发,南京和记洋行承担了战时英国军队食品保障的重要任务,获得大批生产订单,英国政府在外事等方面对其进行庇护。所以,南京和记洋行生产业务迅速扩张,成为近代中国重要的蛋产品出口基地,也是近代南京现代化的出口加工企业。

南京和记洋行在发展的过程中,也造就了数千产业工人的队伍。在中国共产党的领导下,和记洋行成为南京工人运动的重要基地,书写了南京革命史的光辉篇章。

这里是五卅运动在南京的"风暴眼"。东南大学青年学生的爱国运动与和记洋行的工人斗争紧密结合在一起。回到当年的历史现场,和记洋行工人以罢工响应对帝国主义暴行的抗议,学生则以募捐来给工人救济;东南大学学生慷慨激昂的演讲、"罗步洲事件"、"七三一惨案"等发生在和记洋行的一幕幕仍然令人热血沸腾。经历运动洗礼的学生、工人骨干先后走上了革命的道路。当年在东南大学附属中学读书的巴金,亲历了这场运动,后来以这段经历创作了《死去的太阳》这部作品。

这里也是雨花英烈精神的重要发源地。1930年前后,邓定海、宋如海等和记洋行共产党员,以英勇无畏的精神组织、引导工人革命运动。在党组织的领导下,南京各界积极支援和记洋行的革命运动,前赴后继组织暴动,开展斗争。

和记洋行工人邓定海、宋如海,金陵大学学生陈景星、石璞,晓庄试验乡村师范学校学生袁咨桐、郭凤韶等被捕牺牲,成为代表雨花精神的重要革命烈士。可以说,1930年以和记洋行为中心的南京革命运动,"展示了共产党人的崇高理想信念、高尚道德情操、为民牺牲的大无畏精神"(习近平语)。

革命的年代,和记洋行成为南京反帝反封建斗争的桥头堡。这里的红色往事,令我们印象深刻,也引发我们认真思考:为什么共产党能领导人民取得新民主主义革命的胜利?

习近平总书记指出:"我们党的每一段革命历史,都是一部理想信念的生动教材。"本书结合历史文献,详细考证和记洋行的红色文化,可作为理解南京人民革命史的参考读本。

同时,本书也论述了和记洋行与民国历史等方面的内容,以马克思主义历史观突出其发展与近代不平等条约制度的保护等方面的内容。本书的写作一方面可以全面呈现和记洋行的历史发展过程,强调其与近代南京的历史联结;另一方面也帮助读者更好地理解和记洋行红色文化深刻的背景,深刻理解其作为近代重要工业文化遗址的历史意义和现实价值等。

目 录

引言

第一章 南京和记洋行的历史记忆 ·· 001
  第一节 近代南京开埠 ·· 001
  第二节 联合冷藏公司来华投资 ·· 003
  第三节 和记洋行的业务发展 ·· 008
  第四节 社会变迁与和记洋行的衰落 ···································· 024
  第五节 和记洋行的蛋庄与原料来源 ···································· 029
  第六节 和记洋行与茂昌公司的市场竞争 ································ 033

第二章 南京和记洋行与近代土地主权交涉 ································ 039
  第一节 来芜湖：租地权益的争论 ······································ 039
  第二节 到南京：强征土地的官司 ······································ 049

第三章 南京和记洋行与近代英国外事保护 ································ 061
  第一节 "一战"与骡马出口的交涉 ···································· 061
  第二节 和记洋行与耕牛问题的思考 ···································· 068
  第三节 和记洋行的铜钱交易与金融市场 ································ 075
  第四节 和记洋行抗税问题与英国外事辩护 ······························ 078

第四章 觉醒年代：五卅运动在南京与和记洋行工人政治 ···················· 093
  第一节 东南大学大礼堂的热血青春 ···································· 095

第二节　南京城内的救亡，洋行门前的呐喊 …………………… 103
　　第三节　劫持买办罗步洲 …………………………………………… 115
　　第四节　持续谈判与工人的复工 …………………………………… 122
　　第五节　再起波澜的"七三一惨案" ………………………………… 128

第五章　信仰的力量：和记洋行"四三惨案"和雨花英烈精神 ………… 148
　　第一节　和记洋行工会的成立 ……………………………………… 148
　　第二节　邓定海烈士的革命事迹 …………………………………… 151
　　第三节　"四三惨案"的红色故事 …………………………………… 157
　　第四节　青春赞歌：南京学生的声援运动 ………………………… 169
　　第五节　国民党政权的严厉镇压 …………………………………… 173
　　第六节　"四三惨案"与革命道路的思考 …………………………… 184

第六章　南京和记洋行的历史落幕 ……………………………………… 190
　　第一节　无可奈何花落去：和记洋行关厂歇业 …………………… 190
　　第二节　江边的"避难所"：和记洋行与南京大屠杀 ……………… 195
　　第三节　和记洋行离开了中国 ……………………………………… 209

结语 ………………………………………………………………………… 216

附录1　近代实业家韩永清的几段史实考证 …………………………… 219
附录2　经济调查：《南京和记洋行之一瞥》 …………………………… 228
附录3　孙正佛先生的口述采访 ………………………………………… 233

参考文献 …………………………………………………………………… 239

后记 ………………………………………………………………………… 246

第一章
南京和记洋行的历史记忆

百年前,和记洋行(简称"和记")开始矗立于南京长江南岸,是近代英国资本重要的在华企业。这家以禽、蛋等农产品加工出口为主要业务的洋行,也逐渐与民国以来的南京历史,乃至中国历史产生了复杂的关联,留下了较为丰富且有一定研究意义的重要问题。我们翻开历史尘封的记录,找寻失散的档案,寻访口述的证据,模糊的历史记忆开始逐渐清晰。和记洋行的历史记叙也由此开始!

第一节 近代南京开埠

近代南京,百年沧桑。长江之水,见证了历史的荣辱,承载着时代的变迁,也展现了民族的复兴之路。沿着鼓楼滨江漫步,大马路、惠民桥、商埠街……我们可以遇见一处又一处老下关的历史遗迹,每个建筑饱含着深刻的历史内涵,守望着过往,也遇见了未来。

茅家琦先生认为"近代工商业的发展是城市近代化的核心"[①]。翻开《天津条约》旧约章,南京也被圈为通商口岸。近代社会经济的变化导致南京失去了传统的经济和地缘优势,也并没有像其他条约口岸城市那样逐渐走上以工商业及外贸为先导的城市化发展道路。

洋务运动,曾国藩、李鸿章、刘坤一、左宗棠等先后在此领衔两江总督。1865年,金陵机器制造局选址中华门,南京成为军工重镇。

1868年,旗昌轮船公司开航长江线后,在南京下关河西宗泰字铺地方,租地

---

① 茅家琦等著:《横看成岭侧成峰:长江下游城市现代化的轨迹》,江苏人民出版社1993年版,第2页。

造屋6间4厢,设置"洋棚",办理客运业务。1873年,轮船招商局在南京下关设立棚厂,开办客运。① 1874年,正源兴记绸缎庄创办,成为近代南京云锦业的重要厂家。1894年,胜昌机器厂在大马路兴办。

1898年,清政府同意《修改长江通商章程》,并批准于次年4月1日生效施行。② 1899年,南京正式开埠,5月1日,下关滨江一带设关征税,定名金陵关。金陵关设在南京仪凤门,下设有大胜关、划子口、救生局、浦口等四个子口。金陵关的设立,标志着南京成为对外开放的开埠城市。③

20世纪初,南京的对外贸易额有了较大的增长。

随着英商在南京创办怡和、太古洋行,英国轮船直驶南京,紧接着德国的轮船也驶来南京,怡和码头、太古码头、大阪码头、美最时洋行码头先后建成。

随之而来的便是外商利用特权在长江沿线争夺势力,建筑码头。20世纪初,近代铁路的建设成为推动南京发展的重要基础动力。两江总督张之洞于1907—1908年在南京市内修筑了"宁省铁路",不仅衔接沪宁铁路于下关,而且贯通城区南北而成为市内当时主要的公共交通工具。

津浦铁路和沪宁铁路的通车,南北陆路与长江水运的交汇,凸显了南京的区位优势。

津浦铁路的通车,使南京的经济腹地有了进一步的扩展,江苏北部、河南、山东等地运往长江各港的煤炭、皮革、农副产品等货物,很大一部分由津浦铁路运到南京中转水运。④

1910年6月5日,由著名南洋华侨实业家张振勋倡议,慈禧太后批准、南洋通商大臣端方和南洋新兵督练陈琪筹办的南洋劝业会,在今南京市丁家桥至三牌楼一带开幕。

劝业会开展期间,前来参观、交易者约30万人,各类交易总额达数千万银元。南洋劝业会规模之宏大、内容之丰富,在中国近代史上是空前的。⑤

1912年,中华民国南京临时政府成立后,奖励发展实业。孙中山先生指出:

---

① 郭孝义主编:《江苏航运史(近代部分)》,人民交通出版社1990年版,第17页。
② 王铁崖编:《中外旧约章汇编》(第一册),生活·读书·新知三联书店1957年版,第866页。
③ 郭孝义主编:《江苏航运史(近代部分)》,人民交通出版社1990年版,第48页。
④ 郭孝义主编:《江苏航运史(近代部分)》,人民交通出版社1990年版,第85页。
⑤ 《江苏省志中的南洋劝业会》,《江苏地方志》2010年第2期。

窃维二十世纪之世界各竞争于工商立国之潮流,先进者行之,已见富强之效果。中国守农产立国,故步遂至贫弱难支,今幸障碍划除,民国成立,此有志时局者投袂奋起之秋也。况南北统一,军队解消日多,不亟谋容纳之方,尤为社会危险。同仁等怀此顾虑,以为谋商业发达,先在劝工,而欲工业振兴,必先组织工厂,则工厂为企业之导,亦维持社会之首要……①

南京开埠以后,下关一带逐渐形成了"南有夫子庙,北有大马路"商业繁盛的局面。近代南京的早期工商业发展也主要集中在下关大马路、商埠街、三汊河一带。南京地处长江下游,扼津浦、沪宁和长江航运之咽喉,水陆交通极为便利,又历来是江淮一带和津浦、沪宁沿线,苏、皖、鲁广大农村蛋品、禽畜的重要集散地。

第二节　联合冷藏公司来华投资

一、韦思典家族与联合冷藏公司

南京和记洋行是英国联合冷藏公司(部分文献译作"合众冷藏公司")来华投资企业,系由威廉·韦思典(William Vestey,1859—1940)及爱德蒙霍尔·韦思典(Edmund Hoyle Vestey,1866—1953)兄弟②创办。

联合冷藏公司逐渐发展成为20世纪上半叶具有重要影响的食品加工、冷链运输企业集团,业务遍及世界。

年轻的威廉·韦思典被父亲派至美国,独立打理家族事业,并显示了非凡的商业能力。他首先在芝加哥建立了一个罐头食品厂,并尝试用船运的方法将制好的罐头运至利物浦,并获得成功。

1890年,威廉·韦思典前往阿根廷建立了新的生产基地。随着远程冷藏技术的发展,南美的牛肉被源源不断地运往英国利物浦,以满足英国民众生活的需要。南美洲的贸易给韦思典家族带来了重要的资本原始积累。

他们在食品加工行业的成功,得益于第二次工业革命带来的日新月异的冷

---

① 《南京爱国工厂宣言书暨简章》,中国第二历史档案馆藏,档案号:1001—3303。
② 韦思典亦可译为"韦斯特"或"维斯蒂",爱德蒙霍尔亦可译为"埃德蒙"。

藏技术,1873年和1878年之间取得专利的各式压缩机,可以很方便地运用于陆上及海上冷藏库。①

19世纪末,南美洲、大洋洲等地牛羊遍地。例如,新西兰在1871年,每人平均拥有38头羊,1先令或6便士就可买一头牲口②。韦思典兄弟看准了商机,在畜牧业发达的南美洲、大洋洲等地投资牧场。1897年,他们在利物浦创办英国第一家食品冷藏运输企业,随着业务的发展,将总部迁往伦敦。

威廉·韦思典认为,"即便在英国本土,联合冷藏公司仅仅占有肉类市场5%～6%的市场份额"③。埃德蒙得·韦思典主张企业一方面要在国内充分发展市场,同时也要找准市场,积极开拓国际业务④。经过持续的资本扩张,韦思典兄弟陆续设立了多家关联企业。

随着南美洲等地业务的成功,他们开始在全球寻找合适的原料产地。经过细致的考察,联合冷藏公司认为汉口的鸡蛋批发价格,与欧洲国家的蛋价相比较而言,其优势是不言而喻的。⑤ 这一次,他们把赚取丰厚利润的目光转向了中国。

当时的西方,鸡蛋产品还具有多种用途,蛋粉除了可以食用外,还可以作为工业原料,干蛋白、干蛋黄也有多种工业及医药上的用途。

联合冷藏公司由于掌握了当时世界上先进的食品冷藏技术及制造冰蛋技术,再加上中国廉价的原料和很少的劳工成本,以及不平等条约的保护等,投资冰蛋业无疑将有丰厚的利润。

二、投资汉口和记洋行

16世纪西班牙传教士门多萨在其引起轰动的《中华大帝国史》一书中指出:

在江河湖泊饲养的家禽极多,以至那个帝国的一个中等城市每天要吃掉几千只各种家禽,其中主要是鸭。……家禽按重量销售……都很便宜,两磅去毛鸡肉只值两雷亚尔。⑥

---

① [英]克拉藩著:《现代英国经济史》(中卷),商务印书馆1975年版,第125—126页。
② HARRISON G. Borthwicks: A century in the meat trade, 1863—1963. London, 1963: 21.
③ The high price of meat, Lord Vestey before the commission "control" denied. The Manchester Guardian, 1925-01-22.
④ The real cause and only remedy — for Britain unemployment. The Observer, 1929-05-26.
⑤ 张宁:《技术、组织创新与国际饮食变化——清末民初中国蛋业之发展》,《新史学》2003年第1期。
⑥ [西]胡安·冈萨雷斯·德·门多萨:《中华大帝国史》,译林出版社2014年版,第7页。

中国丰富而廉价的蛋品资源很早即吸引着外国资本的眼光。1876 年 7 月 25 日,《申报》即刊有晋隆洋行收购鲜蛋的广告。1877 年,德商礼和、美最时两洋行首先在汉口设厂。

启者：本行现买鸡蛋，倘各乡镇诸友如有鸡蛋者，如要出售，祈望至本账房面谈可也。上海五马路晋隆洋行谨启。①

汉口和记洋行成立于 1907 年 8 月 23 日,是联合冷藏公司在华投资设立的第一家企业,主要从事蛋粉加工及猪肉、牛肉的冷冻出口。

清末以来,汉口已经成为繁华的商业中心及转运中心,有"九省通衢"之称。1905 年卢汉铁路通车后,汉口成为蛋业聚集之地,各传统蛋行也纷纷鼓励农民养鸡蓄蛋,批发销售。

联合冷藏公司选择在汉口创业,既考虑到汉口成熟的蛋业市场,又因其具备十分有利的地理和交通环境。联合冷藏公司经过调查后发现,中国乡村农民的日用杂物如石蜡、棉布等,多喜欢用其自家生产的鸡蛋换取;这些物品在英国价格低廉,也可以在英国集中采购,再与中国农家交换鸡蛋。这种物物交换的方式大大降低了原料的采购成本。②

中国丰富而廉价的人力也是吸引其来华投资的重要原因。威廉·韦思典爵士曾经在回答英国《曼彻斯特卫报》记者的提问中认为,联合冷藏公司在英国储备了六万头肉牛,但是无法对其进行宰杀,主要是因为在英国相关的劳动力成本过高,这种成本甚至高过了这些牛本身的价值。③

联合冷藏公司委任纪尔(E. Caesar Gill)来华全面负责洋行的筹建及业务的发展。纪尔在华被称为纪大班或季大班,对和记洋行早期业务发展有重要贡献。

---

① 《收买乡人鸡蛋》,《申报》1876 年 7 月 25 日,第 5 版。
② KNIGHTLEY P. The rise and fall of the house of Vestey: the true story of how Britain's richest family beat the taxman and came to grief. London: Warner Books, 1993: 14.
③ The high price of meat, Lord Vestey before the commission "control" denied. The Manchester Guardian, 1925-01-22.

汉口和记洋行共有股东9人，资本总额共计5万英镑，其建设所需大量资金由伦敦总公司汇往汉口的英资银行，以信贷或押汇方式供给和记运用。

1908年6月11日，汉口和记洋行在伦敦召集特别股东会议，议定该公司会员以五十人为限，股东执有数额不等的股份，并不得向外界招募公司股票及债券。①

汉口和记洋行自任用熟悉禽蛋业的湖北人杨坤山为买办后，业务发展顺利。纪尔后来对杨坤山的评价是"为和记立功最大的是杨坤山，发财最多的也是杨坤山"；汉口至今还有一条被称为"坤厚里"的里弄，即以其与副买办黄厚卿名字中的字命名。南京和记洋行业务发展后，杨坤山在南京下关热河路附近建造宅院，"杨家花园"的地名也一直延续至今。

汉口和记洋行一边生产，一边扩展基建，在谌家矶建立起鸡鸭场，还在长沙储备土地，积极准备扩大业务规模。"和记洋行订立江岸使用租约始于一九零八至一九一零，最先系由德租界获得。其后乃由特一区获得……和记洋行系江岸土地之永租人。"②

汉口和记洋行自创建伊始，即与英国驻华机构保持着密切的联系。如其在武昌的外庄收购受到了当地官方的阻挠，外庄人员被逮捕的情形发生时，纪尔可以直接通过英国驻华公使朱尔典向清政府提出严正交涉，要求采取实际的步骤来约束湖北、湖南等地限制和记业务发展的行为。③

和记在各地设庄后，通过英国驻汉领事馆要求中国地方政府予以照顾。各地庄首亦广交当地军政耆绅，向农民和小商贩发放贷款，所需资金均由英国银行以押汇方式提供，并约定不能再卖给其他收购站。

汉口和记洋行设庄地点北沿京汉铁路至邯郸，南抵长沙，西至沙市、襄樊（今襄阳）等地，各站均配设饲料供应点，收购量逐渐增大。所有蛋禽牛羊等在汉口加工冷藏，每年分两批出口。④

---

① 《英商和记洋行》，台北"中央研究院"近代史研究所档案馆馆藏经济部档案，档案号：18-23-01-78-18-022。
② 《英商和记洋行请求续租特一区江岸一段》，武汉市档案馆藏，档案号：8-5-18。
③ Jordan to Prince Qing, note, 16, Dec.1910, FO228/2247, 转引自 CHANG J N. New British companies in China: the case of international export company in Hankou, 1907-1918.《中国史学》第八卷，1998年12月20日。
④ 《和记洋行华人买办杨坤山》，载《武汉文史资料》编辑部：《武汉人物选录：武汉文史资料1988年增刊》，武汉市政协文史资料委员会，1988年版，第348页。

1909年5月底,汉口和记洋行顺利运出第一批冷冻野禽肉,同时运送的肉品还有4 663件冷冻猪肉,以及内脏、鸡鸭等,该船于7月24日抵达伦敦。①

起初,和记洋行通过租用冷冻仓位来解决其运输问题,发生了逾期而导致冰蛋腐败问题。鉴于此,韦思典兄弟于1911年7月28日注资10万英镑组建了蓝星轮船公司(Blue Star Co.),逐步建立自己的冷冻船队,蓝星轮船公司负责运输中国的冰蛋来往于中国通商口岸与英国本土。②

随着联合冷藏公司业务的急剧增长,1913年其将总股本由100万英镑增加至160万英镑。③ 而汉口和记洋行是联合冷藏公司除伦敦以外的最重要的商业增长地区。④

英国记者菲利普·奈特利(Philip Knightley)也认为联合冷藏公司在华业务发展是其利润的最重要来源。

据韦思典食品集团的资料,联合冷藏公司在华的蛋品业务在长达五十年时间里成为英国、美国及欧洲大陆蛋糕产业的主要原料来源。⑤

俄国十月革命后,联合冷藏公司在莫斯科的企业被苏俄政府没收,鸡蛋进口也完全依赖中国。但有英国议员认为,中国的鸡蛋是在鸡粪环境中生的,蛋中有寄生虫,建议政府限制来自中国的蛋品入境。英国议会甚至将此事列入议案。后来经过化验,证明中国蛋品无害,英国才允许继续从中国进口蛋品。⑥

随着在华业务的不断增加,联合冷藏公司决定扩大在华生产规模。1912年6月19日,在哈尔滨注册设立滨江物产出口公司(Produce Export Co.Ltd),因地制宜,利用东北丰富的禽鸟资源,主营禽鸟出口。⑦ 1913年3月12日投资五万英镑收购华昌冰厂,在上海设立英商上海机器制冰厂(Shang-hai Ice & Cold

---

① Paper cutting of the Lancet,1909-10-02//EDMUND H. Vestey to Jordan,1909-11-06,FO228/2247,转引自CHANG J N. New British companies in China: the case of international export company in Hankou,1907-1918.《中国史学》第八卷,1998年12月20日.
② KNIGHTLEY P. The Vestey affair. [s.l.]: Macdonald,1981: 21.
③ Public companies: dividends and reports. The Manchester Guidian,1913-10-28.
④ Union cold storage company issues. The Manchester Guidian,1913-11-26.
⑤ http://www.vesteyfoods.com/content/view/118/163/lang/en/
⑥ 湖北省商业厅主编:《湖北省商业简志·第十册·汉口蛋厂志》,1987年版,第12页.
⑦ 《英商滨江物产出口公司》,台北"中央研究院"近代史研究所档案馆馆藏经济部档案,档案号:18-23-01-72-18-496.

Storage Co.Ltd)。①

鸡蛋加工产品在进出口贸易的领域里原先只是微不足道,到 20 世纪初便成为中国对外出口大宗。汉口当时也成为最重要的蛋品出口基地,在杨坤山等人的努力下,汉口和记洋行的业务可谓"财源茂盛达三江"。

同时,在长江流域新建一家更大规模的新厂提上了决策层面,新的厂址要求选择运输便捷且有丰富原料来源的地区,这就有了南京和记洋行后来的诞生。

1911 年 10 月 10 日,武昌起义爆发,汉口成为革命军与清军作战的主战场,在北洋军冯国璋的猛烈炮火下,汉口遭受战祸尤为严重,商业被毁,交通运输停滞。这也是促使联合冷藏公司加紧在南京建设新厂的重要历史因素。

第三节 和记洋行的业务发展

一、口述历史中的和记洋行早期叙事

南京和记洋行的地理位置十分优越,濒临长江,津浦铁路通车后,生产原料来源顺畅,涨水期间可停万吨以上级轮船,且终年不冻,比汉口有更多的优势。

1912 年元旦,中华民国南京临时政府成立,鼓励发展实业。孙中山提道:"夫以中国之地位,中国之资源,处今日之社会,倘吾国人民能举国一致,欢迎外资,欢迎外才,以发展我之生产事业,则十年之内吾实业之发达必能并驾欧美矣。"②1912 年,民国政府外交部致函各省都督,也要求切实保护外人财产:

> **各省都督鉴**:停战期满,军事再兴,恐有不法之徒,乘机滋扰,害及外人生命财产。顷奉大总统命,通电各省都督,加意保护。③

辛亥革命没有完成民主革命的历史任务,南京临时政府在保护外商特殊利

---

① 《英商上海机器冰厂公司》,台北"中央研究院"近代史研究所档案馆馆藏经济部档案,档案号:18-23-01-72-04-188。
② 《建国方略·心理建设》,载中山大学历史系孙中山研究院、广东省社会科学院历史研究所、中国社会科学院近代史研究所中华民国史研究室合编:《孙中山全集·第六卷》,中华书局 1985 年版,第 227 页。
③ 《外交部为保护外人致各省都督电(1912 年 1 月 31 日)》,载中国第二历史档案馆编:《中华民国史档案资料汇编:第二辑》,江苏人民出版社 1981 年版,第 18 页。

益的同时,对于清政府与列强签订的不平等条约也予以承认。

南京和记洋行就诞生在中国近代历史的沧桑巨变之中。

位于江边的和记洋行,在大班纪尔、买办韩永清的主持下,一边进行基础建设,同时也逐渐扩展生产。由于第一次世界大战等因素,和记洋行的农副产品供不应求,发展迅猛,成为南京城内最具现代化意义的工厂,犹如长江边的一颗耀眼明珠。只是因为后来战争等原因,和记洋行工厂内的生产记录、业务档案等几乎无存,关于其发展过程的经济数据考证几乎无从着手。

从历史研究的角度看,十分幸运的是,我们在档案馆寻得一份厚实的卷宗。翻开这份材料,这是江苏省哲学研究所历史研究室于1962年开展的关于和记洋行的调查。研究人员在南京市肉类联合加工厂(简称"肉联厂")采访了过去的重要历史见证人,包括原和记洋行买办、技术员工、会计、工人等。这就留下了今天看来特别重要的口述历史资料。我们以此出发,持续发掘散落各处的档案文献,原本模糊的历史印象逐渐清晰地呈现在我们眼前。

据笔者统计,留下较多口述记忆的访谈者主要包括:

何醒愚,原和记洋行买办;

闵启铮,原和记洋行副买办;

马屺怀,原和记洋行总会计师;

朱湘吾、章锦亭、李寿成、王根生、陈金林、任有才、固永华、汤汝唐、余荣卿、修树华、张春山、王锦功、肖宝山等原和记洋行职员等等。

作为和记洋行的最后买办,何醒愚这个人,引起了我们的注意,他的口述记录告诉我们关于这里最早的人事信息:

何醒愚回忆:"最早来南京建厂的除纪尔外,还有副班杰克尔、大写(会计主任)哈尔逊等一批英国人,韩永清为和记洋行的首任买办,湖北人罗步洲后来担任副买办,同时也从汉口抽调来一批中国职员和技术工人。"

韩永清,这个我们如今已十分陌生的名字多次出现在回忆中。继续查阅史料,我们认为,他的人生与和记洋行的发展联系密切,贡献甚大,也是民初社会贤达,并当选为北洋政府国会议员。孙中山先生亦曾莅临访问,并手书"博爱"以赠。关于他的逸事,其后有撰文考证。

说到和记洋行最早的建设,据李寿成的口述:"自1913年开工后,连锅炉房在内共有 100 个工人,1914 年我来和记时,厂内约有五六百工人,都忙于钉鸡笼鸭笼,第二年开春就做蛋了。""1914 年八九月我来和记时才开厂,又过了一年,开始造大楼,先造杀猪厂、油厂,打地基达八尺深,一根柱子都有五六棵大洋松填底,冰房和机器房是一起造的。"①

听章锦亭讲:"1913 年我进入南京和记……,当时厂里设备很小,都是白铁顶的房子,有一个三层楼的木头的老冰房,清朝末年造的,一个砖墙木柱子白铁顶的机器房,里面有两台小发电机、三台小压缩机,是英国货。"②

依王根生看:"1916 年我入和记时有小冰房,老冰房都是木头造的房子,十六号机器房范围小,原来也是洋铁木头造的,过后一边生产,一边改建。"③

有本书里写道,和记洋行在华企业的冷气设备由上海万昌机器厂安装④;其中 3 台兰克夏锅炉,从 1916 年一直使用到新中国成立以后⑤;此时,和记洋行也有了汽车⑥。南京某文化单位 2012 年在拍摄和记洋行的专题片时,压缩机组车间里仍然有一台和记洋行(1912 年)时期购进的美国产制冷压缩机,整整一百年仍在正常运转。

从企业史的层面看,由于近代战争影响和破坏等,相关数据缺失严重。不过,我们也可以从口述史中大致了解这里曾经的人来人往、机器轰鸣。

1913—1914 年时开始经营,起先收买花生、蚕豆、马、驴子,1916 年时北头还有一个马场,由海船送到英国去,海船一般载重有一二万吨,每年少则来三次,多则四次。驴、马仅做了一二年,花生、蚕豆做了三年。这时已盖了一座房子,生产鸡蛋,上来做得少,日产二三十吨到四五十吨,叫小蛋厂,1916 年 21 号蛋厂盖好,生产发展。⑦

何醒愚认为:

第一次欧战(即第一次世界大战,1914—1918 年)快结束时,和记开始建筑

---

① 和记工人李寿成的访问记录,1962 年。1 尺约合 0.333 米。
② 和记工人章锦亭的访问记录,1962 年。
③ 和记工人王根生的访问记录,1962 年。
④ 金普森、孙善根主编:《宁波帮大辞典》,宁波出版社 2001 年版,第 3 页。
⑤ 《南京肉类联合加工厂外膛水冷壁兰克夏锅炉及废烟回烧经验初步总结》,江苏省档案馆馆藏档案,档案号:4061-3-1503。
⑥ 王恒宇:《白门忆往录》,《南京史志》1987 年第 4 期。
⑦ 和记工人陈金林访问记录,1962 年。

钢筋水泥大楼,建筑材料都是外国运来的,建筑工程包给中外营造商。建大楼时是一面生产、一面建筑,如机器房一面生产,一面建厂,机器上头盖油布,上面就进行建筑,这时先造了临时冰房,再造新冰房,大约五六年全部都盖好了。①

我们看到,和记洋行旧址仍然保留了一些当年建造的厂房与屋舍,历经百年,伴长江滚滚东流,看时代风云变迁。

笔者2012年找到这里的时候,南京天环食品厂(即原来的肉联厂)的办公楼也就是在这里。在他们的档案材料中,找到了当年的公司登记资料。

1916年7月7日,联合冷藏公司依据1911年颁布的香港公司条例,向港英政府"依照1911—1915年香港公司条例注册在案,并证明该公司系有限公司",正式申请注册英文名为"The International Export Company(Kiangsu)",即"江苏国际出口有限公司"。该厂注册资本25万英镑,2 500股,韦思典兄弟占80%股权,其余分配给主要英国职员。

笔者2013年在中国台北"中央研究院"近代史研究所档案馆数字平台,找到了抗战后和记洋行重新登记的影印文件。

南京英商和记有限公司注册证书②

余兹证明英商和记有限公司已于今日依照一九一一至一九一五年香港公司条例组织并依第二十七号公告(临时中国公司登记)注册在案并证明该公司系有限公司,特此签署及加盖办公处之印鉴以资证明。

一九四六年九月十九日

这家在香港注册的英国企业,在南京赚取了丰厚的利润,资本的积累也带动了其英国总公司的快速发展。据英国《曼彻斯特卫报》1915年6月21日的报道,仅1914年,联合冷藏公司的净利润就达到了58 159英镑③。

关于其和英国总部的关联,有资料说明,南京和记洋行生产情况和业务数据均要定期向总公司汇报;伦敦总公司则要根据西欧或英国对于货物的需求与价

---

① 和记工人章锦亭访问记录,1962年。
② 《英商和记公司南京分公司》,台北"中央研究院"近代史研究所档案馆馆藏档案,档案号:18-23-01-71-31-013。
③ Public companies, dividens and reports. The Manchester Guardian, 1915-06-21.

格的变动来布置在华各企业的生产。

1921年因伦敦内部经济组织有所调整,将南京之固定资产全部转往伦敦总公司,并将伦敦之联合冷藏公司改为南京公司之上级机构。①

抗战前,南京是中国各地和记公司的总管理处,有一总经理,对伦敦公司的远东部负责,当时远东部长是林福德,中国总经理是兰姆勒。②

据何醒愚回忆:

英国人在生产管理方面权力集中,生产任务由伦敦总公司下达,大班对总公司负责,总揽全厂事务,各部明确分工,各有专职,每天各车间记录员把该车间的生产情况记录下来,由车间监工核对后送至会计室,由总会计室核对后制成表经会计主任签字后送大班,再由大班向总公司汇报。大班经常亲自下车间检查生产,每周、每月、每季都有总结报表上报伦敦总公司,这样总公司得以及时掌握南京的生产情况。③

同时,和记洋行按照资本主义企业管理模式,搭建了严格的组织架构,其目的就是要赚取最丰厚的利润,并对工人进行有效的控制和管理,最大可能地压缩工人工资等。

根据档案和资料记录,我们可以大致了解南京和记洋行各个业务部门的基本情况。

大班室,"大班向厂长交代业务,生产上发生事故,大班要找厂长或监督员谈话,如工作上厂长和监督员发生冲突,监督员可以找大班谈"。

大班室下设基建室,负责人为英籍总工程师,规定总工程师在行政上受经理领导,在技术上是独立的,设备变动,技术签字必须得到总工程师的同意。

华账房,又称买办室,有买办和副买办组成,专管和记洋行外庄、用人及原料收购工作,并设会计、翻译、运输、稽查等部,外庄的业务报表经会计核对后,翻译成英文报送大班。

总会计室,又称洋账房,由英国总工程师(大写)领导,各部报表最终集中到

---

① 和记会计师马玘怀的访问记录,1962年。
② 和记职员固永华的访问记录,1962年。
③ 和记买办何醒愚的访问记录,1962年。

这里,经整理核对,制成总表:

和记洋行的总会计师权力很大,支付方面如超过一定限度,总会计师有权拒绝付款,必须总公司签字他才付钱。①

车间记录员把每天的生产情况记录下来送写字间,交厂长签字后,送会计室造成总表再送大写签字后交大班。每周、每月、每季都有报表报总公司,每年有总报表随着成本账上缴,每一种业务结束,人工成本都有比较,看盈利的情况,有提成给大班。②

一切权力掌握在大班手中,生产每日有报表,由车间送办公室核对,再送会计室由大写签名,最后交大班批准。③

厂务部,开始有各分厂厂长,后由副经理兼任,专管各车间(厂部)生产事宜,每个车间都有一个英国监工,办公室设在车间,并安排两个中国工头管理收发工牌。

和记洋行的每个车间有一二个英国人负责生产,底下有一个管生产记录的职员,一个管过磅的职员,一个管发工牌的职员,每个案板(工作台)上还有一个小头脑。④

厂长管生产、门警、厂内卫生等,动力设备方面问题向工程师汇报,发生事故向大班汇报,工程师有时也向大班汇报工作。但大班无权调动技术人员,只有和工程师商议,写条子给工程师提意见。计件工作合格发牌子,领工资,不合格的不发牌子,还要罚工资。⑤

联合冷藏公司直接控制着南京和记洋行的生产与人事权力,"经营业务种类、数量一切经总公司,总公司来电通知大班,大班布置到厂长,收购方面通知华经理,由总公司派来的人,大班只有建议权,没有解雇权"⑥。

和记洋行在华四十年,厂房等基础设施建设大多坚固,据新中国成立后的调查:

---

① 和记买办何醒愚的访问记录,1962年。
② 和记买办何醒愚的访问记录,1962年。
③ 和记职员朱湘吾的访问记录,1962年。
④ 和记职员朱湘吾的访问记录,1962年。
⑤ 和记买办何醒愚的访问记录,1962年。
⑥ 和记买办何醒愚的访问记录,1962年。

和记洋行在宝塔桥全部土地有四百余亩,分为宝塔桥东、桥西两部分,桥西部分建有仓库及厂房六幢(六层二幢,五层三幢,四层一幢),五层冷藏库一幢,二层办公大楼一座,三层门警宿舍一座,其他有机器房、泵浦间、锅炉间、门房等等附属房屋,其中有两座仓库房屋中设有电梯设备,其负荷量为三千吨,在桥西部分还有码头两个,栈桥、活动栈桥各一座,170(米)、150(米)和50(米)趸船三艘,在桥东部分有外国职员宿舍及办公大楼一座,鸭子房十六座,华籍职员办公平房一幢,油库一座。①

和记洋行位于下关江边,成为近代南京的一处重要标志。《新闻报》在《南京和记洋行之一瞥》这篇专题报道中说道:"旅客乘汽车将抵南京时,遥见烟囱矗立,黑烟环绕,层楼接衢,高屋攀星,即此行也。"②

基于社会的变迁和城市建设等原因,南京和记洋行原来的一些原始建筑,尤其是桥东部分,即今天的南堡公园附近的一些厂房被拆除了,仅保留原英籍职员宿舍,现在被改造成南京铁路招待所。

二、和记洋行里的苦力劳工

南京和记洋行从湖北发展过来,因此厂内也有一些湖北籍的工人,"初期工人主要是从汉口来的,如买办韩永清、工头、熟练工人等都是从汉口调来的"③。

这些人很多与买办关系良好,甚至沾亲带故,往往成为工头,从事技术工作,也被派往外庄进行鸡蛋、牛肉等采购业务,收入也远高于日常辛勤劳作的生产线职工。

和记洋行周边地理即宝塔桥、煤炭港,居住者多为外地移民,生活非常艰难,生产车间里的工人很多来源于这里的贫苦百姓。

和记洋行是劳动密集型工厂,为赚取超额利润,尽可能地获取廉价原料,也尽量雇佣低价的劳动力。南京的贫苦居民为生存,大多是携家带口进厂劳作,日夜辛劳。后文中提到的和记洋行工人运动的领导人邓定海和宋如海等人,即随家人进厂充当童工,后来走上了革命的道路。

---

① 南京市房管局编:《南京和记洋行概况》,1956年。
② 《南京和记洋行之一瞥》,《新闻报》1922年5月1日,第5张第1版。
③ 和记买办何醒愚的访问记录,1962年。

关于早期招工的情况,老工人还有着深刻的记忆:

> 有的挑一个箩筐,把小孩放在里面,就在和记厂附近搭点小棚子住下,一失火就到处烧起来,一烧一大片,棚子都要被烧完。许多穷的人就在江边找点臭蛋吃吃,小商小贩弄点臭蛋、死猪头肉、猪肠子买卖,做小工也很苦,做工无保障,做一天算一天。①

南京和记洋行招募工人时采取包工制度。生产旺季到来时,大班及买办授权工头招募劳工,工人在待遇及保障等方面受到工头的控制,工头还可以凭借着招工的权力赚得佣金。

> 资本家把生产任务包给大工头,大工头包给小工头,小工头再招小工,大工头管十几个小工头,小工头管几百个工人。②

> 一般的工人,都是从城里、下关各处招来,用工人带工人的办法,每找一工人来可得二十个铜板。③

> 搬运工人找工作要通过工头,平时给他送礼,有了他们就来叫,工作中讲明搬一篓鸡蛋要给工头半个钱,叫做"提头"。④

> 工头克扣工人的工资,九吊钱一月的,工头要从中拿去一吊,每介绍一个工人还有二十个铜钱的好处,受尽了贫困折磨的失业人群,听说有工可做,无不趋之若鹜,哪怕是三五个铜板一天,也抢着干,一些平时给工头送礼、奉承工头的人,就可以得到优先照顾了。⑤

> 他们要用工人,由大班写字条给车间,要多少人发多少牌子。他们有一个本子,上面记录每个工人情况,并贴有照片。招工人时发招工人信,收到信的人就可以到厂领牌子上工,要裁人时就收牌子。⑥

工人被招聘进厂后,整天面对严格的管理,"和记大门从早七点至下午一点关闭,不许工人进出,规定工人只能从规定的入口进厂做工;工人入厂后,监工要核查到厂人数,并分配工人的工作任务;工人在工作期间要出厂,必须得到英方

---

① 和记职员章锦亭的访问记录,1962年。
② 和记职员姚庭忠的访问记录,1962年。
③ 和记职员陈金林的访问记录,1962年。
④ 和记职员王锦功的访问记录,1962年。
⑤ 和记职员徐云鹏的访问记录,1962年。
⑥ 和记职员朱湘吾的访问记录,1962年。

管理人员的许可等等"①。

英国资本家还在和记洋行厂门口对下班的工人进行搜身检查,工人来到这里,犹如一道"鬼门关"。

据曾经在这里工作的工人回忆:

英国人有搜身制度,在厂门口安装栅栏。工人下班后,一个个沿栅栏走,受检查,若搜到鸡蛋、火腿之类的东西,就要把拿东西的人,吊着在梁上毒打,打后还要将照相贴在厂门口。②

和记工厂有搜身制,工人下工出厂要挨两次搜身。一次在车间门口,一次在大门口。如工人拿东西,被查出来就要罚工钱、开除,还要挨打,每天下班工人排成六行,男三行,女三行,挨次搜查,职员不搜。③

1913年时,工人劳动时间从早上六时到十二时,下午一时到六时,没有星期天,1927—1928年才兴礼拜。④

英国资本家还利用一种摔蛋机器,来试验打蛋质量,看蛋白留在蛋壳内的程度,严重的就被开除。巡逻方面,为防止值班警卫打瞌睡,准备了一个检查表。这是一个大小似闹钟的金属制的自动表,戴在值班警卫手上,需用一种特制的钥匙开。钥匙就挂在巡逻必经的地点的墙上,用木匣子装。这表规定每小时或半小时要开一次,每次用不同的钥匙,若过时去开就开不动。第二天早上看表就可以检查出昨晚少开几次,轻则罚款,重则开除。⑤

如此辛苦的工作,工人只能获得廉价的报酬,而和记洋行则赚取了超额利润。

1913年我进厂当职员,每月工资十二元,一般小工九吊钱,大头目有拿二十元、三十元、四十元一个月的,那时米每元一石多,每元合一吊六七百钱。⑥

搬运工是计件工资,1915年挑一担蛋是七个钱,一天可挑一二百担,开始每

---

① 和记洋行英文档案,来自南京市肉联厂资料。
② 和记职员汤汝唐的访问记录,1962年。
③ 和记职员余荣卿的访问记录,1962年。
④ 和记职员肖宝山的访问记录,1962年。
⑤ 和记职员汤汝唐的访问记录,1962年。
⑥ 和记职员张春山的访问记录,1962年。

天拿块把钱,以后拿到二元多。①

我九岁时,随父亲到和记做童工,每月工资四吊五,当时成年工人每月九吊钱。②

随着和记洋行业务的发展,第一次世界大战前后,厂内的工人数量也达到最高点,当时,这里是南京地区工人最集中的地方。

和记洋行生产具有明显的季节特征。春季原料充分,订单很多,业务繁忙;到了夏天和冬天,业务量减少。工人没有定数,时有增减,很多是临时雇用。例如,厂内的检蛋工、分蛋工和擦盘工等,成为临时雇佣工人;而干燥室内的职工、机械工、锅炉工等则是常工。③

1921—1922年间,厂里有上万名工人,大多是临时工,下关、三牌楼、夫子庙都有人来做工,住在城里路远的还发车钱。生产旺季时,介绍一个工人进厂有二十个铜钱的好处;生产淡季时,临时工全部解雇,只留下一百多个固定工,管理维修厂房机器。

1916年初来厂时,厂里工人最多有2000多人,包括宰牛、宰猪、收货房、洗蛋房、照蛋房、打蛋厂、炕蛋厂等,外面还有喂鸭的,机器房机修间有工人30多人,电工10多人,锅炉间三班计50多人,内司炉20多人,上下手、打水、领班、机冷一班7人,共20多人。④

和记洋行里一边是只能终日辛苦,却连温饱都难以满足的工人;一边是赚得盆满钵满,生活风光体面的外国资本家和买办工头。

和记洋行英国大班经理纪尔的薪俸,据说在高薪的洋商中位居远东第二。纪尔在中国经营了十余年,在上海迈尔西爱路(现名茂名南路)造了一所花园住宅,后被卢永祥买去,也曾一度改为进德女中。⑤

随着工人阶级意识的觉醒,这里成为南京共产主义运动的重要场所,发生在这里的红色故事荡气回肠,书写了南京人民革命史的光辉篇章,也是雨花英烈精

---

① 和记职员王锦功的访问记录,1962年。
② 和记职员修树华的访问记录,1962年。
③ 陈真:《中国近代工业史资料:第四辑》,生活·读书·新知三联书店1961年版,第485页。
④ 和记会计师马屺怀的访问记录,1962年。
⑤ 《和记洋行与上海冷藏业》,载上海市政协文史资料委员会编:《上海文史资料存稿汇编·工业商业6》,上海古籍出版社2001年版,第205页。

神的重要来源。

三、和记洋行与"一战"记忆

在历史教科书的叙述中,第一次世界大战期间,列强忙于战争,暂时放松了对中国的经济侵略,国内民族资产阶级迎来了短暂的春天。

考察历史,南京和记洋行作为一家英资企业,不但在"一战"期间没有放松生产,反而迅速扩张规模,赶上了发展的黄金时代。究其原因,主要是其承担了英国战时食品供应,获得了巨量的生产订单。

何醒愚回忆:

在此以前,我国新式制蛋业,都为德国商人所操纵,和记是个后起者,成为德国商人的主要敌手,不仅表现在中国原料的收购方面,也反映在国际市场的销售方面。由于第一次世界大战的爆发,在中国的德国商人相继回国,和记在经营上的敌手即已自动退出,为进一步扩大营业提供了方便。同时,欧美军队中对于肉类、蛋类、粮食等食品的需要尤为殷切;南京和记公司出口货物需要量陡增;花色品种也大为增加,除运出大量家禽、家畜、鸭蛋、鸡蛋、野鸡等加工食品外,还运出芝麻、花生、大豆等粮食及军事运输上用的驴马等活牲口。①

我们想了解一下南京和记洋行所从事的蛋品加工业大致的生产利润情况,但是,"工厂只管生产,所需费用都是经上海与伦敦总公司联系,成本账、盈余账、总账全在伦敦,因而这些年来到底获利多少,在中国是无法查出的,上海本来有一些往来账面保存的,但1949年也全部毁掉了"②。

不过,我们也可以依据经济史的一些资料,大致了解该行业的利润水平。

据陈真编的《中国近代工业史资料》等文献中对蛋业制造的有关问题的说明,"如果以中国的生蛋每单位的价值为1,加上加工费用1,再加上外销各项费用约0.25"③,那么每单位的生蛋运到了国际市场后其成本已达到2.25,不过同时期的蛋品在英国市场上的售价则达到了10,净利润可达到3倍多。由此可见从事蛋品的加工生产,其利润是十分可观的。

---

① 和记买办何醒愚的访问记录,1962年。
② 和记会计师马屺怀的访问记录,1962年。
③ 《中国实业志:江苏省》,实业部国际贸易局1933年版,第550页。

"上海冷冻蛋每吨直接费用需银约 80 两,兹假定生蛋每百磅购价 20.5 元,每百磅生蛋中计有皮壳破坏及腐败者 2 成去价 4.1 元,即生蛋每百磅共需银 24.6 元,以吨论则每吨价格为 550 元,即 400 两。"而外商蛋厂的普通制品生产成本显然又要低于华商蛋厂。①

和记洋行职员在后来的回忆中对当年的生产繁盛也印象深刻:

在第一次世界大战时期,1 元钱买到 100 多只鸡蛋,但拿到国外去,1 元钱只买十几个。②

欧战期间在中国 1 元钱可买蛋七八十只,运到法国卖 1 法郎 1 只(4 法郎合 1 银元),每元只买 4 只。③

在英国每个鸡蛋约 3 个便士,约合中国一二角,利润在 10 倍以上,加工运输费未计在内。④

曾经来华担任国民政府财政顾问的杨格也认为:"由于缺乏现代交通工具,这个有千百万村落的国家里,大部分物价取决于地方情况。当地生产并供当地消费的一般货物,他们的价格如果按外汇计算,简直低得令人难以置信。一位传教士告诉我,他在 1900 年初到中国的时候,在华西花一元钱可以买到 1 000 个鸡蛋,按照当时的汇价折合,只有美元 5 角。经过了一代人之后,据说那个地方用 1 元银币只能买到 300 个鸡蛋。"⑤

欧洲爆发第一次世界大战,联合冷藏公司承担了保障英国战时食品供应的重要任务。英国政府要求联合冷藏公司每月保证从中国运输 1 000 吨牛肉来为军队服务。韦思典将他们所拥有的包括船队、冷库及食品储备交由英国政府处理。⑥ 南京和记洋行全速生产以满足英国国内需求,悬挂着五色旗的蓝星冷气船源源不断地从下关江边将和记洋行的产品输往英国。英国政府也极力协助联

---

① 陈真编:《中国近代工业史资料:第四辑》,生活・读书・新知三联书店 1961 年版,第 471—472 页。1 磅约合 0.454 千克。
② 和记职员朱湘吾的访问记录,1962 年。
③ 和记职员任有才的访问记录,1962 年。
④ 和记职员项静臣的访问记录,1962 年。
⑤ [美]阿瑟・恩・杨格著,陈泽宪、陈霞飞译:《一九二七年至一九三七年中国财政经济情况》,中国社会科学出版社 1981 年版,第 184—185 页。
⑥ FO228/2653,Giles to Jordan,1916-05-30;转引自 CHANG J N. New British companies in China: the case of international export company in Hankou, 1907-1918. Studies in Chinese History, 1998(8): 29-63.

合冷藏公司发展国内外的业务。

自1916—1920年期间,因正值第一次世界大战,欧洲需要大量食品,所以运出家禽、家畜、鸡鸭蛋、野鸡、野鸭加工产品等很多,并且运出芝麻、花生、大豆等粮食及军事运输用之驴马等活牲口。在1918年至1920年期间,该厂每天宰猪3 000只,牛10 000头,制蛋200吨,所有产品均由英国蓝星公司之冷藏船直开南京和记公司码头装运出口。①

南京和记洋行在江边设立了专用的码头,英国蓝星轮船公司常年来往于南京与英国,将和记洋行出产的冰蛋、鸡肉、牛肉等农副产品源源不断运往英国销售。

相比较汉口和记洋行,南京和记洋行有位于长江下游的优越的地理位置,临近的苏北、安徽等地蛋、禽、畜产品资源丰富,万吨级的海运货轮可以直接在下关和记码头停靠。

这些厂中数南京厂为最大,营业最为发达,这和它的地理条件是分不开的,汉口虽然建厂早,但每到冬天,长江水浅,大轮船上不去,只好用小木船把货装到南京,再装上大海轮出口,天津港冬天封冻,轮船不通,货物就由津浦路用火车运到南京,然后装船出口,上海厂主要是制冰,只是到太平洋战争时才开始蛋品加工。②

1916年,中国政府对德宣战,德国美最时洋行则完全退出了蛋业市场。英国也因此取代了德国成为中国蛋品的最大输出国,禽蛋类产品也迅速成为中国最重要的出口商品之一。和记洋行利用其成熟的网络及采购、营销体系,很快便接收了原来美最时洋行的市场份额,这是和记发展的又一个重要的契机。和记洋行在技术设备、原料采购及销售市场方面独占鳌头,遂支配了中国蛋品加工业。

南京和记洋行在第一次世界大战期间的业务发展很大程度上还得益于英国政府的外事保护,其在产品采购、捐税征收、土地交涉等问题上可以得到特权保护。如和记在1916年10月以后继续从事耕牛的收购业务,尽管因为在1917年

---

① 和记会计师马屺怀的访问记录,1962年。
② 和记会计师马屺怀的访问记录,1962年。

夏季因为缺乏运输条件而被干扰,但是公司的肉品贸易一直持续到战争结束。①

汉口和记洋行则由于1918年一场严重的火灾而产量严重减少,客观上也加速了南京和记洋行的业务发展。

所以,"一战"期间,南京和记洋行凭借其独特的地理位置、广泛的原料来源以及急剧增加的订货量,业务高速运转。

战争结束后,和记洋行的收购地区扩大,收购的方法改进,南京和记洋行更进一步发展成比汉口和记洋行规模更大的生产基地,联合冷藏公司也由此实现了当初在南京建立分厂的发展目标。

我们先大致了解一下和记洋行当年业务的盛况:

"向欧洲运输那就得有远洋货轮,可在洋行建厂之初南京还没有大的码头,货轮很难靠近厂边。所以,起初运货,都是工人们用小车将货物送到三汊河的小船上,或者人工挑抬到小船上,然后再转到江面的远洋轮船上。当时的三汊河上,一天到晚都是繁忙的景象,船只来来回回,运的都是猪肉或鸡鸭,要不就是鸡蛋鸭蛋。"②黄明生介绍说。

笔者曾数次前往南京市肉联厂旧址考察,看到当时仍在使用的老厂房、老冷库的时候,脑海中总会一遍遍浮现出这里曾经忙碌的生产场景。

曾经在南京和记洋行工作过的老职员也对这一时期的和记洋行印象深刻。

营业最旺时是在1914—1924年,那时和记在中国鸡蛋出口最多时年达25 000吨,南京和记年达12 000吨。主要为冰蛋,约须毛蛋3亿至3亿3千万只,看鸡蛋的大小,徐州的蛋较小,要1 000多只装一篓,芜湖的蛋较大,只需750只装一篓,每33篓打一吨。③

1915—1917年上半年宰猪、宰牛,1917年下半年我国政府禁止宰牛,宰牛厂搬到哈尔滨去了,此地做蛋和宰猪、宰鸭子。打蛋厂一天做150～160吨,还做炕蛋。宰猪一班宰3 000头,两班宰6 000头。下半年做两班的时候多,过了八月节开始做鸭子,也做鹅,鸭子每年做70万～80万只,货多时还做到90万～100

---

① Wilkinson to Jordan, 1917-03-03, FO228/2653, 转引自 CHANG J N. New British companies in China: the case of international export company in Hankou, 1907-1918.《中国史学》第八卷,1998年12月20日。
② 《探秘民国时期南京最大食品厂》,《现代快报》2009年5月11日。
③ 和记买办何醒愚的访问记录,1962年。

万只,鹅做 10 万~20 万只。①

在生产最盛时,鸡蛋每天做 160~200 吨,平常 160~170 吨,做蛋水、炕黄、炕白,还做鸡、鸭和鹅。每年一季,阴历八月节开工做到腊月节,每天做 20 000 多只,每年约做 200 万~300 万只,鸡蛋做两季,阴历正月开庄,派人到各处,正月底二月初收货,阴历八月初又做,直到阴历年底,宰猪每年一季,自正月初到正月底,每天宰猪 5 000~6 000 只,牛每天再宰 300~400 头。②

根据《南京出入口货物价值统计表(1912—1926 年)》,1913 年南京土货出口仅为 123 海关两,1914 年便迅速增长到了 1 055 456 海关两,第一次世界大战爆发后,1916 年达到 3 709 541 海关两,至 1920 年更是达到了 6 648 383 海关两,而 1921 年便急速下降至 2 522 879 海关两。③ 1915 年至 1926 年,南京对外贸易一直处于明显出超状态,这与和记洋行的贸易有很大的关系。

1919 年,和记洋行出口蛋品 1.2 万吨,占中国出口蛋品 3.92 万吨的 30.6%。④

根据日本外务省外交史料馆的有关档案,1916 年,南京出入英国船舶 2 256 只,3 338 514 吨,大大超过同年日本出入南京口岸的总吨数。⑤

南京英商和记洋行从 1916 年开始,大规模兴建新式厂房,直到 1922 年才全部造完。

在设备方面,到 1922 年有 12 个大锅炉,冷藏库 3 座,大小压缩机六七台,4 台发电机,自己发电;18 号听子房有制听子机 4 套,可制容量 44 磅、22 磅、11 磅的方听子和圆听;此外,还有印刷机、订箱机、锯床、刨床、蛋格子机、包装机,宰猪厂有刮毛机、电锯,操作半机械化和现在差不多,最多时曾烧过八只锅炉。⑥

日本"满洲"电业股份有限公司调查表明,和记洋行 1935 年有"汽罐十二台,汽机七台,发电机三台"⑦。

---

① 和记职员姚庭忠的访问记录,1962 年。
② 和记职员陈金林的访问记录,1962 年。
③ 叶楚伧、柳诒徵主编:《首都志》,正中书局 1935 年版,第 1069—1070 页。
④ 胡阁荣著:《和记蛋厂——南京肉类联合加工厂》,南京市肉联厂厂编资料。
⑤ 日本外务省外交史料馆:《大正五年南京出入船舶税关收入及贸易额报告》,档案号:B12082992800。
⑥ 和记买办何醒愚访问记录,1962 年。
⑦ "满洲"电业股份有限公司调查课编:《调查资料第九辑:中华民国电气事业第一卷》,1935 年,第二章第一七节《南京 和记蛋厂》。

联合冷藏公司韦思典爵士20世纪20年代也曾来南京考察,《申报》还能找到当时的报道:

> 下关和记洋行裴斯特(即韦思典)爵士,由英来华观察京津汉宁各行营业状况,现已事竣。九日下午四时,由煤炭港乘特别快车赴沪,放洋回国。故是日该行买办罗步洲、陈大沅等率领全行员役暨慈善童子军,欢送至车站,鞭炮军乐齐鸣,颇极一时之盛。①

至此,南京和记洋行的建设已经完全具备了近代大型工业企业的生产规模。南京和记洋行从原料进厂、加工制造、包装冷冻、产品运输实现了机械化、系列化,成套独立,是当时南京现代轻工业企业唯一的大厂。

1922年5月1日,上海《新闻报》第1版《南京和记洋行之一瞥》的文章,用4000余字的篇幅对其做了详细介绍,本书附录2中予以全文抄录。

由于中国冰蛋出口业务的持续增长,1914年联合冷藏公司指定南京和记洋行继续筹建天津和记洋行[The International Export Company (Tientsin)];1915年8月和1916年2月,南京和记洋行先后在天津新河以"永租"的名义购买土地三处筹划建厂,在新河筹建工厂的同时,天津和记洋行为南京和记洋行收购一定数量的鲜蛋。

禽蛋业务的出口也带动了负责运输的联合冷藏公司附属蓝星轮船公司的发展,《申报》也有具体的报道:

> 蓝星轮船公司在十七年以前曾经派船来华开行欧洲班,后即停航,唯每年间派一二轮至南京,代和记洋行装货。
>
> 今因中国的鲜蛋运欧日多,而蓝星船之冷气舱著名欧洲,比较他公司船为巨,故特来中国开辟新路,专航欧洲线。已在本埠南京路设立分行,聘定唐华滔为总理,共派三十艘巨轮来华,总吨量共有二十五万吨云。②

南京和记洋行深入中国农村进行原料采购,将其加工制造,运往国外销售,获得丰厚的资本积累;同时,中国农副产品在客观上也与世界市场产生了比较密切的联系。中国的蛋产品,得到英国消费者的认同。1947年4月10日,英国

---

① 《欢送裴爵士回国》,《申报》1923年5月11日,第11版。
② 《英商扩张对华航业,蓝星公司派三十轮行中国》,《申报》1930年4月30日,第14版。

《每日电讯报》还发表了一首赞美中国蛋品的诗：

美食者像神仙似的吃着，
你会看到他最好不过的菜，
若非冰岛的鳕鱼，
就是中国的冻蛋。
……
在早餐时，
什么东西能够解除那大洋上旅行者夜间的噩梦？
是他在菜单上看到的中国鸡蛋。
什么东西能让一个作家如此倜傥，
……
是中国的冻蛋。①

第一次世界大战爆发为联合冷藏公司提供了扩张的良机，由于联合冷藏公司的业务发展，其与澳大利亚的几家肉制品公司于1934年合并，成为当时世界上最大的肉类制品企业之一。②

第一次世界大战结束之后，韩永清因个人杰出的威望被选为国会议员。由于韦思典家族对英国战时的重要贡献，威廉·韦思典战后被封为爵士，成为英国的世袭贵族。③

第四节　社会变迁与和记洋行的衰落

第一次世界大战结束后，南京和记洋行的生产业务逐渐减少，主要是因为国际市场的变化以及国内动荡的政治形势。

从国际市场看，由于英国国内生产的恢复，对外需求减少；同时战后各国也提倡发展本国蛋业，大幅度提高禽蛋进口关税，和记洋行的业务因此受到了比较

---

① 《天津历史资料》编辑组编：《天津历史资料6》，天津社会科学院历史研究所1980年版，第4页。
② Huge meat merger: British and Australia. The Manchester Guardian，1934-01-23.
③ KNIGHTLY P. The rise and fall of the house of Vestey. London: Time Warner Paperbacks, 1993: 56.

根据调查,"1920年后生产逐步下降,原因是欧战停止后,各国食品工业恢复生产,肉类价格反较南京出口的成本低,再加上英镑在中国贬值。每英镑由原折价中国银元十余元跌至二元,从而南京和记停止肉类加工,只生产蛋品"①。

"1923年我进厂时已不杀猪、牛,只做鸡蛋、鸡、鸭,还做火腿。"②

同时,英国人战后消费蛋产品减少,而且英国国产蛋大增,"中国欲在此最大市场保持第一,须留意生产成本,并使价格特别低廉"③。

更重要的是,英国开始对中国的进口蛋品征税。从1932年开始,为奖励本国及其属地澳大利亚等处的蛋业,开始对进口中国的鸡蛋征收10%的进口关税。1935年3月15日至9月30日,英国政府拟限制他国鲜蛋进口6个月,其间鲜蛋进口量不得超过同时期进口数量。自10月1日起,减少去年同时期进口总额5%,且每隔3个月调整一次。因为中英远隔重洋,鲜蛋运送到英,事前要有准备并经过许多的手续,3个月时间极短促,我国的鲜蛋运英,遇到了极大的困难。④

1913年,美国对蛋品课以进口关税,每磅2美分,蛋黄每磅6美分、蛋粉每磅10美分,鲜蛋概予免税。1921年课鲜蛋关税三美分,以后逐渐增加。1930年,"因蛋业资本家及农业经济专家之请求,胡佛总统以行政命令宣告蛋粉入口税由每磅一角八分增至每磅二角七分"。美国是中国蛋粉的主要市场,美国的关税壁垒政策对中国的蛋业发展打击严重。⑤

其他地区如菲律宾等也因香港鲜蛋价格大跌,"比较上海每担可廉二元左右,因之菲商均向香港采办,上海之出口额遂致一落千丈"⑥。

除了以上原因,外商还要对中国的蛋品质量吹毛求疵,他们认为中国蛋品含有硼酸,有碍卫生,要求将含量由2%减至1%。硼酸系防腐剂,含量减少则防腐能力弱,导致蛋品运到英国后就会产生腐败,损失很大。⑦

---

① 和记会计师马屺怀的访问记录,1962年。
② 和记厂警王作霖的访问记录,1962年。
③ 郑源兴、张元龙:《各国蛋业之调查》,《国际贸易导报》1933年第5卷第9期,第63—69页。
④ 郑源兴:《一年来蛋业之回顾》,《国际贸易导报》1935年第7卷第2期,第49—54页。
⑤ 《吾国蛋业在美销路之危机》,《工商半月刊》1931年第3卷第15期,第1—11页。
⑥ 《蛋业近况》,《申报》1925年5月22日。
⑦ 实业部上海商品检验局畜产检验组:《中国出口蛋业》,《国际贸易导报》1936年第8卷第8期,第95—117页。

国内市场方面,由于国内鸡蛋价格上涨,成本优势渐失。1923年,《银行杂志》刊文认为,"近来粮食价高,鸡鸭价增,蛋价大涨","本埠鸡蛋业商人因此十家九亏"①。

此外,中国蛋业出口还会受到汇率变动的严重影响。"例如订货之时,金价贱而银价贵,八九先令始可合银一两;及退货之时,则反之,市面为金贵银贱,四五先令即可合银一两,倘一批订货,须退半数,照此先令合算,则须返还其订货时所付之全价,而送去其半数之蛋品矣。"②

1929—1933年的世界经济危机,也进一步导致国内出口冰蛋数量锐减,蛋厂纷纷倒闭。农产品价格在世界经济萧条影响下急剧下跌,刘大钧认为自1931年至1936年期间,约下跌40%。③

1932年,国内蛋价惨跌,1银元可购买鸡蛋120只,每百磅在9元左右,"农家和贩户的吃亏,其实惨不忍言,犹幸鸡蛋为农家副产,否则其影响于各地农村经济,将更不堪设想"④。

南京和记洋行在"一战"前后的业务鼎盛期后,也受到军阀混战、五卅运动等各种政治因素的冲击,生产业务不可逆转地衰落下去!

《申报》曾报道:"英商和记洋行在芜湖购鸭数千头运往外洋销售。讵于一月六日上午九时忽被盗匪数十人将鸭抢去千余头,后由该洋行报请十五司令部派韩连长率兵前往捕获许、江两盗,解至司令部。该盗身着军服,供称系铁血军遣散兵士。"⑤

1925年,五卅运动的风潮席卷全国,南京地区即以和记为重点斗争目标。在此期间,和记工人发动了声势浩大的罢工斗争,并提出了复工的十三个条件,其间因复工谈判发生了严重的劫持买办罗步洲事件以及复工后因薪资问题导致了"七三一惨案"。

孙传芳的军队进驻南京后,先令和记限期筹款数十万元,以作军费。和记洋行无法应付,只能裁撤大量工人。

---

① 《蛋业不利之原因》,《银行杂志》1923年第1卷第3期,第70页。
② 《中国蛋业史略》,《国际贸易导报》1933年第5卷第9期,第48页。
③ [美]阿瑟·恩·杨格著,陈泽宪、陈霞飞译:《一九二七年至一九三七年中国财政经济情况》,中国社会科学出版社1981年版,第184—185页。
④ 郑源兴、张元龙:《各国蛋业之调查》,《国际贸易导报》1933年第5卷第9期,第63—69页。
⑤ 《英商遇盗》,《申报》1913年1月13日,第6版。

1927年3月23日,参加北伐战争的国民革命军中央军所属的江右军部队抵达南京,和记洋行被北伐军占领,并遭受严重的损失。和记洋行部分厂房被烧,档案、账册等资料大多被焚毁。这次事件给和记洋行以沉重的一击。

据和记洋行工人的回忆:

> 1927年北伐军来,和记工人出去欢迎,英军撤上军舰。和记洋行大班马嘉德、副班巴格尔和大写罗文都要跑,被工人围住要工资和遣散费。马嘉德欺骗工人说马上发,可是抽个空子,乘小火轮逃到英国军舰上去了。北伐军来厂找负责人,陈仲良也跑了,买办殷鸣惊在厂不敢承认,后来外面的老百姓进厂拿东西,把蛋粉拿上街去卖,只要几角钱一箱。①

> 1927年3月,北伐军来,厂里警卫荷济凯孙打了一枪,国民党军追进厂,英国人逃上军舰,老百姓进来拿东西,以后厂关了一年多。②

南京大学陈谦平教授在《1927年南京事件伤亡人数和财产损失的考证》一文中(《民国研究》,2008年冬季号),利用英国国家档案馆的档案进行了细致的考证。因和记洋行遭到北伐军的严重破坏,宣布关厂停工,全部英籍职员前往上海。南京和记洋行因赔偿问题上书英国首相张伯伦。③ 据中英联合调查委员会的调查,1927年南京事件中,英国方面的财产损失总计有2 318 023英镑,其中仅与和记洋行有关的损失就达到了1 334 120英镑。南京国民政府同意支付这些损失,到1929年2月,分两次共支付了300 000英镑的赔款;1930年6月,国民政府又支付了100 000英镑的财产赔款。

但是由于中国国内的战乱,以及国民政府的财政困难,难以继续支付其余的赔款,1931年,经英国政府反复交涉,国民政府同意每月分期支付100 000英镑,直到1935年2月,英国联合冷藏公司总共收到了130万英镑的赔款。而韦思典家族对此非常不满,他们认为中国政府至少欠其320 823.26英镑的赔款,并要求英国外交部门向国民政府施压,来偿付这笔赔款。④

1928年初,和记英籍大班马嘉德及职员陆续回到南京,经过了长期的谈判,

---

① 和记职员朱湘吾的访问记录,1962年。
② 和记职员陈金林的访问记录,1962年。
③ 韦思特致马嘉德信,1927年6月16日,南京肉联厂资料。
④ KNIGHTLEY P. The rise and fall of the house of Vestey: the true story of how Britain's richest family beat the taxman and came to grief. London: Time Warner Paperbacks, 1993: 81, 82.

1928年3月19日重新开厂生产。①

和记洋行恢复生产后,其业务量继续萎缩,"1928年厂里生产是小作,只做鸡蛋,秋后又买了点鸭子、鹅做工,猪已经不杀了";"1929年时每天做70~80吨冰蛋,炕蛋很少,鸭子做了一季,约30万~60万只,鹅做20万只多一点。1929—1930年时又宰了些猪,以后就不宰了"。②

1927年我进和记当童工时,厂里有12个锅炉,锅炉间三班制,每班有一个工头,八个上手(烧炉),四五个下手(打杂、搬运)。淡季时炉子开得少,多余的工人就参加检修。③

中国海关的贸易报告也分析了南京和记洋行业务衰落的情形:

溯自期初以还,政变工潮迭起伏。成本加重,欧产激增,以致该行业务,备遭坎坷,逐步消沉。十一年(1922年)至十三年(1924年)间,每年营业货值,仅达银二百万两,至其出口货物,则为鸡蛋、蛋制品、猪肉、禽毛及野味(如鸡、鸭、鹅等),查各该项货品,均用冷藏方法,轮运欧洲,而以销以英国者为最巨。比十四年(1925年),五卅惨案勃发,抵英运动,雷厉风行,影响甚巨。

孙传芳、张作霖突然构兵,该行贸易,复受挫折。翌年党军北伐,政局纷纭,商务益形不振。该行营业总额,较十一年(1922年)减少半数,迨十六年(1927年),该行房屋一半被毁,内中机器亦均移去,工作一度停顿。十七年(1928年)春,始行恢复,购置鲜蛋,制造干湿蛋黄蛋白,以备十八、十九两年远销欧洲。惟十九年(1930年)秋,工潮爆发,形势严重,该行遂将所有内地经理撤回,而取紧缩主义。迨二十年(1931年),所有工作尽行停滞,是后则仅限于经营冻鸭鹅及禽毛贸易而已。④

联合冷藏公司专用于运输和记冰蛋的蓝星轮船"向往返于浦口、上海、伦敦之间,专以向欧洲装运中国鸡蛋及制品为业,业务本极活跃";"不料于上海事变

---

① 《南京市委关于工人及士兵工作情况向省委的报告》,1928年3月16日。载中共南京市委党史办编:《民主革命时期南京党史文献(1921—1933)》,中央文献出版社2013年版,第197页。
② 和记职员姚庭忠的访问记录,1962年。
③ 和记职员丁绍先的访问记录,1962年。
④ 中国第二历史档案馆、中国海关总署办公厅编:《中国旧海关史料:1859—1948》,京华出版社2002年版,第138页。

(指五卅运动)之后,南京之和记洋行,因已陷于营业不振之故,关门歇业,而该洋行所出之制品,原为蓝星公司所包运者,遂因此受连带打击,致不得已随即关闭停班"①。

南京和记洋行业务的严重萎缩,导致了大量工人失业。据《时报》报道:"下关英商和记洋行,因亏折停止工作。向依该行为生活者三四千人,现均失业。"②

1930年发生的"四三惨案",以及随后的南京暴动,使和记洋行一度成为南京革命的风暴眼,再加上生产业务的衰落、持续的工运,联合冷藏公司决定将南京和记洋行的主要业务转到天津。

"四三惨案"以后,南京英商和记洋行按照伦敦总公司的意见宣布停业,仅留60~70名工人管理维修厂房机器,其余全部解散,以后虽陆续开过几次工,但规模都不大。③

1929—1931年1月间陈仲良做买办时,生产低落,外庄人员捣蛋,英国人发火,要收外庄每人1 000~3 000元押金,外庄职工群起反对,就被全部解雇,另用新人,新旧两庄起了冲突,英国人决定关厂,全力经营天津和记。④

1932年5月16日,和记公司因南京厂时常发生工运,决定将该厂停闭。其后的生产虽有所恢复,但再也无法重振当初繁盛的生产景象。

第五节 和记洋行的蛋庄与原料来源

禽蛋养殖是中国传统农村重要的家庭副业,但"所产之蛋,或供自己消费,或留存家中,罕携往市镇脱销"⑤。

当时西方国家急需获得中国的廉价原料。"中国蛋品之出产,就比较而言,初不较多于欧美各国,其所以输出国外者,一因西人生活程度较高,人民明了鸡

---

① 《英国蓝星公司之末运》,《海事(天津)》1932年第6卷第2期,第63页。
② 《南京快信》,《时报》1921年11月3日。
③ 和记会计师马屺怀的访问记录,1962年。
④ 和记职员陈金林的访问记录,1962年。
⑤ 实业部上海商品检验局畜产检验组:《中国出口蛋业》,《国际贸易导报》1936年第8卷第8期,第98页。

蛋之滋食,有益身体,致呈供求不匀现象。我们则因生产落后,乡农村妇,贫无立锥,产蛋则以易钱,不忍自食,遂得以大宗国品供应国际市场。"①

内地农户广泛进行家庭散养禽蛋,日益成为世界蛋粉生产所需原料的最重要来源地。1900年,罗振玉即提倡求取外国优良鸡种,指出:"近鸡卵之输出者日益众,而价亦日昂,此莫妙之机也,宜选佳种而奖励养鸡业。"②

传统的收购方式,是由蛋贩亲自前往农村向各家收集,然后再卖给蛋行,这样就增加了厂商收购原料的成本。具体地说,农民卖给挑贩,挑贩再卖给蛋贩或行栈,然后再转卖给和记。经过这两层中间交易,农民出卖鸡蛋的价钱比和记收购价格还要便宜30%~40%,最少也得便宜20%以上。但是,农民很少直接卖给和记,因为他们蛋不多,跑来跑去费工夫,而且和记收蛋多半是开支票,而农民的鸡蛋也就值几角钱,最多一二元钱,和记不好开支票,所以农民很少直接卖给和记。③

为了获得充分的原料来源,南京和记洋行利用中国人的身份及熟悉地理民情的便利条件,深入内地,建立分支庄,以掌握蛋行栈从而控制蛋贩,为和记洋行罗织起一个庞大的收购网络。每年春季收蛋季节,和记通过外庄工作人员赴附近乡镇张贴广告,鼓励农户出售禽蛋。"各庄收货,必须以最低廉价格,直接向贩户收买,如遇特殊原因,可向行家收买。"各地外庄下设若干支庄,各庄要配备庄首(经理)、稽查、账房、看货、押货、伙夫、勤杂等人。外庄职员,除庄首、稽查外,其余大多为临时工。外庄在产地向农户交易,和记给外庄人员一部分定金,收购成绩良好的给予奖励。④ 外庄设置有季节性,一般每年出两次庄,"大概以三、四、五、六月为旺,九、十、十一月为次旺,其余为淡月,或于淡月中暂停营业"⑤。

和记洋行收购鸡蛋时,中国的农民不喜欢用现金交易,更倾向于实物交换。和记洋行很容易从英国廉价收购各种谷物,运到中国与中国农民交换鸡蛋,这样又大大降低了成本。⑥

南京和记洋行外庄以蚌埠、徐州、临城、济南、正阳关、芜湖、扬州为转运庄。"分庄对支庄是领导被领导关系,支庄不一定派人,而是委托当地人代办,支庄收

---

① 《中国之蛋业概况》,《安徽建设月刊》1931年第3卷第4期,第62页。
② 杨直民:《中国近代畜产技术述略》,《古今农业》1991年第3期,第50页。
③ 《天津历史资料》编辑组编:《天津历史资料6》,天津社会科学院历史研究所1980年版,第38页。
④ 《南京和记洋行为驻外庄稽查员制定之规章》,原南京市肉联厂档案,1930年。
⑤ 蛋业公会:《国内蛋业之现状》,《国际贸易导报》1933年第5卷第9期,第56页。
⑥ KNIGHTLEY P. The Rise and fall of the house of Vestey, 1993: 14.

买鸡蛋不能超过分庄的限价。"①每年春秋两季开庄收货之前,由南京和记洋行将各外庄的蛋篓、鸡篓,整车整船地载往各转运庄,再用拼装大木船运往南京。②据长期在南京英商和记洋行外庄服务的查福田回忆:"和记外庄达百余处,所办货物以鸡蛋为主,每年收购的鲜蛋约计50余万篓,鸡子、鸭子约计15万筐,猪约计5万余头,再其他货物如黄牛、野味、杂粮、熬炼的猪油等等。"③

何醒愚也回忆道:"南京英商和记洋行外庄的设庄范围,河南往西归汉口厂,九江往下都归南京厂,汉口的分庄一直设到河北省,鸡蛋、猪仔、家禽等原料来自安徽、江苏、山东、浙江、河南东部商丘一带,江西一部分,九江以上、四川、湖北等地归汉口,九江以南归南京。"④

为获得最大的利润,和记洋行在业务发展的过程中,建立了严密的管理制度。

闵启铮回忆:"每批蛋进厂后要抽查百分之五的质量,若这批蛋质量不好,厂里管理生产部门的监督可以提前处理早些加工。总经理有时跟华经理一同出去到收购地区视察,检查运输情况。"⑤

据长期在和记外庄工作的查福田的介绍,和记买办韩永清与罗步洲都是湖北人,所以他们所雇用的外庄职员绝大多数是他们的同乡与亲族。"这些外庄职员每年两季按照派庄的时间,由汉口乘江轮往南京,川资伙食及一切费用均归自备,到了南京就各自散往南京下关各大小旅馆等候派庄。"⑥

和记洋行外庄重视地方士绅的影响力,其鸭子收购的业务即交由芜湖的江顺玉,"他是青帮大字辈,他的徒弟不是开鸭坊就是开哺坊,七月间乡下人鸭棚缺饲料,和记通过江顺玉放款给鸭棚,预定价钱,按等论价"⑦。

和记大班对买办以及各庄收货管理非常严格,对外庄买货、装货、运货、买价、缴费等都有明确的要求和具体的规定。和记洋行英国大班也十分重视外庄的业务,除亲自到外庄视察工作外,也专门设置了稽查一职,检查庄首买货,并检

---

① 和记职员张永安的访问记录,1962年。
② 查福田:《英商和记洋行在南京设厂的经济掠夺》,南京市肉联厂资料。
③ 查福田:《英商和记洋行在南京设厂的经济掠夺》,南京市肉联厂资料。
④ 和记买办何醒愚的访问记录,1962年。
⑤ 和记职员闵启铮的访问记录,1962年。
⑥ 查福田:《英商和记洋行在南京设厂的经济掠夺》,南京市肉联厂资料。
⑦ 和记买办何醒愚的访问记录,1962年。

查外庄一切不规则行为。

外庄稽查员要填写"保证书"和"志愿书"①,要交 2 000 元现洋保证金,此外,每月领薪水时,还要扣除 10% 的储蓄金,规定"各稽查员欲收回保证金,必须凭本行所给正式收据,且须于该驻在庄经收账款交清,本行始准如数发还"。

稽查员保证书

本保证书人　　今愿保（　省　县　年　岁）充任南京英商和记洋行外庄稽查员,担保范围以　　元为限,如该员有不遵行章,私挪公款,亏欠行款以及其他一切不规则之行为致使贵行遭受损失,保证人悉照所保限度　　元赔偿,今欲有凭,立此凭照。

中华民国　年　月　日
应保证书人

稽查员志愿书

立志愿书人　　今承南京英商和记洋行聘任为外庄稽查员,自应遵守本行一切规章,勤慎服务,理合立此志愿书凭证。

中华民国　年　月　日
志愿书人
见证人②

收货方面,和记要求"各庄收货,必须以最低廉的价格,直接向贩户收买","如查出稽查员与经理勾结,由总行严重处分","各庄服务人员,必须廉洁奉公";"稽查员系由本行直接任用驻在各庄监督经理买货,并查察庄上一切不规则之行为,如浮报正庄之蛋价,以及损耗有不实之情……校对庄上之运货清单、货款日报、单月报单盖章签字"③等。

胡阁荣认为,和记洋行对于孵蛋、破蛋和陈、坏、潮、霉以及有煤油气味或其他一切气味者概不收受;鸡蛋装篓,每篓 850 个,鸡鸭装笼,体质大的每笼装 25

---

① 《南京英商和记洋行为驻外庄稽查员制定之规章》,南京市肉联厂资料。
② 《南京英商和记洋行为驻外庄稽查员制定之规章》,南京市肉联厂资料。
③ 《南京英商和记洋行为驻外庄稽查员制定之规章》,南京市肉联厂资料。

只,体质小的每笼装30只。装车或装船时,经理(庄首)必须亲临督看,如车内或舱内有煤油气味不得装载。货到南京,逐件检查验收,如果发现铅砣脱落或缝盖的细麻绳中断,就认为有偷窃嫌疑,倘有鸡蛋短数,鸡鸭少只或欠称,或在运输途中发生损失,经理对本行就负赔偿之责。[1]

南京和记洋行对于外庄看货及押货人也有明确的要求,"外庄及看押货人对于庄上货件有照料及押运责任,如有遗失损坏或私行盗卖或携款潜逃以及一切意外事项,所有损失应责令该经手人及保人赔偿";"看货人不得大意致收坏货或串通行贩以少报多以及欺压售客等行为"[2]。

从和记洋行对其外庄的管理制度上可以看出,和记外庄一切事务均由其掌控,外庄只能在规定范围内活动,无任何自作主张的余地。主要表现在以下方面:分庄事无巨细,均由和记洋行掌握,分庄只能在规定范围内活动,无任何自作主张的余地;分庄在购蛋和运输方面,有保证质量和数量的责任;分庄须由和记洋行和洋经理共同领导,华经理不得个人直接领导;分庄必须尽量压低收购价格,特别在同行停购后尤其如此,最高价格不得超过和记所规定的价格;稽查监督庄首,使庄首完全置于稽查控制之下;等等。

据董莲生谈:"关于市场收购价格,完全由和记来决定。每年收购季节开始,伦敦总公司就拍来电报,指示收购价格与数量,然后和记洋行根据分庄远近、运输费用和鸡蛋质量,规定各分支庄收购价格。随着季节变化、质量的好坏、数量的多少,随时调整价格。和记有本钱、有威信,各地商贩都听和记。"[3]

可以说,和记洋行的外庄制度保证了其拥有源源不断的廉价原料来源,获得了丰厚的利润。在业务全盛时代,南京和记洋行基本垄断了苏、皖、鲁及冀北、赣北的畜产禽蛋等土特产品,出口贸易额达到和记总出口额的60%。

第六节 和记洋行与茂昌公司的市场竞争

近代中国,蛋业逐渐成为重要的出口产业。在外国资本纷至沓来之际,民族

---

[1] 胡阁荣:《和记蛋厂——南京肉类联合加工厂》,南京市肉联厂资料。
[2] 《南京和记洋行外庄看货、押货人简章》,南京市肉联厂资料。
[3] 《天津历史资料》编辑组编:《天津历史资料6》,天津社会科学院历史研究所1980年版,第36页。

资本因其资本投入较少、劳动力密集,熟悉国内市场环境等社会因素也积极兴办蛋厂。"此后数年间,年有盈利,纷纷于产蛋区域设立蛋厂。总计自创业至民国八年(1919年),华洋各商在各省所设的制蛋工厂,达一百余家之多。"①

在民族蛋业中,以郑源兴等人创办的茂昌公司(亦称"茂昌蛋厂",简称"茂昌")最具有代表性,其在市场领域的表现十分显眼,甚至直接打入了英国本地市场,打破了西方资本的垄断,书写了近代民族资本主义企业自强发展的重要篇章。

和记洋行资本雄厚,又享有不平等条约的特权,发展通畅,《现代中国实业志》中指出:"该公司资本雄厚,且有麦加利银行为其后盾,而英国政府对于该公司亦予以相当之援助。凡该公司蛋货运回英国,而英国政府允其少量进口税;若遇存货多不能出售,则由政府估价收买,以充军用。故历年以来,该公司之营业,日益发达也。"

近代民族资产阶级既受到帝国主义的压迫,又受到封建主义的束缚,在资本、技术、政策等方面上的发展举步维艰,阻力重重。茂昌公司在这样的市场环境中,想与和记洋行正面竞争,必然会面临诸多困境。为了冲破瓶颈,茂昌公司的民族资本家郑源兴需要谋划切实而灵活的战略,打破洋人的围堵,拉动业务的增长。

一、茂昌公司的"本土化"发展战略

除了资本充裕的优势外,和记洋行还建立了一套非常完善的外庄采购体系,形成了一整套成熟的管理运营体系。郑源兴经过慎重思考,开辟本土化的发展道路,茂昌的外庄人员多来自当地,了解当地的行情,且有十分丰富的人脉关系,而和记洋行的外庄人员多来自湖北,在地利、人和等方面远逊茂昌。

因为谋划了正确的战略,茂昌的业务也迅速发展,并日益抢占和记洋行的市场份额。茂昌的发展引起了外资的警觉,为遏制其进一步发展,和记洋行竭力对其进行打压,以巩固其在此市场中的垄断地位。

翻阅历史的档案,和记洋行发动其成熟的采购系统到处打压茂昌,意图从原料来源上进行突袭,企图控制蛋源,直接进行遏制。

---

① 《蛋业之概况》,载杨大金编:《现代中国实业志:上》,商务印书馆1938年版,第832页。

就此问题,和记洋行老工人一直到新中国成立以后还有深刻的记忆:

南京和记公司资金足,中国厂家仅茂昌一家可以和他争一争。他们各自抬价收购。后来外商向曾协议统一价格,于是就采取对小贩暗中放价的方式,如削秤、减斤或 99 斤就作为 100 斤算,破蛋也少量捎带;然后是拉拢小贩,货送到后,管茶管饭,管住宿,供应小毛驴草料等等;再就是放款,首先借钱给小贩,货运到后扣钱,这样货就源源而来,资本小的厂家自然争不过和记,被挤垮后,和记就大量压价,吃亏的仍是中国农民。①

面对和记洋行毫不掩饰的行动,茂昌方面不回避,也不妥协让步,在蛋品采购方面采取了积极措施,直接在内地乡村铺设蛋庄,建立稳定的原料基地,进而冲破和记方面的封锁。

茂昌公司在江苏省设立的蛋庄即有:董家渡、北新泾、川沙、周浦、泗泾、松江、奉贤、溧阳、南京、湖熟、高淳、江浦、桥林、六合、仪征、扬州、邵伯、泰州、樊川、高邮、菱塘桥、闵桥、金沟、界首、王营、临津、兴化、东台、刘庄、宝应、盐城、淮安、清江浦、码头镇、杨庄、众兴、宿迁、阜宁、东坎、响水口、板浦、大伊山、新安、新浦、海州、沭阳、徐州、砀山等等。②

茂昌公司在蛋品采购方面采取了积极措施,绕开和记洋行的封锁;同时,对外庄业务的管理也体现了适应市场的灵活措施。

同时,对比和记洋行严格的稽查制度,茂昌对外庄业务的管理也体现了适应市场的灵活措施。例如它擅长利用地缘、宗族等关系,与职员建立稳定的关系与互信,加上长年任用,不轻易调动,各庄人员因此能在当地建立起深厚的人脉关系,也允许外庄收购人员有更大的权力。③

茂昌公司深入乡村社会,积极调查研究,搭建丰富的人脉,也就建立了广泛稳定的采购体系。各地的蛋贩也有愿意将集中征集的鲜蛋优先售卖给茂昌的,这样也就有了稳定的供货来源,为业务的发展夯实了牢固的基础。

茂昌公司也抓住了和记洋行夏天就减少甚至停止收蛋的市场空间,争取市

---

① 和记职员朱湘吾的访问记录,1962 年。
② 《茂昌公司》,台北"中央研究院"近代史研究所档案馆馆藏经济部档案,档案号:18-23-01-72-31-369。
③ 上海社会科学院经济研究所等编:《上海对外贸易:1840—1949(上册)》,上海社会科学院出版社 1989 年版,第 305 页。

场支持,保证夏季的蛋源。

二、茂昌蛋厂反垄断的竞争策略

在产销市场方面,和记洋行又抡起一轮重拳,从资本到技术,层层打压,意图垄断产品市场,进而彻底拖垮茂昌。

首先,和记洋行搞了一个价格同盟,利用其已占有的市场优势地位,联合操控冷冻蛋业的价格,企图借此逼迫茂昌主动退出竞争。

茂昌在郑源兴的领导下,积极应对严峻的挑战,继续完善本地化的发展战略,控制价格因素对生产的冲击。同时,采取主动出击的姿态,积极联络和记洋行母公司英国联合冷藏公司在欧美市场的强大对手——美国斯维夫特公司,并与之积极合作,抢占海外市场份额,也得到了美国方面在技术、资金等方面的参与和支持。通过这种"中外合作"的模式,茂昌提升了经营管理水平,并改进了加工生产技术,开拓了国际化的视野,促进了业务的发展与转型。

其次,和记洋行以外商的资格获得优惠的超国民待遇,例如外商依仗在不平等条约中取得的特权,可以使用"三联单"。凡缴付内地关卡的一切厘捐,均可以"三联单"冲抵出口关税,而我国商人在内地收购鲜蛋时沿途所纳的厘捐,因无使用"三联单"的特权,在出口时必须全数缴纳出口税,所以在鲜蛋成本上较之洋行要高出很多。

在茂昌的早期发展中,郑源兴即认为,要与和记洋行等外资一争高下,并抢得商机,必须在捐税等政策上获得与外商同权的待遇。

对于旧中国民族资本所面临的不公正困境,郑源兴一方面积极应对,巧妙周旋,为企业发展占得先机,赢得市场;另一方面经过深思熟虑,反复掂量,为使茂昌能够进入海外市场,经其葡萄牙友人的协助,办理了变更为葡萄牙国籍的手续。也就是因为这样的身份转变,茂昌公司直接变更为葡商企业,然后依据国内相关法律进行了重新登记。经过了这样的身份置换,茂昌得到了出口经营特权,拿到了与外商一致的税收优待,这样就显著降低了负担,也提升了其在市场中的竞争能力。

需要说明的是,民族资本家郑源兴加入葡萄牙国籍主要是从经济角度考量的。1927年后,南京国民政府逐渐取消了近代外商内地运销商品的"三联单"免税特权,茂昌的外商身份已无显著意义,郑源兴也随即放弃了葡萄牙国籍,恢复了中国公民的身份。

如此，茂昌公司也回归了中国民族资本主义企业的定位，董事会中的外籍股东也陆续退出，其股份也逐渐转让给国内董事。

经过不懈的努力，茂昌公司的出口订货单据持续增长，逐渐打破了和记洋行等外资对我国蛋品外销多年的垄断，而且还直接将业务触角伸到了伦敦，创设了海昌公司。

茂昌业务发展迅速，其上海本部工厂的产能已不能满足需求，开始筹备在蛋源丰富的青岛设立"茂昌青岛分公司筹备处"；同时，茂昌亦准备在汉口购置地皮，筹建汉口加工厂，与汉口和记洋行争夺华中地区的蛋品业务。

和记洋行看到这种情形，不甘落伍，也准备在青岛设厂。之后，双方经过谈判，以茂昌不在汉口设厂为条件，换取和记洋行不在青岛设厂。

新中国成立后的调查资料显示："青岛和记洋行仅有职工三人，一幢小房，一个小仓库和三处土地。它除了间或办理少量进出口商品和为兰星轮船公司办理运输业务以外，别无其他业务。土地、仓库全部出租。所有各项业务，均由南京和记洋行管理。"①

此后，茂昌公司继续发展，而南京和记洋行逐渐陷入困境。

郑源兴曾经向联合冷藏公司韦思典提出过成立"中国冰蛋业公会"的建议，但被韦思典拒绝。1929年世界经济大萧条，中国蛋产普遍困难，经过协商，茂昌、和记、培林等几家蛋厂联合成立了中国冰蛋业公会。

中国冰蛋业公会以茂昌及和记、培林等七家洋行为委员，南京和记洋行大班马嘉德为名誉会长，郑源兴任会长兼秘书。1933年，茂昌及和记、培林等七家洋行分配了对英国的出口额比例，以及相应的冷藏舱位，由于外商蛋厂看到茂昌在采购鲜蛋方面有充分的优势，在生产能力上有相当大的潜力，因此都乐于将他们的出口配额委托茂昌加工。②

从1925年的五卅运动，到1930年的南京暴动，和记洋行因为其英国资本的背景成为近代革命斗争的焦点，叠加国内外的市场因素，业务的发展由于时局的变化而停滞，甚至到了不得不关闭工厂的境地。

---

① 《天津历史资料》编辑组编：《天津历史资料6》，天津社会科学院历史研究所1980年版，第9—10页。
② 《"蛋大王"郑源兴》，载中国人民政治协商会议全国委员会文史资料研究委员会编：《文史资料选辑：第四十六辑》，文史资料出版社1964年版，第86页。

与之相对应的是,民族资本茂昌股份有限公司继续发展,至 1937 年淞沪会战前夕,在郑源兴的不懈努力下,蛋品成为我国对外贸易的重要出口商品,受惠的蛋民更是遍及大江南北,有数百万人。

本章内容,我们结合口述史料,回顾了南京和记洋行的大致面貌,同时作为本书的基础框架。正如前文所说,能够反映和记洋行生产经营、业务发展等方面的资料已经缺失,仅依靠口述史料等还不足以体现和记洋行全部的特征。如果从企业史研究的角度看,还有待新资料的出现。

由于和记洋行与近代南京的社会变革有着重要的联系,我们叙述的重点也就离开了企业史的讨论,在这块由碎片缝补的历史框架内,来找寻南京曾经的过往。

第二章
南京和记洋行与近代土地主权交涉

本章的主要根据是台北"中央研究院"近代史研究所有关和记洋行土地交涉的文献档案。

通过实证研究，笔者认为，若不是因为租地权限的问题导致其在建厂问题上与政府之间冗长的交涉长期得不到有效解决，和记洋行很有可能选择在芜湖而不是在南京建设新厂。和记洋行有着英国领事的保驾护航，在租地等问题方面咄咄逼人，得寸进尺。同时，我们也比较清楚地了解到清末如芜湖关道李清芬、金陵关监督冯国勋等有志官员据理驳斥非法要求，与外国人反复周旋的努力。

和记洋行在芜湖与南京关于土地交涉的个案，也可以引发我们对清末民初外交和土地制度等问题的思考。

第一节 来芜湖：租地权益的争论

汉口和记洋行业务迅速发展，联合冷藏公司准备在芜湖建设新厂，进一步扩展生产规模。

近代芜湖开埠以后，轮船招商局就在芜湖设立了轮运局，外国商船也接踵而至，成为沟通上海港与皖江南北货物的主要中介港。此后，外商洋行陆续在芜租地设厂。

根据《中英烟台条约》的规定，外商在通商口岸租地仅限于租界以内。这条规定以后就成为外商与中国政府间交涉的缘由。

1877年，英国驻芜领事达文波与芜湖关道监督刘传祺协定，在芜湖西门外，南起陶家沟，北抵弋矶山脚，东自普潼山脚新安普潼塔，西至大江水边，为各国公共租界。①

1902年5月5日,英国驻华公使萨道义(Ernest Mason Satow),因英商在芜湖购地,地方官员多有窒碍,随即向当时的总理外务部事务大臣庆亲王奕劻发出照会。奕劻认为:"惟此段地址无论是否租界,如有英商先至者,欲将划定地段全行照例租用,本大臣自应维持照办。"②

萨道义要求如果以后有英商前来芜湖设厂租地,要求芜湖吴道台竭力维持,认真相助。同时为了扩大英商在芜湖的利益,他还建议将"英商不得逾越滩地三分之一""每商在租界内至多只能租六亩为止"两条删去,改为"不得逾通界江滩之半""不得租逾十亩"③,并强调英商优先租地权。

奕劻主持的外务部致函安徽巡抚诚勋并转饬芜湖道刘传祺,认为"芜湖划定通商界址二十余年,除英商之外,别无他国商人前往购地,先到之人自应先择善地,若留待后来之人而转令先来者向隅,似非平允之道"④。

1903年,芜湖道台改定租地章程,只准外国商人在租界范围内租地,不得超出租界以外,此举立刻引起外国列强的不满。英国驻华公使萨道义于1903年8月就此事再次向外务部交涉,要求安徽及芜湖地方予以改正。

各国通商租界之意,原准各国商人任便在界内购地;如照该道所拟于英商购地有所限制,此乃另立新法行之,恐有纠葛之处;惟照向章,任便购地,则各国自随意租用,无复争竞。请咨行安徽巡抚转饬芜湖道与意租用,无复争竞,允准英商随便在界内租地办法。⑤

清外务部指令"安徽巡抚转饬该关道与赛领事(即萨道义)和商办理,除俟商妥办法"⑥,此事后来并无明确的意见,成为英商和记洋行芜湖征地问题产生的

---

① 余谊密等修:《芜湖县志》卷五《地理志·市镇》,民国八年(1919年)点校本。
② 《英商在芜湖购地事请严咨转饬吴道力维持相助由》,台北"中央研究院"近代史研究所档案馆馆藏清外务部档案,档案号:02-11-001-01-003。
③ 《芜湖租地章程已分别商改请饬照办由》,台北"中央研究院"近代史研究所档案馆馆藏清外务部档案,档案号:02-11-001-01-006。
④ 《英使照称芜湖租界不能限制英商租买事咨请查照由》,台北"中央研究院"近代史研究所档案馆馆藏清外务部档案,档案号:02-11-001-01-015。
⑤ 《芜湖租地章程事照请查照由》,台北"中央研究院"近代史研究所档案馆馆藏清外务部档案,档案号:02-11-001-01-008。
⑥ 《芜湖租地章程事照请查照由》,台北"中央研究院"近代史研究所档案馆馆藏清外务部档案,档案号:02-11-001-01-008。

历史缘由。1905年5月16日,清外务部正式核定批准《芜湖各国公共租界章程》,6月28日,芜湖租界开辟仪式举行,芜湖关道童德璋、英国驻芜湖领事柯韪良、芜湖海关英国税务司及芜湖地方官出席开辟仪式。①

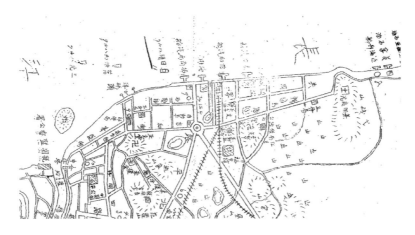

清末芜湖公共租界

一、英商和记洋行与日商日清轮船公司②芜湖租地优先权的争论

1909年,英商和记洋行大班纪尔、买办王椿山、副买办韩永清等人准备在芜湖江边一段公共租界内租地。

在此之前,日清轮船公司已选择该地段,尚未缴款。和记也看好该地段,急于租借,围绕租地优先权,引发了牵扯甚广的外事交涉。

首先,和记洋行通过英国驻宁领事葛福就租地一事向芜湖关道交涉。接到葛福的来函后,先后两任芜湖关道郭重光、郑炳勋于宣统元年(1909年)正月两次发函催促日本领事。

芜湖方面要求日本领事饬令日清公司必须在两个月内缴款承租,若逾期不缴款,应允许其他商家租此地段,还指出租界之内仅有此一段江滩,如果他国商人承租后,日清公司"不得再向指索江滩"。

日本领事井原真澄答复,由于此处逼近弋矶山矶,不能安设趸船,日清公司

---

① 安徽省地方志编纂委员会编:《安徽省志·外事侨务志》,方志出版社1999年版,第28页。
② 日清轮船公司是1907年在联合几个小公司的基础上创立于上海的日本轮船公司,经营长江航运及其他业务,并迅速发展成为中国乃至亚洲的主要航运公司。

因此不能承租。他要求另寻形胜之地租与该公司,若在租界以内没有适合的地段,则要求在租界以外择地租给日清轮船公司。

芜湖关道李清芬认为此事关涉主权,依照条约不可将租界以外的土地租与外商,所谓"通商口岸洋商租地应在界内,界外之地,不能以尺寸许人,且租界北抵弋矶山,南抵徽临滩;有此限制,亦属无从推广"①。

1909年12月8日,井原领事表达了其坚持要在界外租地的意思。9日,李清芬复日领事函称:"虽属租界外,若在通商口岸之内,照约可以租借,并以本监督前函,声明嗣后不得要求在租界外另觅租地。查光绪二十二年(1896年)所订《中日通商行船条约》第四款仅载有'凡通商各口岸,无论现在已定及将来所定外国人居住地界之内,均准赁买房屋,租地起造'之语,视为违约,恐有误会;至鸿安北首地段,屡经他国商人议请承租,本监督一再商留,只因除此一段,更无该公司正当适用租建之江滩,是以迭次婉商,实已顾全睦谊,倘仍执前说,则事关推展租界,碍难允行,时再备函声明,贵领事通达事理,当无异议,仍希查照转知该公司并见复为幸。"②李清芬表示愿意保留此处地段,以优先租与日商。针对界外租地一事,他坚决不允,建议如果日清公司坚持不愿意租用弋矶山下地段,还需要与南洋大臣、两江总督张人骏协商。

此后,日方未有明确的态度,而和记洋行也通过本国使领馆官员一再交涉。1910年2月25日,李清芬再次催促井原领事,希望其给予明确答复。

3月3日,井原复函称,若将弋矶山之地租与他公司,日方"自无异议",但仍坚持其"若租界内既无形胜之地可租,地虽属租界外,若地在通商口岸之内,照约可以租借,所以叠请贵道在租界外,另觅形胜之地租与该公司"的基本立场,也一再强调在租界以外租地并未违反条约。③

因无法达成共识,李清芬遂将此事报告两江总督、南洋大臣张人骏,请求指示:

此事往复函商,几经驳辩,日领既不循情理,复不遵约章,一味狡强……亦难

---

① 《日商英商在芜湖租地事请俯赐主持由》,台北"中央研究院"近代史研究所档案馆馆藏清外务部档案:档案号:02-11-001-03-009。
② 《芜湖租界事抄送李道与日领往返函件请查照由》,台北"中央研究院"近代史研究所档案馆馆藏清外务部档案,档案号:02-11-001-03-011。
③ 《芜湖租界事抄送李道与日领往返函件请查照由》,台北"中央研究院"近代史研究所档案馆馆藏清外务部档案,档案号:02-11-001-03-011。

得其不在界外另租,案延已久,深虞枝节别生,拟请宪台电请外部径向日使揭明,预杜狡谋,或可早日解决。是否有当,合再录送近日往返函件。①

英方在 1909 年 11 月 17 日即照会南洋大臣张人骏、安徽巡抚朱家宝,指出其租地一事"起初并无所碍难,嗣因将案外之事混入其中,所以不易水落石出",不应以日商租地问题阻挠和记洋行租该地段,要求芜湖地方尊重中外通商条约,并言明"此项地段三月期限已过,是日德两商已经放弃租用之权,总之兹特指明贵国政府设立芜湖租界,花费巨款,足见从速筑竣驳岸码头及开通商务,实为中国莫大之益"②。

张人骏不能自作主张,将此事报告外务部。外务部认为:"查此事未据咨报有案,究竟情形如何,是否日德两商已言明不愿租用,相应咨行贵督、抚查照,转饬芜湖关道妥为筹办结,并从速声复以凭转复英使可也。"③

1909 年 12 月 29 日,英国驻华公使朱尔典(John Newell Jordan)④亲自给清总理外务部事务庆亲王奕劻发出照会,其全文如下:

本国领事迭经与芜湖关道商办,至今尚未了结,而此案起初并无所碍难,嗣因将案外之事混入其中,所以不易水落石出,该公司于本年正月二十九日禀在租界内照章租地一块,惟拟租地段已有德日两商请租在先,然未交租价,故未租成。本年二月二十四日芜湖关道致本国领事函称,现已分别函致德日领事转饬各该商限定至本年三月底止来芜承租,逾限即当准他商承租。

查德商早已不愿租用,日商一节,英署存卷,有驻宁日领八月二十九日来函内称本领事业经函致芜湖监督言明日商定然不租此地云云。情形虽然如此,而芜湖关道仍不肯应允和记租用,以日商尚未明言不用此地为口实,谅贵亲王一经详阅前情,自必不以芜湖关道于此事之行为合理,也应请饬行该关道按照和记洋

---

① 《芜湖租界事抄送李道与日领往返函件请查照由》,台北"中央研究院"近代史研究所档案馆馆藏清外务部档案,档案号:02-11-001-03-011。
② 《英商请在芜湖租界内租地事咨行转饬办结并声复由》,台北"中央研究院"近代史研究所档案馆馆藏清外务部档案,档案号:02-11-001-03-007。
③ 《英使照英商请在芜湖租界内租地关道不肯应允等因咨行转饬办结并声复由》,台北"中央研究院"近代史研究所档案馆馆藏清外务部档案,档案号:01-18-024-01-011。
④ 朱尔典自 1876 年以汉语翻译学生身份来华,在牛庄、上海、广州、琼州、厦门等领事馆担任传译、副领事,后又出任使馆汉文副使、汉务参赞、驻朝鲜总领事等职,1906 年晋升为驻华公使,在近代中英关系中具有重要的影响。

行所请办理,盖该公司本系照章所请,并极望从速平垫修筑驳岸也。至关道恐日本阻碍一层,似不应作为不肯允租之故,因此项地段三月期限已过,是德日两商已经放弃租用之权,总之兹特指明贵国政府设立芜湖租界,花费巨款,足见从速筑竣驳岸码头及开通商务,实为中国莫大之益,惟望早日见复,是为切盼至照会者。

照会　大清钦差全权大臣便宜行事军机大臣总理外务部事务和硕庆亲王①

与此同时,芜湖关道李清芬坚持不将江边地段租用给和记洋行。他认为尽管日商表示不愿意承租,"若遽允英商,则日领必起而要索,殊难应付"②。葛福对李清芬的答复表示十分不解,并就此事叱问两江总督张人骏,言辞激烈,咄咄逼人,张人骏遂将有关葛福与其交涉情节也向外务部做了汇报。

外务部接到张人骏的来函后,认为葛福的态度有失外交礼仪,在其给朱尔典的电文中,严正指出:

查英日两商议租同是一地,岂能分为各办,日商议租在先,现尚未斩断葛藤,岂能一物两许,硬占办法,岂是和好与国所应出。……本部查芜湖租界所存鸿安北首之地或归日商,或归英商,尽可彼此和衷商酌,乃英领谒见南洋大臣措辞失当,殊非办理交涉之道,应请转饬该领和平商议,以敦睦谊。③

朱尔典对此事极力解释。1910年2月18日照会奕劻,"以两江总督电称驻宁领事于总督有无理之言等情,本大臣查此事似有误会",他坚持驻宁领事葛福与两江总督所谈"均属甚睦",认为当时谈话的实际内容为"乃总督若不按租界章程与和记以应得公平之利益,倘该商不俟地契盖印,自行得有此地,总督叱为异事"。同时他也指出,既然德商、日商均已言明不租该地段,英国三任驻南京领事出面交涉此事,但是"终未能致"。他认为中国地方官员处理此事"并未能致照和记所请公速办理,且地方官非但不为办理,竟将他事牵连在内,其事与领事及英商毫无干涉"。他甚至认为中国地方官员的举动"不能视为友好","葛领事不过

---

① 《英商和记洋行请在芜湖租界内租地事请饬该关道照所请办理由》,台北"中央研究院"近代史研究所档案馆馆藏清外务部档案,档案号:02-11-001-03-006。
② 《日商英商在芜湖租地事请俯赐主持由》,台北"中央研究院"近代史研究所档案馆馆藏清外务部档案,档案号:02-11-001-03-009。
③ 《芜湖租界鸿安北首之地英领饬英商硬占请饬和平商议由》,台北"中央研究院"近代史研究所档案馆馆藏清外务部档案;档案号:01-18-024-01-012。

代催英商有不平之案,以尽其责任,于接待江督(两江总督)未尝心怀怠慢"。

最后,朱尔典还是坚持要求奕劻饬令两江总督将该地段按照章程租与和记洋行。①

外务部随即致函张人骏,称葛福"未尝心怀怠慢",此事"似可毋庸再向诘问",并要求其转饬商办租地一事。②

又过了十天,此事仍无法解决。28日,朱尔典给奕劻发出了一封措辞十分严厉的外交照会,以近乎威胁的语气指出:

该地段江督仍未准租,是以现据芜湖领事详报和记英商代表,因无故耽延,不肯久待,……惟所有华官不准该公司原租地段之情,本署大臣先行抗议,"且系续行永租地段之原因,合即再请贵亲王电咨江督转饬芜道,将和记拟租租界原地租与该公司,不得再延。③

朱尔典因事临时离职,其继任的英国代理公使麻穆勒也同样继续施压外务部要求其将"此事照按章程妥协办理,勿再延宕"④。

1910年4月,外务部在英国方面的外交压力下,指示芜湖关道李清芬,就和记洋行租地一事予以通融:

此时虽可坚拒日商,而英商之请租又势难久搁,事处两难,似不如竟将弋矶滩地先允英商租用,俟日商指索界外租地时,再筹办法。查租界所以不可展拓者,虑损主权耳,芜湖租界章程定自近年,于巡警工程等事均归地方官管理,不致如上海等处之贻患,将来商务日兴,亦必有展界之一日,且日领谓租界章程日政府尚未承认,正可乘此时先要以承认章程,否则不允另索租地,以为抵制。⑤

---

① 《英商和记公司在芜湖租借地段事》,台北"中央研究院"近代史研究所档案馆馆藏清外务部档案,档案号:02-11-003-08-001。
② 《英商和记租芜湖地段事抄录与英使往来照会咨行由》,台北"中央研究院"近代史研究所档案馆馆藏清外务部档案,档案号:02-11-003-08-002。
③ 《英商和记公司在芜湖租借地段事》,台北"中央研究院"近代史研究所档案馆馆藏清外务部档案,档案号:02-11-003-08-001。
④ 《芜湖租地一事请电江督妥协办理由》,台北"中央研究院"近代史研究所档案馆馆藏清外务部档案,档案号:02-11-003-08-003。
⑤ 《日轮公司及英商和记地事应设法了结由外务部皖南道》,台北"中央研究院"近代史研究所档案馆馆藏清外务部档案,档案号:02-11-001-03-010。

二、违约购地与放弃芜湖建厂的考证

芜湖关道李清芬迫于外交压力,使英商和记洋行最终拿到了期待已久的租地权,一年半来的反复交涉也几近成功。芜湖和记洋行的开工也提上了日程。可意外的是,英国人最后还是主动放弃了在芜湖建厂的计划,其中的原委可以从台北"中央研究院"保存的清末外务部档案中找寻。

1910年6月4日,租界会丈委员、候补知县熊恩霖向李清芬禀告,3日在弋矶山江滩上,被人私自树立和记洋行界碑五块。经过调查后,熊恩霖认为该处土地半属官滩,"访系居住该滩之黄思来冒为己业,卖与王姓转授洋商",芜湖关道随即饬令局勇将界石拔除,并着手调查。

和记洋行纪尔此时极力辩解,希望仍照原计划建厂。

和记行主禀称,前派买办王姓在弋矶山边永租基地一块,价值一千五百元。该行主不知该处即在租界之内,拟饬将契呈由本署转送请销,仍请将鸿安北首和记从前拟租地段由道给契承租,应缴地价、迁费、税钱扣除此次所付地价外,送道查收,如此通融办理,案可结等因。①

李清芬认为和记洋行租用的这片土地,由于位于租界之内,"即应照章办理缴价存官,由官给契,今乃私自买受",李清芬提讯黄思来,其能够提供的属于私人的原地契仅为四亩,而和记洋行所立的界石,显然"隐占官滩",所以应该饬令和记洋行将地契交出,送官署核销,并予以追价补缴,听候追价。

李清芬认为英商和记洋行租地一案应该按照外国行商租地依法办理,不与其他租地案件同等视之。李清芬同时也借此再次指出了日商租地一事久未定案的原因:

窃思和记租地,久未定案,实因日商拟租在先,彼虽回复不租,意仍垂涎界外,且日商轮船往来长江者甚多,他商均有船埠,日商何甘向隅,故为设法保留,以免后难应付。②

由于发生了和记洋行私自租地一事,早前本来就不满其恃强租地的芜湖关

---

① 《英商和记租地事所拟各节应即妥商办结并禽鸟出口应照江汉关办法由》,台北"中央研究院"近代史研究所档案馆馆藏清外务部档案,档案号:02-11-003-08-005。
② 《英商和记租地事所拟各节应即妥商办结并禽鸟出口应照江汉关办法由》,台北"中央研究院"近代史研究所档案馆馆藏清外务部档案,档案号:02-11-003-08-005。

道李清芬,引发了又一波交涉。

他认为和记洋行不等租地一事定案,即与黄思来私自买卖此处江滩,且黄思来又并非此处地段的真实地主,如果此时通融和记洋行,"不独租界章程从此破坏,而刁徒盗卖之风,亦必因之而炽"。

李清芬还从生态环境的角度指出,英商和记洋行所经营的事业,从未向芜湖地方告知,后经查探,系汉口和记洋行所设分行。他认为汉口方面就其有碍卫生,已经将和记洋行的经营问题交涉至外务部。

和记准备租用的此处地段,紧靠弋矶山,附近即为一家美国医院①。该院医生赫怀仁认为和记所从事的宰牲口的业务有碍卫生,坚决恳求和记不要在此处设厂,美国人亲自去会晤英国领事,也认为和记租地涉嫌违章。英国领事在美国方面的交涉下,承认和记此举并非正当办法。而关于宰杀牲口有碍卫生的情况,美国人也希望和记应在租界外的弋矶山北边,毗邻美孚油栈的一处空旷地段另寻行址,以避免他国商人以后以此为口实。

李清芬认为由于查明和记确系违章买地的话,其一定不予以承认,至于黄思来一案,可以另案处理,而和记洋行希望照章租地,按理也不可以推宕。其后将此致函外务部,而外务部随后给李清芬的回复中认为:

英领转饬在租界外弋矶山北毗连美孚油栈一带空旷地方另觅行基,据称和记但宰飞禽,不宰牛羊猪,容与商酌办理等语。倘能照议设行弋矶山北,此案固可早结,否则亦拟即在弋矶山下酌量划给行基,仍当与定明只宰禽鸟,不宰杂兽。其南首紧接鸿安一段,仍留备付日商。

查所拟各节,尚属因应得宜,应即与英领妥商办结;又查该英商在汉口开设和记洋行,猎取禽鸟制冻出口,前经税务处议定只准十冬腊三个月期限猎取,制冻出口,以免过分伤害禽类;嗣又因此项办法尚有难端,准其如限内并无大洋轮到口,即与限满时将制冻预备出口之禽鸟数目报关,查明存记,俟有大洋轮进口时纳税报运出口,不得有逾预报数目。

今芜湖如准该商设分行,亦应查照江汉关办法一律办理,以示限制,相应答复芜湖关监督遵照办理可也。②

---

① 该院系 1888 年由美国基督教美以美会创办,现名皖南医学院第一附属医院弋矶山医院。
② 《英商和记租地事所拟各节应即妥商办结并禽鸟出口应照江汉关办法由》,台北"中央研究院"近代史研究所档案馆馆藏清外务部档案:档案号:02-11-003-08-005。

1910年9月27日,英国代理公使麻穆勒照会清朝外务部,认为其在1910年1月9日已说明案情,继而认为两江总督及其属员的行为不能视为有理,并照请庆亲王电咨两江总督将该地段照章租与和记洋行,不过"惜经日久,该文函均未得有回音"。

针对和记洋行违章购地一事,麻穆勒辩称,"当时该公司以为,地在租界以外,其实该地确在租界之内,按租界章程应由中国地方官转租",他甚至还表示"此等情形本署大臣闻之并不诧异"。麻穆勒认为即使和记洋行购地有违章之处,但"华官未准和记公司在租界内购地,延宕一年有半,亦属有违诚意";英方要求"拟一面请关道发给宣统元年(1909年)正月原租之地契,一面再将新租地契,送请核销关道"。但李清芬"未肯允诺"。

麻穆勒再次照会庆亲王奕劻调查此事,认为正是由于芜湖关道长期不允许和记洋行租此地段,英国公使方面才先行抗议,要求奕劻电咨江督转饬芜道将和记拟租租界原地与该公司,不得再延。① 外务部回复麻穆勒,已经要求芜湖关道与英领事妥速商办。② 外务部同时致电两江总督张人骏、安徽巡抚朱家宝,认为和记洋行在芜湖口岸弋矶山边永租地段,当时该公司以为,地在租界以外,其实该地确在租界之内,"经英领事函复述明和记代表购地之事,实出无心,拟一面请关道发给宣统元年(1909年)正月原租之地契,一面再将新租地契送请核销,关道未肯允诺。查该公司代表所购之地似有无心违章之处"。两江总督张人骏表示甚愿饬令该公司随时将该地契送还注销,"所有华官不准该公司原租地段之情,本署大臣应先行抗议,即请转饬芜道将和记拟租租界原地租与该公司,不得再延"③。

尽管在清庆亲王奕劻的指示下,对和记租用地段作出了某些妥协。但是李清芬仍严格限制和记在芜湖的业务,导致和记洋行在芜湖无法开展大规模的生产,不符合其建立新厂的初衷,这是英商和记洋行放弃芜湖,去寻找他处建厂的重要原因。

---

① 《和记英商代表在芜湖租地事请早日赐复由》,台北"中央研究院"近代史研究所档案馆馆藏清外务部档案,档案号:02-11-003-08-006。
② 《英商和记公司在芜湖租地一事已札芜湖关道从速了结由》,台北"中央研究院"近代史研究所档案馆馆藏清外务部档案,档案号:02-11-003-08-007。
③ 《英商和记在芜湖租地一案应妥筹议结由》,台北"中央研究院"近代史研究所档案馆馆藏清外务部档案,档案号:02-11-003-08-008。

在此情形下,韩永清经过再三考虑,认为在南京建厂更为适宜,向纪尔提出在芜湖办厂有诸多不利,如冬季枯水江轮不能靠岸、陆路交通不甚方便等。纪尔经过反复权衡,也同意了韩永清的意见。韩永清留程韩玉、李寿同驻芜湖处理善后,自己与纪尔同返汉口,详商南京建厂事宜。1911年,韩永清便带武昌文华书院毕业的罗步洲一同到了南京。

最终,和记洋行在芜湖征地建厂的计划夭折。不过,和记洋行在南京宝塔桥一带也因违规征地及盗买土地等问题发生了反复的交涉。

同时,就在纪尔、韩永清等人来南京考察后不久,辛亥革命爆发了。

第二节 到南京:强征土地的官司

一、和记洋行来到了宝塔桥

英商和记洋行南京租地建厂期间,见证了辛亥风云、中华民国南京临时政府的成立、二次革命等民国初年重大历史事件。

据后人讲述,1911年广州起义之前,胡汉民曾辗转来到南京,韩永清曾赠予巨款支持孙中山的革命事业。南京临时政府成立后,孙中山以临时大总统的身份亲自登门拜访,并手书"博爱"以赠。

1912年1月5日,孙中山在《对外宣言书》中称,临时政府将奉行"平和主义"的外交政策,其中指出"凡各国人民的生命财产,在共和政府法权所及的区域内,民国政府当一律尊重而予以保护"[①]。

民国初年,政局动荡,金陵关署也一度暂停办公。在此期间,和记租地建厂,不断发生纠纷。冯国勋继任金陵关监督后,与和记洋行反复交涉。

1898年5月1日,南京正式开埠,在下关滨江设关征税,名为金陵关。此后,南京下关一带逐渐成为洋商聚集之地,怡和洋行、太古洋行、亚细亚火油公司

---

① 《临时大总统宣告各友邦书》,载中国史学会主编:《中国近代史资料丛刊·辛亥革命(八)》,上海人民出版社2000年版,第22—23页。

等先后设立分厂,英国领事馆也设于城北萨家湾一带;津浦铁路建成通车后,南京成为重要的交通枢纽,城市化进程明显加快。

第二次鸦片战争后,南京虽被列为通商口岸,但并未划定明确的通商界址。1900年金陵关道拟定商埠章程八条,"定明通商场地在下关惠民桥西首","旋以会商驻沪各领,不允照办,迄未实行","故于洋商永租板契内,江宁两字之旁加注拟定界内四字以示区别"①。

两江总督刘坤一曾与外国领事之间发生争执,他选定仪凤门外下关地方,作为外商开设洋行、设置码头货栈之处。后同意领事馆暂时设在城内,但是外国商人只能在下关租地建屋。1904年,周馥调任两江总督以后,具体地划定下关惠民河以西,沿江长5华里、宽1华里左右地区为对外开放的范围。②

和记洋行选择宝塔桥一带租地建厂,但这一带不属于划定的通商范围。和记此举再次侵犯中国主权,也激起民间的强烈反对,其中保国庵修慧保护庵产一事成为近代佛教界反对帝国主义势力侵犯的重要案例。

民国释震华在其《续比丘尼传》中有关于修慧的介绍:

> 识参,字修慧,宛平陈氏女,光绪初年,旅次金陵下关。……后无意于尘世,决志芟染,法名月华,于金川门外宝塔桥荒废庵基,自建保国庵,一心念道,闭关贰拾余载之久。……及母中道逝世,伤感于怀,师弟修净谙于内务,不得已接替住持。辛勤既久,渐有余裕,了先师志愿,建观音殿、伽蓝殿,又添造市房十余间,并陆续置田数百亩,气象蒸蒸,冠冕一境。③

1962年,南京市肉联厂做厂史调查时,和记洋行老职员任有才还有些许记忆:

> 保国庵尼姑修慧不肯卖地,英国人就用水龙头去冲保国庵,把泥菩萨都打烂了。修慧和外国人打官司,她靠一个在北京做官的亲戚打官司打赢了,结果英国人没有买到地,还要赔偿尼姑庵损失。④

---

① 《江宁埠界事》,台北"中央研究院"近代史研究所档案馆馆藏北洋政府外交部档案,档案号:03-17-011-02-008。
② 政协南京市下关区文史资料研究委员会编:《下关文史(第1辑)》,1992年版,第5页。1华里即1里,约合500米。
③ 《民国江宁保国庵尼识参传(月华)》,载释震华:《续比丘尼传》,民国三十一年(1942年)刻本。
④ 和记职员任有才的访问记录,1962年。

保国庵旧址周边(自摄于 2012 年)

笔者也曾几次前往宝塔桥一带寻访保国庵的旧址(见上图),听附近的老人回忆,其原先规模很大,"文革"时被红卫兵破坏了。

二、和记购地,再起风波

探寻历史,和记洋行在南京下关宝塔桥征地也包含着丰富的故事。

据口述史料道:"和记最早建厂的地皮就是姓赵的卖出来的,周、赵、谢、李等家都把地皮卖给和记。"

1913 年购买江宁县金川门外环字铺复成桥地方旱地二亩六分,出价一千二百三十元;购买下关复成桥环字铺地方土地五亩,出价大洋一千四百元;承租下关宝塔桥上首江西洲地名公善沙地三十一亩,每年租金洋九百三十元,押租洋一千元,租期为五十年;购买江宁县金川门外优城桥环字铺地方荒地两块计五亩,出价二千一百六十元。①

笔者在南京市肉联厂档案资料中,发现了一份和记洋行承租公善南堂土地的契约原件,与上文口述资料基本相符:

主合同(承租:英商和记洋行;允租:公善南堂)

今凭中承租到公善南堂名下坐落南京下关宝塔桥上首江边洲地,名曰公善

---

① 和记职员任有才的访问记录,1962 年。

洲,认租中则地方三十一亩,每年租金计龙洋九百三十元,凭中言明押租龙洋一千元,四至丈尺载明,俟后凭中公议,确定今将逐细条件开列于后:

一议承租五十年为一期,双方认可;

一议租金凭中言明,每年每亩租金龙洋三十元,永无增减,其原因列后;

一议押租龙洋一千元,凭中亲手付清;

一议该洲填土高一丈,其损资金由承租人筹佃,该款计共将利息以抵堂产,公议原租金之不足,至以后该洲兴旺不能增租,即以期满新扣之数补之,凭中议决;

……仍归原租客接租其款,公议五十年期满后,……九十年后再行提议;

一议行租每年按期照付,以六个月为一期,凭折取款,不得私自借贷,亦不得拖欠分文,以上凭中公议之条,以后照均履行,空口无凭,立此合同存照。

民国二年五月一号　承租　南京英商和记洋行①

在征地建厂过程中,和记洋行征地屡次违规,侵犯中国主权。此时,金陵关监督兼江宁交涉员冯国勋,这位对我们来说已经比较陌生的人物走进了这段历史。

在南京,和记洋行租借公善南堂等处地基,"兴工造屋至数百间"。冯国勋以公函驳复,"多次嘱令销毁契约,退还原地,停止工作"②。

1913年5月29日,冯国勋接到了江宁县知事陆维李的呈报,控告保国庵修慧私卖土地二十二亩八分与和记,起因是有人举报和记买办王椿山③出面立契,但田契上载明的受主不是和记,而是纪新堂,当地士绅要求江宁县知事对此事予以严肃查处。据陆维李呈报,此事之前曾由北固乡议事、董事两会呈报后,随即委派鲁学恭前往调查,并将保国庵修慧、护法李家祥送江宁地方警察厅讯办;同时他也将此事汇报前任金陵关监督,要其转致英国领事,饬令和记不得串通纪新堂购买此项庵产。

据档案记载,时任金陵关监督曹复康④致函英国领事要求调查,不过随后由于张勋兵乱等原因使金陵关停止办公,因此"未及催询"。

---

① 《英商和记洋行租地合同》,民国江苏省财政厅档案,原件藏南京市肉联厂。
② 《三年一月十五日复英领函》,台北"中央研究院"近代史研究所档案馆馆藏北洋政府外交部档案,档案号:03-16-008-01-004。
③ 笔者认为和记在南京租地期间的实际负责人仍为王买办,而不是韩永清。
④ 曹复康,1911.12.22—1912.8.19担任金陵关代理监督,见南京市地方志编纂委员会编:《南京海关志》,中国城市出版社1993年版,第138页。

冯国勋接到报告后即致函英国领事翟比南(Bertram Giles)①,要求其予以配合调查和记购地的真相。

经过一番调查,冯国勋感觉和记租地事态复杂,十分棘手。②

为进一步厘清事实真相,他要求翟比南将1913年6月11日由英国领事交呈金陵关署备案的合同底稿交出。翟比南却借故说道,先前的金陵关文书因张勋兵乱而丢失了。

但冯国勋认为"此事实在不可理解"。冯国勋进一步认为："和记洋行在下关河东地方租地建筑,曾经将所立合同于去年六月十一日送署备案,并未述及私卖庵产及串买水塘两案,似误合三事为一事。"③

冯国勋所说的"三事",是指和记征地、购地的三方面主要的纠纷。

首先是有人控告保国庵尼姑修慧私自卖地二十二亩八分;其次是龙永成等又串卖保国庵古塘一面,修慧又去控告龙永成;最后是蔡介之私自将公善南堂洲地租与和记洋行,被当地的绅董控告。④

经调查,冯国勋发出了给翟比南的公文,并将实际结果告知：

其一,保国庵尼姑修慧私自卖地二十二亩八分一事,经调查,"经女尼私卖已否"。

其二,地契载明应归修慧所有的古塘(见右图),也不是修慧本人卖与和记,而是被"龙永成等串卖"。

和记洋行旧址附近水塘(自摄于2012年)

---

① 翟比南：时任英国驻南京领事,也先后担任过驻广州领事及代理公使等职务。他的父亲翟理斯(Herbert Allen Giles,1845—1935),汉学家、英国前驻华外交官,1867年来华,历任英国驻汕头、厦门、宁波、上海等地英领事馆领事。
② 《英商和记洋行擅租公善南堂洲地案》,台北"中央研究院"近代史研究所档案馆馆藏北洋政府外交部档案,档案号：03-16-008-01-004。
③ 《三年一月十五日复英领函》,台北"中央研究院"近代史研究所档案馆馆藏北洋政府外交部档案,档案号：03-16-008-01-004。
④ 《三年一月十五日复英领函》,台北"中央研究院"近代史研究所档案馆馆藏北洋政府外交部档案,档案号：03-16-008-01-004。

冯国勋要求翟比南饬令和记洋行"销毁原契,追债退基,以免缪戈";而翟比南却表示"和记曾经将所立合同底稿,禀由本领事去年六月十一日函呈贵署备案,今又无端禁止,未免事出不情,本领事殊难索解也"。

其三,关于"蔡姓私租公善南堂洲地与和记洋行被绅董控告"一事,冯国勋认为,英国领事确曾致函,并送来公善南堂蔡介之与英商和记洋行经理王椿山所订立的合同,也要求金陵关署备案。但1912年6月17日,金陵关监督曹复康已经回复和记洋行在下关河东地方租地一案,由于受到地方绅董联名呈控,所以未便存案。

据此,冯国勋认为"本署并未承认和记与公善南堂私租之事",且此事与"女尼私卖庵产及龙永成等串卖尼庵水塘二案,并非一事,无从牵涉","贵领事来函所谓殊难索解者,盖由未经查明,以致误认耳兹"①。

冯国勋更加严正地指出,"女尼私卖庙地二十二亩八分,受主系属和记而契工载明纪新堂名下","地非通商口岸划定界内,洋商不应租地",认为和记洋行既为"体面商家",租地建屋,理应堂堂正正按照公理置产,不应该任听奸人勾串,受人愚弄,"本署长深为该商惋惜,谅贵领事亦必不以奸才等串卖欺敝等事为然也";"洋商不应租地,前均迭函声明,此应请查照前函,迅饬禁阻"②。

冯国勋坚持认为按照条约,和记只能在划定的租界范围内租地,因此其在租界外租地已属违法。

1913年10月18日,就英人是否可以在南京租地一事,时任英国代理驻华公使的艾斯敦爵士③仍然坚持认为,根据1858年《中法天津条约》第六款,"外人有在南京全城任便居住及租赁地基房屋之权,倘按南京领事所详,华官意欲削夺此权,自属中央政府极要之职务,阻止该华官如此违背条约之举"④。

时任江苏民政长的韩国钧认为,"法英等请在江宁租地通商,曾经勘明城分

---

① 《三年一月十五日复英领函》,台北"中央研究院"近代史研究所档案馆藏北洋政府外交部档案,档案号:03-16-008-01-004。
② 《三年一月十五日复英领函》,台北"中央研究院"近代史研究所档案馆藏北洋政府外交部档案,档案号:03-16-008-01-004。
③ 艾斯敦爵士(Sir Beilby Francis Alston,1868—1929):英国外交官,1911—1912年任驻华公使馆参赞,后为使馆参议,曾数度代理馆务,1920年继朱尔典爵士为公使,1922年辞职离华。
④ 《南京阻止外人任便居住及租赁地基房屋之权由英国使馆头等参赞》,台北"中央研究院"近代史研究所档案馆藏北洋政府外交部档案,档案号:03-16-008-01-001。

西北沿江地段有案,今英德两使置租地界址于不议,辄于条约强加解释,诏外人有在南京全城任便居住及租赁地基之权,但今年各通商口岸于外人越界租地之事,时所不免"。韩国钧担心的是"一经通融,遂致沿成习惯"①。

冯国勋此后继续就租用公善南堂及保国尼庵庵产被盗卖事与翟比南多次交涉,嘱令其销毁契约,退还原地,停止工作。

关于界外租地权限问题,翟比南坚持认为和记洋行在商埠城门口租地建屋,"本系照约办理","至前清勘定界址,界外不应居住一层,各领事尤未肯承认",因此"不肯照办";冯国勋认为,"英商越界租地一案,全关于商埠界址问题,如果就此事与英国领事反复争辩,恐终无解决之一日"②。

其后,争论的重点转到龙永成串卖保国庵古塘一事,修慧也将此事的详细经过报告冯国勋:

> 窃尼有古塘一面,坐落宝塔桥,系为全庙食水之用,今有英商和记洋行于阴历九月间,饬令土工硬行将尼姑塘填土,兴工建造。尼当即劝阻停止,伊置之不理,随派印度人用野蛮欺压,尼随即邀请陈道生、王东锦、周汇川调处,伊支吾迁延,暗由该行买办韩永清,勾串龙永成等盗卖盗买,查该塘四亩二分,龙永成盗卖三亩二分,计洋一千二百八十元,于阴历十一月二十一日立契;虽已立契,尚未兑,仅剩一亩伏思物,各有主权。中英事同一律,乃该行硬行强占,继则勾串盗卖,依势欺压,莫此为甚,情理难容,心实不甘。为此历情,肯乞转达英领事,谕令该行迅即停工,并即退还该塘原址,以救食水而昭公通,实为公便。③

这一段史料也并非孤证,在《续比丘尼传》中也有一段类似的材料:

> 民国二年(1913年),有英商和记洋行,以庵址及庵塘三面环迩该行,拟吞合为一,遂萌觊觎庵产之念。买办期于必成,因以亟加煎迫,英人纪大阪(班),更叠加吓诈,逼令拆屋让地。参素具识略,不为所屈,一再辩之以理,彼遂怏怏而去。
>
> 嗣竟变本加厉,强拆庵房三间,锯树灌水,屋瓦且为水力激射四散。其徒等

---

① 《德英两使照称南京阻止外人任便居住及租赁地基之权请饬取销等语希核复由》,台北"中央研究院"近代史研究所档案馆藏北洋政府外交部档案,档案号:03-16-008-01-002。
② 《英商和记洋行擅租公善南堂洲地案》,台北"中央研究院"近代史研究所档案馆藏北洋政府外交部档案,档案号:03-16-008-01-004。
③ 《三年一月五日本署致英领函》,台北"中央研究院"近代史研究所档案馆藏北洋政府外交部档案,档案号:03-16-008-01-004。

恪遵师训,舍生维护庵产。行方欲临之以兵,虽未为所劫,然其时残暴不仁之象,可以想见。地产经理周汇川,以庵址庵塘未得就绪,心有未甘,复为虎作伥,与地方士绅龙永成等设计进行,以必达其完全目的为愿。时永成之子与江宁县长有金兰谊,风云际会,炙手可热。……地方人士,屡拟盗庵塘,……至是乃相庆弹冠,对庵方则由县长亲临威吓,迫使就范;对庵塘则由县长批示许可准由伊等出卖,无不得心应手。满意挟雷霆万钧之力,自可为所欲为,然参以"先人基业,何可委弃",力排万难,诉之交涉,使并地方法院各机关。①

1914年1月15日,冯国勋致函翟比南,所谓修慧私卖二十二亩八分地一事其实系地产经理周汇川私卖于和记洋行,周汇川卖地时曾绘有保国庵四至:

该塘附属本庵荒洲旱地庵址塘基,本在一图,卖时已将旱地荒洲图裁与受主,作为执业凭证,庵址与塘基仍留尼处,此又可为此案之铁据。②

冯国勋据此二十二亩八分地并非修慧私自卖出,并要求和记洋行禁止购买此地;而对于保国庵的古塘,因系龙永成等串卖,英国领事也应注销卖地契约。③

冯国勋也派员前往宝塔桥该塘基处进行确切调查,证实该水塘确系保国庵所有,"水塘系归该尼营业",被下关龙汇兴材店的龙永成与和记洋行买办韩永清,及周汇川等人,串通白鳝庙僧海州及乡人傅长有等,将该水塘塘基盗卖于纪新堂名下,"业于十二月十八日成契,计价洋一千二百八十元,其款已经兑过",具体由周汇川负责,地契上载明的买主是纪新堂,而实际的买主则是和记洋行。

据此查庙地公产,向不准外人售买,且买主系英商和记洋行,亦未据实报明,复前来英商辄听龙永成、韩永清、周汇川及庙僧海州乡人傅长有等播弄,以英商借用纪新堂名称,影射买地不由业主女尼修慧到场,出笔任令龙永成等互相勾串,收卖庙地公产,似此欺诈行为,如果属实,当为该英商和记洋行所不取也。况宝塔桥地非通商口岸,尤不应外人擅自购地,致违约章,龙永成等胆敢串谋盗卖庙

---

① 《民国江宁保国庵尼识参传(月华)》,载释震华:《续比丘尼传》,民国三十一年(1942年)刻本。
② 《三年一月十三日本署致英领函》,台北"中央研究院"近代史研究所档案馆馆藏北洋政府外交部档案,档案号:03 16-008-01-004。
③ 《三年一月五日本署致英领函》,台北"中央研究院"近代史研究所档案馆馆藏北洋政府外交部档案,档案号:03-16-008-01-004。

产,均非安分,亟应惩究。该尼既称英商和记洋行购买,相应据情函请贵领事查照饬令该和记洋行行销原契,寻令龙永成等追还原价即将尼庵塘基返回原主。①

冯国勋希望英国领事"即迅赐办理"。

冯国勋也将调查及交涉结果函报江宁县知事陆维李,"如果属实,殊为不合,均应查明究办除函,致英领事饬令该和记洋行销毁原契,寻令龙永成等追还原价,将尼庵塘基退回原主,以昭公允,致英领事转饬和记洋行退契追债,交还塘基,以免纠葛,至串卖诸人,均非安分,亟应究办"②。

如此,证据确凿,保国庵土地及古塘确系他人盗卖,与修慧无关,这样,和记洋行理应退回土地。英方自知理亏,却坚持界外租地,以转移焦点。

1914年3月17日,继续担任驻华公使的朱尔典仍然要求南京地方不得阻止外人在通商市埠购置产业。冯国勋也一再坚持要求和记退回原契。③

朱尔典顾左右而言他,3月20日,甚至联合德国使馆代办夏礼辅(Emile Krebs),照会外交部,继续就外商在南京居住贸易一事发出照会,希望外商在南京城内租赁房屋能够得到地方的通融。④

此刻,北洋政府外交总长孙宝琦表示外商在南京租地可以通融办理。

3月31日,朱尔典再次照会孙宝琦,称"因此节系外人按照条约多年所享之权利,是以何庸承贵政府近日方行让给,且条约径许之权,何有通融之余地",并再次要求其同意英商在南京不加限制地自由租地。⑤

4月2日,北洋政府外交部给出了答复:

查各国商人在通商口岸永租地基,诚为条约所限。惟前清咸丰八年(1858年)中法条约所载江宁等通商口岸显系指明各口市埠地方,并无牵及城厢字样,是以择定仪凤门外下关惠民桥西首江边一带为各国公共居住之地。自通商以

---

① 《1914年1月5日金陵关署致英国领事》,台北"中央研究院"近代史研究所档案馆馆藏北洋政府外交部档案,档案号:03-16-008-01-004。
② 《三年一月七日本署致江宁县函》,台北"中央研究院"近代史研究所档案馆馆藏北洋政府外交部档案,档案号:03-16-008-01-004。
③ 《英人南京城内购置产业事》,台北"中央研究院"近代史研究所档案馆馆藏北洋政府外交部档案,档案号:03-16-008-01-006。
④ 《洋商在南京居住贸易事》,台北"中央研究院"近代史研究所档案馆馆藏北洋政府外交部档案,档案号:03-16-008-01-007。
⑤ 《南京城内购置产业事》,台北"中央研究院"近代史研究所档案馆馆藏北洋政府外交部档案,档案号:03-16-008-01-008。

来,该处地方发于城内置产业一节,向未允认。贵公使一再来照申论,本部不欲遇事争执,酌准于城内租赁房屋,以力敦睦谊,似此办理贵公使当能原谅。至外人按约应享之权利,该处地方发自照约办理,而不能漠视也。①

外交部的意思是,和记洋行只能租赁房屋,不能在租界外租赁土地建厂。

朱尔典显然对外交部的答复十分不满,并予严厉质问:"敢问江宁既开为通商口岸,与以后所谓江宁外边别一小地点择定为各国人民居住之区,岂相符合?除此以外想贵总长必有误会,现在江宁通商口岸之局面,不特各国领事署均在城内,且洋商在城内居住贸易者实繁有徒,今贵政府实欲按照维新之法振兴中国,除设法避去条约明意外,仍按此久经大众鄙薄政策之余声,几至不能解决。"朱尔典以鸦片战争以后因两广总督禁止外人入城而再次导致战祸提醒外交总长孙宝琦,认为其又将此等政策复活,要求孙总长"即应训令江宁地方官停止其抵抗外人,按约正式得享权利之举动,是为至要"②。

最终,在英国的外交压力下,此事也就没有了下文。

外交部似乎也默认了和记洋行在宝塔桥地区的征地,唯有保国庵古塘被盗卖一事,得到了相对公正的解决。

其时当道,有主张公道者,有慑于和记势力者,表示遂各有区别。主张公正者,则一秉大公,其他迭次催请审理,不加闻问者有之,劝参出售庵产者有之,甚至恼羞成怒,将预审终结庵塘收归国有者有之。相持多年,卒也拨云雾而见青天,最后判决将原塘发还,盗卖庵塘者,判处徒刑六月。执行六年之久,始得告一段落。③

这样,修慧的事迹便流传了下来。中华人民共和国成立初期,笔者根据1951年《南京寺院普查名录》,修慧仍主持保国禅林(保国庵),不过,其后的事迹已经无法考证了。④

尽管存在着征地的纠纷,但似乎并未影响和记建厂的步伐。随着生产规模的日渐扩大,和记占地面积也一再扩展。据宝塔桥附近老人及南京肉联厂多年

---

① 《外人在江宁城内居住事》,台北"中央研究院"近代史研究所档案馆馆藏北洋政府外交部档案,档案号:03-16-008-01-009。
② 《江宁城内租地事》,台北"中央研究院"近代史研究所档案馆馆藏北洋政府外交部档案,档案号:03-16-008-01-010。
③ 《民国江宁保国庵尼识参传(月华)》,载释震华:《续比丘尼传》,民国三十一年(1942年)刻本。
④ 杨新华主编:《金陵佛寺大观》,方志出版社2003年版,第558页。

工作的老职工向笔者讲述,保国庵土地最终还是被和记洋行吞并了。

另外,据和记洋行厂史资料记载,其后主要租用或购买的土地有:

1916年永租纪新堂等田塘地,坐落南京金川门外商埠宝塔桥地方五百六十九亩一分九厘四毫,每亩价银三百六十一元零九分,共价二十万五千五百三十元二角六分。

1917年8月购买江宁县金川门外宝塔桥北环字铺地方荒熟地两小块,计二亩八分五厘,出价六百五十七元。

1919年11月,续租下关宝塔桥上首江面地名公善洲等地共五十八亩六分七厘,续租另加押租三千元,合前共四千元。

1922年购买金川门外宝塔桥北首地方面积一百四十九亩,每亩价洋二百五十元,计地价共洋三万七千二百五十元。①

南京市肉联厂也保存了1922年购地的记录,而这一次又出现了"周汇川"这一担保人的名字:

立承租洲地契人公善南堂代表人陈秀山,情因敝堂有洲地坐落江邑金川门外宝塔桥地方,一在桥北,计洲地一百四十九亩,一在桥南,计洲地陆拾陆亩,两共计二百一十五亩。该地因其刘姓涉讼关系,每年难以分劈,经敝堂开会通商,明由呈请省署立案求归,并永租与和记公司名下产业。当日凭中得受地价龙洋三万陆千九百陆拾元整,该洋代表人如数清楚,毫厘不少,自归并之后,听凭纪新堂填土建筑,代表人概不过问,亦不得加价及借故要挟等事,该地实系敝堂之产,倘有异姓人等出面争执暨一切不清纠葛之事,均归代表人自行理直,与业主概不相涉,此系两相情愿,并无勒逼等事,恐口无凭,立此承租为证。

立字样人李成记凭中价买王福保荒地专招取士之用,刻因和记以买临地,该地其地毗连,现凭中情愿归并和记洋行,得受让价大洋三百五拾元,计地三亩五分,自让之后,敢凭填土建筑,一切便用毫无异说,恐后无凭,立此为证。

民国十一年(1922年)夏七月初三日,立字样人李成记　押
计附上契一纸粮串两张　凭中　周汇川②

---

① 《南京市肉联厂土地报告》,南京市肉联厂资料。
② 《英商和记洋行租地合同》,民国江苏省财政厅档案,南京市肉联厂藏。

金陵关照片（The Custom House at Nanking with H. M. S. Goliath）①

保国庵修慧的事迹自此以后的史料记载甚少，栖霞寺佛学院内墙壁上嵌有《保国庵主持修慧施田记》，该碑所立的时间为1929年10月。②

在和记洋行从芜湖到南京两地的征地建厂过程中，我们从档案中可以看到：从晚清朝廷到民初北洋政府，都无法直面外国人强权，往往采取息事宁人的态度；反倒是像李清芬、冯国勋等地方官员，却能据理力争，维护主权，可以引起近代史研究者的注意。

---

① https://www.hpcbristol.net/visual/he01-071，英国布里斯托大学中国老照片数据库。
② 贺云翱主编：《魅力栖霞文化丛书·文化遗产卷》，江苏文艺出版社2008年版，第70页。

第三章
南京和记洋行与近代英国外事保护

南京和记洋行筹建过程中,开始了正式的业务生产。"一战"爆发后,英国政府将食品工业纳入国家征购,和记洋行也得到了大批订单。所以,为了满足盟军后勤补给的特殊需求,英国政府通过其驻华外交机构以近代不平等条约为依据,屡屡运用外交手段,给予和记坚定的支持,为其利益与北洋政府交涉。

因为有了英国政府的保驾护航,南京和记洋行获得种种便利,迅速扩张产能,也就此积累了巨额的利润。本章就以下几个相关的问题予以考证。

第一节 "一战"与骡马出口的交涉

1914年8月,第一次世界大战爆发。8月6日,北洋政府宣告战时中立。

1917年1月,德国实行无限制潜艇战;2月,美国与德国断交后,建议中国采取一致行动,英法两国也鼓励中国参战。

1917年8月14日,北洋政府加入协约国一方,对德、奥正式宣战。

张国淦认为,中国参战最重要内容之一是输出军用食品协助盟国。[①]

有报道认为,"一战"期间,英军对骡马的依赖就如同依赖重炮一般,其军用骡马分为轻挽和重挽两类。前者是英军的后勤主力,用于拖曳小口径野战炮、马车和无动力救护车;后者则是那些体格健壮、身躯高大的骡马,它们通常编入炮队,专门拖拉攻坚重炮。英军投入西线战场的骡马多达47.5万匹,然而大规模参战意味着大规模伤亡,英军累计在西线损失骡马多达25.6万匹。同时,由

---

① 张国淦著:《北洋述闻》,上海书店出版社1998年版,第90页。

于英国对于"一战"的持久性认识不足,当1914年匆匆介入冲突时,英国战争部仅从全国征召了16.5万匹骡马,且缺少运输工具,只有五分之一的骡马被送到前线。随着战事扩大,英国国内的骡马几乎被征召一空,军方不得不寻求外援。①

英国方面战时不仅通过南京和记洋行保障其战时食品供给,还从中国输出骡马,并运往英法战区。

德国对此提出强烈抗议。德方认为骡马属战略军用物资,中国没有遵守其中立国的立场。从档案考察,即使在中立期间,北洋政府也倾向英国,就和记骡马出口一事,与德国反复周旋。

在大战爆发初期,英轮运输食品出口在上海口岸被扣。英方认为"显有歧视",因为德国同时也大量运输粮食出口,而中国政府并未禁止。②

朱尔典也就此事照会外交总长孙宝琦。他认为食品并非战时违禁物品,发生此类事件是绝对不能接受的。他认为中国在对待德国运输粮食出口问题上"毫不闻问,诚非公允"③。

外交部回复朱尔典,"输送大宗货物,如确系直接售与交战国军需之用者,即应扣留,若仅输运日用食物,应以寻常通商货物论,当然不在禁运之列";要求上海方面"万勿过于操切,致生枝节"④。

紧接着,南京和记洋行将骡马运往英法的消息为德方侦悉。德方以骡马系军用物品为由,向中国外交部提出强烈抗议。

1914年8月23日,德国公使辛慈抗议"Victoria(维多利亚)船由沪运送军需品往英法军所驻贝德尔(Baddle)岛,并有军服法兵在船"。德方认为英法等国不可用本国军队押运军需物品。⑤

英国对此回应,和记在山东禹城等地购买骡子,系运往印度,以供民用,且与

---

① 《一战中"战马":近5万被屠宰成战俘的口粮》,《新民晚报》2014年2月7日。
② 《英轮购运食品事》,台北"中央研究院"近代史研究所档案馆馆藏北洋政府外交部档案,档案号:03-36-32-01-26。
③ 《输运食品事》,台北"中央研究院"近代史研究所档案馆馆藏北洋政府外交部档案,档案号:03-36-032-01-20。
④ 《英轮购运食品事》,台北"中央研究院"近代史研究所档案馆馆藏北洋政府外交部档案,档案号:03-36-32-01-26。
⑤ 《英船运粮事》,台北"中央研究院"近代史研究所档案馆馆藏北洋政府外交部档案,档案号:03-36-032-02-023。

战事无关。①

1915年4月8日，辛慈正式向北洋政府发出照会，抗议中国违犯中立条约。

> 查该条规第二条载各交战国之军队军械及辎重品均不得由中国领土领海经过等语，又第十六条内称在中国领土领海内人民不得为交战国治理武装不得供给材料及一切军需品等语。②

他进一步指出，英国在1915年的禁货条例中，已将所有可用于战事的、能够骑人驾车的牲口均视为无条件禁货。英国方面自食其言，德方出于报复才于1915年4月18日改变了"捕船条规"，要求中国遵守中立国的立场。③

据后来的和记洋行老工人回忆，1916年和记洋行北头还有专设的马场，其骡马由海船转运到英国。④

1915年9月29日，金陵关监督兼江宁交涉员冯国勋已就是否准许英商和记洋行转运骡匹出口一事咨询外交部：

> 外交部钧鉴：码头由税务司请发土货联单系英商和记洋行赴北京、山东内地采购骡一千三百头，查骡马向未发过联单，后经电请税务处，中立期间，尤须加以谨慎，此项骡匹是否准运出口，乞电示遵。⑤

外交部认为骡马出口不在三联单免税范围内，具体还要请示税务处，并指示冯国勋，中立期间"并无言明骡马等项列入战时禁制品之内"，对于和记洋行运输骡马赴欧洲战场，"似不必加以禁阻"⑥。

税务处督办梁士诒则担忧和记大量采购骡马，对本国军队装备有影响，因此

---

① 《英商购骡事》，台北"中央研究院"近代史研究所档案馆馆藏北洋政府外交部档案，档案号：03-36-008-03-027。
② 《抗议中国有违犯中立情事由》，台北"中央研究院"近代史研究所档案馆馆藏北洋政府外交部档案，档案号：03-36-032-04-022。
③ 《德领事抗议英商购买骡匹请训示遵行由》，台北"中央研究院"近代史研究所档案馆馆藏北洋政府外交部档案，档案号：03-36-033-02-073。
④ 和记职员陈金林的访问记录，1962年。
⑤ 《英商和记洋行赴北京山东买骡向未发过联单中立期内尤须加慎可否准运出口由》，台北"中央研究院"近代史研究所档案馆馆藏北洋政府外交部档案，档案号：03-18-075-04-001。
⑥ 《英商拟运骡匹如非赴战地应用似无庸禁阻惟应否发给联单希径核径复冯督并声复本部由》，台北"中央研究院"近代史研究所档案馆馆藏北洋政府外交部档案，档案号：03-18-075-04-003。

就此咨询了陆军部。①

陆军部认为,因秋忙,农事紧张,骡马若用于军事,则与农事不利,也影响本国军队的装备。②

这时,陆军部派员前往周口店一带采购骡马四百余匹,河南各军队也需装备五百匹,"若任英语人同取并购,必致有碍"③。

税务处也咨询了河南巡抚田文烈,未得到答复。④

所以,我们认为,外交部与陆军部就是否允许骡马出口的问题上意见不一。

冯国勋希望英国领事阻止和记购运骡马。和记声称其已在山东购骡,沿途已完厘,且已运至浦口。税务处认为"嗣后骡匹已完内地厘税,可暂准通融放行",冯国勋就此请示外交部意见。⑤

此后,德方严密侦察南京和记洋行出口骡马一事。1915年12月9日,辛慈再次照会外交部:

本大臣仍请贵总长注意者,按据报告,自本年十月以来南京英商洋行购买马骡多匹,运往法国马赛地方,备英法军队之用,即如十月十七日运送二百六十匹,十月二十五日二百八十匹,此后复有此等运送。每运马十匹,雇佣中国马夫一人,订立五个月之合同,又有屠宰之牲畜,由该英国洋行自南京运往法国以充法英军队之用,须至照会者。⑥

据日本防卫省防卫研究所档案也显示,大正四年(1915年)南京海关骡子输出793头,大正五年(1916年)南京海关骡子输出达2 757头。⑦

---

① 《准咨即咨陆军部复称外商购骡军事农事两不便利已电该监督婉阻咨行查照由》,台北"中央研究院"近代史研究所档案馆馆藏北洋政府外交部档案,档案号:03-18-075-04-004。
② 《英商请单采购骡马经婉阻后已否停办速电复由》,台北"中央研究院"近代史研究所档案馆馆藏北洋政府外交部档案,档案号:03-18-075-04-006。
③ 《日人购骡由英商和记出名系属一事已饬照前电办法办理由》,台北"中央研究院"近代史研究所档案馆馆藏北洋政府外交部档案,档案号:03-18-075-04-010。
④ 《骡马等无禁制明文案与英商和记情形相应一律办理该案禁阻结果如何除电询外先行接洽由》,台北"中央研究院"近代史研究所档案馆馆藏北洋政府外交部档案,档案号:03-18-075-04-007。
⑤ 《和记在山东购骡未领联单沿途完厘电准税务处放行并饬嗣后骡匹已完内地厘税可暂准通融放行由》,台北"中央研究院"近代史研究所档案馆馆藏北洋政府外交部档案,档案号:03-18-075-04-008。
⑥ 《英输购运食品事》,台北"中央研究院"近代史研究所档案馆馆藏北洋政府外交部档案,档案号:03-36-32-01-26。
⑦ 《英国军骡购入的实际情况》,日本防卫省防卫研究所馆藏档案,档案号:C13032556300。

1916年1月8日，德方继续严重抗议：

> 兹英国轮船将骡四百八十匹于上月底离南京出口，又有大约相同数目之骡匹现在该商院内专待装船，本大臣不能不抗议此项违背国际公法之转运。①

1月22日，德国驻济南领事抗议和记在山东购骡马，并向山东交涉员杨庆銮抗议。杨交涉员认为德国依据伦敦万国公会议定的海上战时公法，要求禁止出口骡马，请外交部予以训示。②

因德方持续抗议，冯国勋也深感事态严重，同日也发函外交部请求训示。

> 英商和记运骡出口前详准如完厘税暂予通融放行，现德领事向军署及交涉署力加抗议，勋暂已驳拒，兹又有骡七百余匹运宁，应如何办理处乞示遵。③

1月26日，冯国勋电复外交部，以外交部先前"骡非禁品，并未载入中立条规应禁物品之列，不能禁运"的意见答复德使。④

他也报告了近期的事态：

> 本年一月十七日准驻宁德领事辛慈函略称，上年十月十七号有骡马二百六十四，十月二十五号有骡马二百八十四由南京出口运至法国马赛港口，十一月底又有骡二十五匹，十二月中旬又有骡四百八十匹由南京运往伦敦。

德国领事也指出这些骡马均由金陵海关外人负责运送，其回国后，即可证明此事。现下关地区还有数百匹骡马集结待运，"此事凡和记洋行内之中国人皆可为证"⑤。

德国领事也函请冯国勋将其意见转达各级官员：

> 查各国骡马系交战时违犯物品，骡马系属材料，……该牲口出口虽系英国

---

① 《英商购买骡马事》，台北"中央研究院"近代史研究所档案馆馆藏北洋政府外交部档案，档案号：03-36-033-02-074。
② 《德领事抗议英商购买骡匹请训示遵行由》，台北"中央研究院"近代史研究所档案馆馆藏北洋政府外交部档案，档案号：03-36-033-02-073。
③ 《和记英商运骡事》，台北"中央研究院"近代史研究所档案馆馆藏北洋政府外交部档案，档案号：03-36-033-02-075。
④ 《和记英商运骡事》，台北"中央研究院"近代史研究所档案馆馆藏北洋政府外交部档案，档案号：03-36-033-02-076。
⑤ 《德领抗议英商购骡一事详乞鉴核由》，台北"中央研究院"近代史研究所档案馆馆藏北洋政府外交部档案，档案号：03-36-033-02-077。

洋行办理而所用之人皆中国人,是中国人襄助该洋行办违犯中国法律之营业。又在内地采买牲口者,皆系中国人,且海关洋员亦中国官员,本应按其本分严守中国之法律,今乃允许骡马出口,以给与德国之敌国,不独违犯中国法律及万国公法,抑且襄助德国之敌人,此事殊非中国中立之意,更非优待德人之意。①

德方还认为,金陵关曾发给和记买骡三联单,冯则否认,"至联单应否照发,事属关务,已咨税务核复"②。他认为,"该行雇用之中国人为彼经理商业,未便即指为违犯中立条规,加以惩治"③。

冯国勋认为此后德方抗议将会愈加激烈,究竟如何应对,请求外交部予以训示。

1916年2月11日,税务处认为,德国方面"以骡马为材料解释,涉于含混","且查第十六条原文云,不得供给船只或材料,照中国文法解释,材料上加一'或'字,明明专属于船只之材料,意谓不得供给船只或制造船只之材料,若以骡马为材料,未免误会,况以此解释物品何一非材料,无一不当禁止矣"。

关于德方提出的有中国人帮助和记出口骡马一事,实际也是各国洋行恒有之事,"总之本国中立规条,骡马非违禁之物,除遇本国需用缺乏之时,不能不禁止出口外,其余无论何时何国购运出口,皆未便禁止,致违商约"④。

其后,辛慈继续抗议和记"于三月二十九日离南京出口,运往伦敦"⑤。"兹又有英国轮船将骡四百七十八匹于五月十一日离南京出口运往伦敦"⑥。

1916年,南京和记洋行在山东寿光征购十三匹骡子时,遭到警察拘捕。11月7日,英使馆参赞巴尔敦要求外交次长"电知山东省长释放此项骡匹及经理

---

① 《德领抗议英商购骡一事详乞鉴核由》,台北"中央研究院"近代史研究所档案馆馆藏北洋政府外交部档案,档案号:03-36-33-02-77。
② 《德领抗议英商购骡一事详乞鉴核由》,台北"中央研究院"近代史研究所档案馆馆藏北洋政府外交部档案,档案号:03-36-33-02-77。
③ 《德领抗议英商购骡一事详乞鉴核由》,台北"中央研究院"近代史研究所档案馆馆藏北洋政府外交部档案,档案号:03-36-33-02-77。
④ 《德领抗议英商运骡事查该两项不在违禁之列函请查照由》,台北"中央研究院"近代史研究所档案馆馆藏北洋政府外交部档案,档案号:03-36-033-02-080。
⑤ 《英商运骡事》,台北"中央研究院"近代史研究所档案馆馆藏北洋政府外交部档案,档案号:03-36-033-02-081。
⑥ 《英商运骡事》,台北"中央研究院"近代史研究所档案馆馆藏北洋政府外交部档案,档案号:03-36-033-02-082。

人,并设法使将来所购骡匹不受干预"①。

随后,和记洋行在直隶也发生了类似的事件。因没有领取海关三联单,也没遵章完税,和记商人奥士在吴桥县贩运七十七匹骡子,其中八匹被扣留,并要求其补税,才将骡子发还。

后来,吴桥县地方将其扣留和记的八匹骡子变价充公,以补税款。

直隶派专员处理此事,经调查,骡子已被卖掉,无实物返还,建议骡匹全当补税,以放出英商。其后,吴桥县知事将卖骡所得的四百元全部上缴,他们不希望因此等小事引起中外交涉。

山东王交涉员与英国驻津副领事商酌此事,请英方劝导和记照约办理,希望以退还和记四百元以了结此案。英方对此也表示愿意接受,表示和记以后再有购运土货事务,须遵领三联单或照章纳税,免再滋生事端。②

直隶省长朱家宝便将此事的经过于1916年5月27日报告外交部。③

1916年7月27日,朱尔典却就此事表达抗议,要求按价赔偿,其照会外交部称:

> 该经理一到县境,即面见知事备陈始末,彼此将税项和衷议定三日之内购觅骡头,毫无阻碍,而于五日该知事忽派人将洋行所买之骡八个拘去扣留并云须按值百抽一五征税,该经理亦已首肯;而知事又以中国系在中立,不能放行。……查该知事妄将英商所置之物擅扣变价,自应由该员自行赔偿,该行所受之损失,兹将该行所具清单,计数八百二十五元六毛六分,合请迅将此款交由本馆转付该行收领为要,须至照会者。④

直隶交涉员王麟阁做了解释,认为和记既无联单,也未纳税,"该县于七十匹中扣留八匹罚办并不为过","查该县骡价,除喂养及一切充赏杂费外仅余四百元之谱。昨已两次与英副领事晤谈告以照约理应充公,为格外体恤远商起见,由交

---

① 《英商在山东购骡事》,台北"中央研究院"近代史研究所档案馆馆藏北洋政府外交部档案,档案号:03-18-077-01-014。
② 《和记行派人赴直隶吴桥购骡被该知事擅扣变卖开单请求赔偿损失款交本馆转付由》,台北"中央研究院"近代史研究所档案馆馆藏北洋政府外交部档案,档案号:03-18-075-04-012。
③ 《办理吴桥县扣留英商奥士私贩骡只咨请查核》,台北"中央研究院"近代史研究所档案馆馆藏北洋政府外交部档案,档案号:03-18-075-04-016。
④ 《和记行派人赴直隶吴桥购骡被该知事擅扣变卖开单请求赔偿损失款交本馆转付由》,台北"中央研究院"近代史研究所档案馆馆藏北洋政府外交部档案,档案号:03-18-075-04-012。

涉署酌断给还四百元作为了事"①。

9月9日，驻津英国总领事称此事已完全解决，并将洋银四百元转寄驻宁领事，并汇给和记。②

从以上分析，我们可以明显得出这样的认识：即使北洋政府宣布中立，仍倾向维护英国的利益，中国的骡马由南京和记洋行等处源源不断地运往英法等国。

因为骡马等德国认定的战略物资可以民用物品的理由运往英法等协约国，德国决定采取严厉的措施。

1917年2月4日，德国宣布进行无限制潜艇战，德国潜艇可以事先不发警告，而任意击沉任何开往英国水域的商船，其目的是要对英国进行封锁，希望以此手段扼杀英国的海上生命线。

1917年8月14日，在权衡利弊之后，中国政府正式对德、奥宣战。

第二节 和记洋行与耕牛问题的思考

鸦片战争之后，近代中国传统自然经济被融入资本主义世界市场。和记洋行等英国资本瞄准了中国内地廉价牛肉等土货资源，运牛出口。这就与传统中国社会重农的理念和内地农村以自然经济为主体的生产模式严重冲突。本节主要根据台北"中央研究院"近代史研究所的档案文献资料，以南京和记洋行在中国内地征购耕牛的案例，就近代英国资本怎样冲击了中国传统农业经济，面对压力中国政府的应对态度、措施及其影响等问题进行基本的探讨。

在传统小农经济模式下的中国，耕牛是极为重要的生产工具，正所谓"哭牛如哭子"。中国历代律法都严厉禁止宰杀牛，无论是牛主还是他人，私屠乱宰牛都是犯罪行为，要受到法律的制裁。这一制度的实施是为了保证有足够的耕牛以满足农业生产的需要，进而保证政府财政有充足的税源，促进社会的安定和王

---

① 《吴桥扣留骡匹缘英商不领单不纳税现与英领均任调停酌给四百元希告英领馆转劝了结由》，台北"中央研究院"近代史研究所档案馆馆藏北洋政府外交部档案，档案号：03-18-075-04-013。
② 《办理吴桥县扣留英商奥士私贩骡只咨请查核》，台北"中央研究院"近代史研究所档案馆馆藏北洋政府外交部档案，档案号：03-18-075-04-016。

朝的长治久安。甲午战败后,西方资本将越来越多的廉价的中国农产品引入世界市场,其中自中国采购牛肉是其重要的目标。

南京和记洋行,位于南京江边,是总部位于英国伦敦由韦思典家族创办的联合冷藏公司近代来华所设工厂。它主要从事蛋品加工出口,也进行牛、猪、禽肉的生产,厂内设有宰牛车间。和记洋行从各地农村大量购买牛只先运到南京,再进行人工宰杀、冷冻加工等。如此一来,牛只输出的安徽、山东等地的农村畜力则出现了短缺,乡村稳定的经济形态受到了比较严重的影响。

英国强势资本看上了中国廉价的牛肉,羸弱的旧中国政府在强势的西方霸权面前几乎没有维护国内权益的能力。南京和记洋行仍可以凭借外事保护,在各地大量收购耕牛,制成牛肉加工出口。

1904年,清末南洋通商大臣周馥奏请清政府外务部"只准按照光绪二十八年(1902年)份,出口一千六百九十六只之数为度,不准逾限"①。

但是,据海关资料统计,南京和记洋行1915年就出口冻牛肉75 092担,1916年为108 136担,1917年为87 529担,1918年为60 012担。②

台北"中央研究院"的档案则揭示,1915年6月6日至29日,仅南京和记洋行就运牛1 137头,7月1日至10日共运牛1 089头。③

南京和记洋行如此巨量征购,显然早已突破政府的"底线",必然遭到多方的抵制;征购耕牛的问题,已不单纯是简单的经济选项,更逐渐演变成中英政府的交涉事件。

子口税制度是近代西方列强在中国凭借《天津条约》等不平等条约获得的特权;对照旧约章,洋商自中国采购的诸多土货出口,可减免税收。

南京的金陵关与和记洋行就运牛是否应依照特权享受税收特权一事进行了反复的交涉。事件的起因,是和记洋行因运牛未缴捐税而在安徽明光关被扣;理由则是该行没有海关发给的免税三联单。

翻阅档案,我们可以对这一事件的来龙去脉有比较清晰的认识。

---

① 《照录禁牛出口案》,台北"中央研究院"近代史研究所档案馆藏北洋政府外交部档案,档案号:03-18-076-01-034。
② CHANG J N. New British companies in China: the case of international export company in Hankou, 1907-1918. Studies in Chinese History,1998(8):29-63.
③ 《英商购运土货抗捐与英领交涉由》,台北"中央研究院"近代史研究所档案馆藏北洋政府外交部档案,档案号:03-19-040-03-004。

金陵关监督冯国勋认为,活牛不在三联单名录中,而此次和记运牛多达两千头,有妨农务,除令其按章纳税外,还就是否准予其继续运牛出口问题请示税务处及外交部。

金陵关如从前未经定有牛只出口额数,应否另定限制准予各商照章完税报运出口之处,相应咨行贵处查照迅即核办在详商,向在各开报运牛只是否准运三联单,并希查照见复可也。①

收到冯国勋的请示函件后,北洋政府税务督办梁士诒的态度是:"牛只出口日多,则农民获利益厚,自必广为牧畜,以供取求,何至转妨农务"②,他建议不要以三联单来限制畜牛出口。

接下来,北洋政府外交总长陆宗舆也要求税务处转饬冯国勋,要求发给和记洋行免税三联单,所谓:

按照约章,英商已在内地买货,欲运赴口下载,倘愿一次纳税,则准照行,即应发给联单,以便运行。合请立即转令金陵关监督,倘有运牛出口者,即应发给联单,并英商愿将准运出口之无论何项货物运出,亦应发给联单,并希早日见复,须至照会者。③

陆宗舆甚至这样建议冯国勋:

念中英素来友睦,似不宜因此而伤感情,嗣后英商向金陵关请领运牛出口联单,自当通融发给,但领用联单所采运之牛只必应遵章办理,运赴出洋,不得稍涉冒混。④

从来往的档案文件中,我们可以看出,北洋政府外交部的意见倾向于对和记出口畜牛勿加限制,而冯国勋则据理反驳。他认为若江苏省过多出口耕牛,将会严重影响耕作,"乃近据津浦路货捐局所报江宁英商和记一家,未请联单运宁之

---

① 《金陵关监督为英商报运牛只应否定以限制准其出口来电请示希迅核复由》,台北"中央研究院"近代史研究所档案馆馆藏北洋政府外交部档案,档案号:03-18-076-01-024。
② 《密咨金陵关英商运牛出口自可准运无庸限制三联单本无禁用明文现既拒驳应俟续报再行酌夺由》,台北"中央研究院"近代史研究所档案馆馆藏北洋政府外交部档案,档案号:03-18-076-01-026。
③ 《请转饬金陵关监督牛只及凡准运出口之货均应发给三联单由》,台北"中央研究院"近代史研究所档案馆馆藏北洋政府外交部档案,档案号:03-18-076-01-028。
④ 《英商请领联单运牛出口事准予通融发给由》,台北"中央研究院"近代史研究所档案馆馆藏北洋政府外交部档案,档案号:03-18-076-01-031。

牛三个月内已即一万数千头之多,本关给发运牛联单,如无限制则尾关之输将无底止,耕农恐深受其弊"①。

也是在此时,北洋政府的内部就是否限制耕牛出口,出现了不同的意见。

1915年9月,财政总长周学熙也认为若任由和记运牛出口,后果严重。他认为金陵关出口限制一经破坏,其他各关必将效仿。"近来各分局纷纷以洋商领有联单采买粮食请示办理,既扰民食,尤碍约章,其害一也";"大批装运出口必致耕牛日少,牛价日昂,小民生计势将因之日蹙,其害二也";"我国宣告中立,……关于军用物品分别禁止,今和记系属英商,而活牛为军食所关,尤非土货可比,且又不在三十一种限制之内,而今竟准其采买,其害三也"②。

在此期间,南京和记洋行仍在各地大量采购耕牛。有报告指出,1915年8月至1916年3月南京和记洋行领取三联单采办达二万二千头牛。③ 与此同时,各地官绅针对各地耕牛贩运过多纷纷上报,认为"内地以农为重,只有耕牛并无备食之牛,若任外商购运过多,深妨耕种,应请停止给单入内采办"。交通总长叶恭绰称应以发照限制食牛出口,称"鲁省护照系属一照一牛"④。

笔者在日本防卫省防卫研究所档案中发现的这一份《修订运牛出境出口办法》,印证了"一照一牛"的含义。其中有如下的规定:

> 在山东省内购运牛只出境(指省境)或出口,须领有护照为凭,一牛一照……持照赴各县购牛贩运出境或出口者,须于购牛后持照赴购牛地方之县公署,请求盖印截角。俟盖印截角后,方准运行出境,或运至车站上车。⑤

税务督办梁士诒迫于各地压力,要求金陵关"暂行停发英商采办牛只出口联单,俾农牧稍资生息,俟内地牧畜发达,无碍耕作,届时再行酌核开禁"⑥。

---

① 《英商运牛联单拟请酌定限制详请鉴核由》,台北"中央研究院"近代史研究所档案馆馆藏北洋政府外交部档案,档案号:03-18-076-01-034。
② 《洋商装运牛只应如何限制咨请复由》,台北"中央研究院"近代史研究所档案馆馆藏北洋政府外交部档案,档案号:03-18-076-02-001。
③ 《暂禁运牛出口请照会英使转饬英商遵照由》,台北"中央研究院"近代史研究所档案馆馆藏北洋政府外交部档案,档案号:03-18-076-02-005。
④ 《准山东田省长咨复限制耕牛出口办法请转达美使由》,台北"中央研究院"近代史研究所档案馆馆藏北洋政府外交部档案,档案号:03-18-078-03-031。
⑤ 《英国军骡购入的实际情况》,日本防卫省防卫研究所馆藏档案,档案号:C13032556300。
⑥ 《暂禁运牛出口请照会英使转饬英商遵照由》,台北"中央研究院"近代史研究所档案馆馆藏北洋政府外交部档案,档案号:03-18-076-02-005。

1916年5月,他将冯国勋的报告转外交部,我们也可以从中看到金陵关的陈述:

> 本年二月十七日奉巡按使饬以江宁仁育医院绅董张善禄等禀称,江宁下关和记洋行日宰耕牛数百头。探其牛之所由来,上则皖鲁,下则苏常。现在春耕在即,耕牛净尽,何以力田,禀乞转咨饬禁等情。查运牛一事,先据扬中、松江、江都、赣榆等县详称耕牛稀少,尚需外购高淳、崇明、吴江等县,请定限制;淮安、海门、沛县、东海、泗阳等县详称牛只业已不敷耕作,万难再准放行。
>
> 洋商放价收买,乡民毫无远见,以致输出之数无所底,至再英人力谋输出,而民食攸关,亦万难不顾。理合具文详陈,此后可否按照前清外务部核定禁牛出口,原案停发运牛联单,以保农业。①

此时,中国各地纷纷要求限制南京和记洋行购买畜牛。英国政府则充当了南京和记洋行的保护角色。英国驻宁总领事翟比南坚称,和记所买牛只大多来自山东、江苏徐州等地,多属菜牛,无碍耕作。此人甚至还认为,采办菜牛对养牛户大有裨益,"两利而互有济","何以金陵关独发运单,不许由津浦铁路运行,则是自塞其利源,真有令人不解者";且和记并未在冯国勋所称的缺乏耕牛的十三县购运。②

1916年8月,冯国勋则对翟比南的解释予以反驳,他认为,"去年九月据铜山县详称查徐属只有耕牛一项,并无所谓菜牛","和记公司所称徐州历来有畜牧肥牛一节,并非实在"。他还认为翟比南对此事的态度"持之甚坚"。③

1916年11月18日安徽督军张勋也因皖省耕牛被大量贩运,呈请外交部拟定对付外商办法。④

社会舆论如《申报》,报道了北洋军阀江苏、安徽等军政对和记洋行大肆采购耕牛的态度:

---

① 《暂禁运牛出口请照会英使转饬英商遵照由》,台北"中央研究院"近代史研究所档案馆馆藏北洋政府外交部档案,档案号:03-18-076-02-005。
② 《英商仍请照发运牛联单事》,台北"中央研究院"近代史研究所档案馆馆藏北洋政府外交部档案,档案号:03-18-076-02-015。
③ 《英商仍请照发运牛联单事》,台北"中央研究院"近代史研究所档案馆馆藏北洋政府外交部档案,档案号:03-18-076-02-015。
④ 《财政部呈皖省拟禁牛出口应预筹对付外商贩运方法咨请办理由》,台北"中央研究院"近代史研究所档案馆馆藏北洋政府外交部档案,档案号:03-18-076-02-033。

本埠各公署昨奉冯督军齐省长会令开案,准安徽督军行署省长公署会咨开中国恃牛而耕,农民无牛、田亩遂荒。乃近有内地奸商贩运大宗耕牛售与南京和记洋行,由浦口装运过江,日必数百十头,仅就南京而言,年必宰杀数万。若不严行查禁,何以重农业而保民命。已咨请内务、外交、农商、交通各部查核,严禁私宰私运,并请将屠宰税内宰牛税一项停止抽收,以资挽救,咨请查核联合施行等。因前来本省当以皖苏两省壤地相连,事同一律,咨经财政部核准,咨行到署。除将屠宰捐内宰牛一项停止抽收,另行财政厅转令征收各机关查照外合亟会令各该道县对于耕牛一项特别注意,如有屠沽宰杀奸商贩运,立即严拿,以维农作而弭隐患。切切此令。①

迫于各方的压力,外交部的态度才最终有些软化,但仍坚持若食牛有余,则允许和记出口,"不得超过历年运出之额,以示限制","惟如何分别耕牛、食牛及发给护照限制数目各节,均关重要,应由各省酌拟切实办法,以期春耕外运,两无妨碍"。②

南京和记洋行采买牛只主要在山东、江苏、安徽等地,汉口和记洋行采买牛只的范围是在河南等中部省份。我们同样也可以从这些过往的资料中,清晰地看出基层社会对英国资本征购牛只的抵触。

河南各地认为,"豫省当狼匪不靖,人民既荡析离居,牛只亦掳掠不少,每岁滋生仅供本地耕作之用"。该省绅董也提出了为维持农业起见,禁止无故宰杀及贩运牛只出境的意见:

> 英商和记洋行宰杀转运出口,闻该行与华人订立合同,先办耕牛一万头,俟全行出口,再续办一万头,系由湖北河南各内地运来牛肉,则运往英法两国,本领事笃请注意,若不及早设法禁阻,奸商贪利之举,则两省之农务受害益深。③

汉口和记洋行坚称,其采买牛只的活动,非但与河南农务无害,还可使农民因售牛而受益。④ 汉口和记洋行进一步辩称:其所采买的牛只"系专购一种特蓄

---

① 《保护耕牛之省令》,《申报》1916年12月30日,第11版。
② 《咨复鲁省食牛准照向章限制出口事应俟该省拟订办法核准复再咨部转复美日各使由》,台北"中央研究院"近代史研究所档案馆藏北洋政府外交部档案,档案号:03-18-078-03-030。
③ 《民国五年八月三日收河南省长咨陈一件》,载《清末民初外国在华商号洋行档案汇编》,全国图书馆文献缩微复制中心2009年版,第5464页。
④ 《民国五年八月三日收河南省长咨陈一件》,载《清末民初外国在华商号洋行档案汇编》,全国图书馆文献缩微复制中心2009年版,第5464页。

食肉之牛","不但该省人民受益更多,而且地方亦多愿提倡蓄养,于该省实业反加兴盛也";"本公司近数月所派之人,往各地方采办,每至该处官民人等无不欢欣招待,并据农民云及若知常来购买一定多多蓄养"。①

开封道尹、郾城县李知事提出本地因民间祭祀及匪乱等原因,耕牛损失已多,农民不得无故宰杀耕牛并出运外境,以备耕作而重农务,"倘有奸徒渔利,故违禁令,私行贩运,一经查出或被告发,立予严惩不贷"。

此外,襄城、周家口、驻马店等地方知事除了只可将"每年老弱不任耕种之牛,约计有二三百只,既无耕地之能力,不妨变价以济用"。

汉口和记洋行则认为耕牛系农民独立蓄养,"销路愈广,价格愈高,耕作资本愈巨"②。

河南省省长称因顾及中英邦交,同意"和记公司在漯河采买四百只,襄城采买二百只,计共足成六百只之数,下次不得援以为例"③,并要求和记洋行在前往漯河、襄城两处购买时,要先与地方官员接洽,并严格按照准购数目代为购买,运出时,由地方官发给护照,载明牛只数量,不得超过所购之数,才能予以放行。

迫于各方的压力,北洋政府规定,"牡牛在二岁以上十岁以下,牝牛在二岁以上八岁以下"等牛只不能出口。④

由于受到中国方面的抵制,以及第一次世界大战结束后牛肉需求减少等原因,1919 年,南京英商和记洋行的牛肉出口量急降为 13 276 担,1920 年为 107 担,之后基本停止了牛肉的出口。⑤

中国牛肉在"一战"期间一度大量出口欧洲,战后却停滞了。和记洋行的其他出口冷链食品加工业务,如猪肉、禽蛋产品等则持续发展,更重要的是,由于和记洋行在战时的扩张,他们的采购区域扩张了,采购业务的模式得到进一步的发

---

① 《照抄驻汉总领事官译文》,载《清末民初外国在华商号洋行档案汇编》,全国图书馆文献缩微复制中心 2009 年版,第 5472 页。
② 《照抄驻英总领事官照会》,载《清末民初外国在华商号洋行档案汇编》,全国图书馆文献缩微复制中心 2009 年版,第 5472 页。
③ 《照抄复英总领事稿》,载《清末民初外国在华商号洋行档案汇编》,全国图书馆文献缩微复制中心 2009 年版,第 5480 页。
④ 《保护耕牛规则案》,台北"中央研究院"近代史研究所档案馆馆藏北洋政府外交部档案,档案号:17-27-196-03。
⑤ CHANG J N. New British companies in China: the case of international export company in Hankou, 1907—1918. Studies in Chinese History, 1998(8): 29-63.

展。英国人开设的蛋庄遍布苏皖等省乡村,对于近代中国农村的蛋业市场也产生了重要的影响。

凭借获得的超额利润,和记洋行继续北上在天津设厂,也进一步影响了华北地区的农业经济。

第三节　和记洋行的铜钱交易与金融市场

南京和记洋行在内地广设外庄,外庄人员与农户交易禽蛋等农副产品时,一般以铜元结算。和记也从各地运来大量铜元储备。

民国初年,在中国的农村和市镇,大部分人口的日常小额交易,大都使用重量、成色各不相同的各式铜钱、铜元。第一次世界大战期间,由于这类铜币所含铜量的价值高于它的货币面值,因而把它们收集起来,熔化成铜贩运出口非常有利。

杨格认为,铜币过度膨胀所造成的冲击是严重的,按照固定数目的铜币计算的工资和收入,远远落在不断上涨的生活费用之后,因此而造成对大部分人口的剥削是酝酿不满和不安定的一个重要根源。

这种情况导致无数钱兑庄或钱铺的出现。它们从大量的日常交易所必须进行的银钱兑换中谋取利润。每一个人都可以同时是货币的买者和卖者。币值混乱所造成的不便和经济上付出的代价无法计算,但肯定是非常巨大的。①

因担心铜元大量流入,扰乱地方金融,南京等地与和记又进行了激烈的争论。

1915年6月,南京和记洋行在安徽开庄购货,每周约需铜元一二千万。和记向安徽方面申请允许将铜元由南京运往亳州的执照。安徽地方恐会扰乱钱市,未允。

朱尔典出面干涉,认为此事与中国贸易大有关系,要求予以调整。

财政总长周学熙认为和记运输大宗铜元或为牟利,建议其停止用铜元交易。

---

① ［美］阿瑟·恩·杨格著,陈泽宪、陈霞飞译:《一九二七年至一九三七年中国财政经济情况》,中国社会科学出版社1981年版,第181页。

而和记认为弃用铜元，采购原料时极不方便。周学熙要求"中国银行南京分行安庆分号，速行妥议推行铜元调剂金融办法"①。

1920年，江苏省因铜元充斥，有碍市面，要求各地禁止运输大批量铜元入境。

南京和记洋行无视禁令，次年7月，从安庆运输铜元百万枚至宁，其后继续由联豫、大通两轮船运输大量铜元。江宁交涉员表示反对，而英国领事却辩称事先未知禁令，表示将要求和记以后不再输入铜元。

江宁交涉员温世珍认为所运铜元无论多寡，若再准放行，"难免他商不援例请运源源而来，实与苏省市面影响甚巨，碍难再行"。他认为和记洋行一再违犯规定，不能一再通融。② 温世珍还认为先前已就禁运铜元问题照会过英国公使，且要其转饬外商一律暂行禁运。因此，他认为和记此举即属无视先前警告，"如果再准放行奸商，难免不藉端，影射源源而来，实与苏省市面影响极巨，在四思维，无论如何，碍难再行允许"。外交总长颜惠庆也要求对此事从严办理。③

1921年7月4日，江苏省长王瑚报告税务督办孙宝琦，"本省铜元充斥，物价腾贵，迭奉训令，严禁贩运，并限制他省铜元非有本省所给护照，不得自由运入"，"倘洋商借口约章，提出异议，与苏省禁令大有妨碍，该官监督所陈确系扼要办法，除分电外交部外，希即查照办理"。④

孙宝琦除表态支持外，还要求币制局预先通知汉口造币厂暨官钱局，停运铜元前往江苏省。⑤

7月30日，英国驻华公使艾斯敦竟依据中英《天津条约》所附通商章程第五款第二节内容，称"英商准将铜钱由中国此口运至彼口"，"江苏省宪所发何种禁令，自不能碍及此项约权"。他还故作姿态，认为此事关涉中国金融，禁止大量运

---

① 《咨复和记英行在皖购货所须铜元为难一事已函请中国银行妥议办法请先照复英使由》，台北"中央研究院"近代史研究所档案馆馆藏北洋政府外交部档案，档案号：03-22-003-04-014。
② 《苏省禁运铜元入境对于英商和记所运大宗铜元来使一再允准希饬遵由》，台北"中央研究院"近代史研究所档案馆馆藏北洋政府外交部档案，档案号：03-22-009-02-011。
③ 《英商和记续运铜元入境碍难允许请知照英使转行英领遵办见复由》，台北"中央研究院"近代史研究所档案馆馆藏北洋政府外交部档案，档案号：03-22-009-02-009。
④ 《据江苏省长电称前和记公司运到铜元由英领来函声明已通融放行现又继续起运实与禁例有碍请核办见复由》，台北"中央研究院"近代史研究所档案馆馆藏北洋政府外交部档案，档案号：03-22-009-02-010。
⑤ 《据江苏省长电称前和记公司运到铜元由英领来函声明已通融放行现又继续起运实与禁例有碍请核办见复由》，台北"中央研究院"近代史研究所档案馆馆藏北洋政府外交部档案，档案号：03-22-009-02-010。

输也在情理之中,"故曾向和记公司提出将运行铜元之数限于其贸易上,实所必需者"。他还要求江苏省方面不要干涉和记的正常贸易,还提出建议,"欲遏止铜元跌价,其限制各省造币厂铸行之办法,较限制其流通,更为有效",也进一步要求外交部就各省铸币厂是否已经停铸铜元一事给予答复。①

8月,江汉关监督陈介称,汉口和记洋行曾与其磋商铜元运输一事,且允许其运至南京以三万串为限。他也表示英国领事凭借条约予以指责,同时也认为"所有英商和记购货,所需铜元,似只可饬知苏省通融准照所定限制数目运入,免滋交涉"②。

外交部于1921年8月致函币制局,就湖北、湖南、安徽、江苏各省造币厂是否已经停止铸造铜元,要求币制局查照核复,以转复英使。③

8月20日,孙宝琦建议南京和记洋行只要限制运输铜元数目,即可要求苏省通融准照,以免引起外交纠纷,"只有于该英商运宁铜元数目稍示限制,彼或不至再持异议,似可照江汉关监督与英领所商,准和记每月由汉运宁之铜元至多以三万串为限"④。

9月20日,艾斯敦因半月内没得到各造币厂是否已经停止铸造铜元一事再次提出交涉,并希望尽快得到答复。⑤ 孙宝琦也咨询币制局,要求其将有关问题的结果转知英国公使。⑥

江苏省长王瑚也致函外交部颜惠庆总长,要求迅速答复驻宁英领事哲述森。⑦

---

① 《南京和记公司运用铜元事已令行限定数目仍望转致江苏省宪查照天津条约勿过干涉又各省停止铸造铜元事是否确实施行请示复由》,台北"中央研究院"近代史研究所档案馆馆藏北洋政府外交部档案,档案号:03-22-009-02-012。
② 《英商和记运送铜元案似只可行知苏省通融限制准运希核复由民国十年八月税务处》,台北"中央研究院"近代史研究所档案馆馆藏北洋政府外交部档案,档案号:03-22-009-02-015。
③ 《英使函询各省造币厂已否实行停,铸铜元希核复由民国十年八月外交部致币制局》,台北"中央研究院"近代史研究所档案馆馆藏北洋政府外交部档案,档案号:03-22-009-02-017。
④ 《英商和记运铜元一案似可照江汉关所商准运至多以三万串为限请查照见复以凭办理由》,台北"中央研究院"近代史研究所档案馆馆藏北洋政府外交部档案,档案号:03-22-009-02-018。
⑤ 《函催答复湖北各省停止铸出铜元一节由》,台北"中央研究院"近代史研究所档案馆馆藏北洋政府外交部档案,档案号:03-22-009-02-022。
⑥ 《限制和记转运铜元一案江苏省长亦表赞同请查照转知英使由》,台北"中央研究院"近代史研究所档案馆馆藏北洋政府外交部档案,档案号:03-22-009-02-023。
⑦ 《和记公司送运铜元到宁一节曾请知照英公使转行英领暂行禁运乞未奉复顷准驻宁英领函催希即迅予赐覆由》,台北"中央研究院"近代史研究所档案馆馆藏北洋政府外交部档案,档案号:03-22-009-02-025。

9月22日,外交部再次致函币制局,要求币制局对具体情形迅速予以答复英使。①

外交部于10月批复江苏省,同意英商和记洋行"每月由汉运宁之铜元至多以三万串为限"②。

10月18日,币制局总裁张弧答复,"查本局历次通令停铸铜元及禁运铜元入江苏境内,均经信后公布在案,现在各厂业已次第实行,惟鄂厂因维持官钱局钱票,一时尚难照办,湘省屡请购运铜斤,均经本局驳斥,相应咨复,即希查照酌复英使可也"③。

11月30日,英国公使艾斯敦对这样的答复十分不满,且与事实不符,他认为湖南造币厂也尚未停铸,"近数月来以及现在该厂每日铸出当二十文之铜元竟达三四百万枚之谱"④。

艾斯敦就中国铸造铜元问题反复指责,以中国铜元过剩,意图掩盖和记运输大量铜元买货的问题。由于北洋政府各地方各自为政,政局不稳,在币制混乱的年代,没有稳妥的办法推进金融稳定,从而等于是在实质上默认了和记洋行的行为。

第四节　和记洋行抗税问题与英国外事辩护

近代中国,外商基于不平等条约而得以享有各种特权。近代外商在中国获得丰厚的利润,却利用不平等条约极力规避各类捐税,不仅是经济问题,也涉及中国主权的问题。

南京和记洋行规模宏大,在获得丰厚利润的同时,也极力规避各种税费。民国初年政局动荡,南京财政见绌,但营收甚广的和记洋行对本应承担的码头捐、

---

① 《英使所询湘鄂皖宁各厂停铸铜元事复来函催问希速核复由》,台北"中央研究院"近代史研究所档案馆馆藏北洋政府外交部档案,档案号:03-22-009-02-024。
② 《英商和记运铜元赴宁案应准限数运送由》,台北"中央研究院"近代史研究所档案馆馆藏北洋政府外交部档案,档案号:03-22-009-02-026。
③ 《咨复现在各省造币厂业已次第实行停铸铜元惟鄂厂因维持官钱局钱票一时尚难照办湘省屡请购铜斤均经本局驳斥希查照酌复英使》,台北"中央研究院"近代史研究所档案馆馆藏北洋政府外交部档案,档案号:03-22-009-02-027。
④ 《来照所称湖南省已实行停铸铜元一节殊属欠实现在得悉湖南造币厂尚未停铸希查照由》,台北"中央研究院"近代史研究所档案馆馆藏北洋政府外交部档案,档案号:03-22-009-03-016。

房捐、警捐等极力借口拖欠。因为有英国政府的庇护，在强权面前，旧中国的地方官员也只能忍气吞声，无可奈何。

一、浦口码头停泊费的交涉

北洋政府时代，政府财力缺乏，南京城市屡遭兵乱，城市建设急需巨额财政支持。随着下关区域的开发及商业的繁茂，因修筑长江江岸及下关马路亟需经费 80 万元，政府无力筹措，希望与南京各国领事交涉后，通过对南京各洋商及轮船公司加捐的办法来解决。①

津浦铁路全线通车后，南京下关、浦口等地与北方的联系日益密切。津浦铁路局准备于浦口征收码头停泊费，以维持铁路营运。金陵关此时也因修筑下关码头而征收码头捐，以弥补财政投入的不足。

第一次世界大战期间，南京和记洋行的出口加工业务获得了迅速的发展，业务量急剧增长，下关和记码头船舶停靠频繁。按照规定，和记应被征收大量的码头停泊费，但其拒不缴纳，并借助英国领事予以强烈抗议。

英国驻宁领事翟比南要求暂缓两个月再行征收，认为"此事关系匪浅"，"已设局抽厘，则从前寓征于运之办法当然取消"，"庶不致有所亏损"，并认为"所抽厘金殊嫌过重"。②

冯国勋声明津浦铁路局所征收的码头停泊费系营业上的租赁费用，与金陵关所要征收的码头捐是不同的，且码头捐主要用于修筑下关江岸公共码头，与津浦铁路局无关。③

浦口商埠督办答复翟比南，若货轮仅停靠浦口，无需缴纳码头停泊费，若还须经津浦铁路进行货运，则此项费用暂为照缴。翟比南认为，"浦口分关所抽之码头捐，既非修筑下关码头之用，轮船仅往浦口者当然不得完纳"。④

---

① 《下关商埠建筑江岸捐款办法可与领事相机商办由》，台北"中央研究院"近代史研究所档案馆馆藏北洋政府外交部档案，档案号：03-17-011-02-003。
② 《详陈津浦铁路改设厘局与英领交涉由》，台北"中央研究院"近代史研究所档案馆馆藏北洋政府外交部档案，档案号：03-19-040-03-001。
③ 《英商不允缴浦口分关码头捐请与英使商定办法详请批示遵办由》，台北"中央研究院"近代史研究所档案馆馆藏北洋政府外交部档案，档案号：03-19-040-05-006。
④ 《英商不允缴浦口分关码头捐请与英使商定办法详请批示遵办由》，台北"中央研究院"近代史研究所档案馆馆藏北洋政府外交部档案，档案号：03-19-040-05-006。

其后，英国驻华公使与总税务司交涉，同意英国商人可将浦口码头停泊费暂予停缴，但应将所应缴纳的税款登记在案，将来再容商量具体的办法。①

翟比南的理由是，英商不应连续缴纳两项捐税，"纵令抽收，亦不能过于金陵关特定码头捐章程每千两纳关平银一两四钱，不谓在浦口自完分关捐款以外，反又抽取津浦路码头捐每千箱至纳三元之重"。他认为若英国商船仅仅停泊浦口，"各商船不受下关之利益"，因此就不应缴纳因修筑下关码头而征收的金陵关码头捐。② 翟比南坚持认为，"由于浦口码头仅此一处，除此而外，别无可以停泊之处"，"现在浦口所抽收者，系按货物之多少以为征费之多寡，其名虽为码头租，而其实则一货捐而已"③。

在英国领事的支持下，南京和记洋行商船在停泊浦口码头时不但拒不遵章缴费，而且"自备小轮于上下货物时拖带空船停泊本路江岸，充作浮码头之用，所占地点极为宽阔"。

冯国勋请翟比南饬令和记照章缴费，并取消临时码头，"否则该船户均系华人，如不遵章，惟有处以相当之处分"。④

英方对此不予接受，冯国勋将此问题报告外交部。

查英领所称码头捐与停泊费只能认缴一项，自系为彼国商务起见。惟金陵海关所收码头捐一项，查原章系专供下关马路工程之用，有统在税务司处结算，听凭各国领事随时查阅等语。

此时浦口虽尚未修筑马路，转瞬商埠局即须开手办理，是此项码头捐须援案拨充浦口路工，虽前项章程尚须酌改，但应有利益未便放弃；至津浦路所收码头停泊费，因码头为各路局所建，故有权抽收费用。虽将来各轮船公司在浦口自筑码头，即可不缴此费；但此时既在该码头上下，则按之营业惯例抽收此项租费，实属名正言顺。

---

① 《英商不允缴浦口分关码头捐请与英使商定办法详请批示遵办由》，台北"中央研究院"近代史研究所档案馆馆藏北洋政府外交部档案，档案号：03-19-040-05-006。
② 《英领抗议津浦路抽收码头停泊费由》，台北"中央研究院"近代史研究所档案馆馆藏北洋政府外交部档案，档案号：03-19-040-05-001。
③ 《英领抗议津浦路抽收码头停泊费由》，台北"中央研究院"近代史研究所档案馆馆藏北洋政府外交部档案，档案号：03-19-040-05-001。
④ 《英领抗议津浦路抽收码头停泊费由》，台北"中央研究院"近代史研究所档案馆馆藏北洋政府外交部档案，档案号：03-19-040-05-001。

交涉员拟仍继续争持以期解决,但英领见抗议无效,虽已就地议结,势必详报驻京英公使向钧部交涉,究应如何妥筹应付,俾两方面能允洽之处,交涉员未敢擅专,理合将历次争议情形具文详请钧部鉴核伏乞批示。

外交部

金陵关监督兼江宁交涉员　冯国勋

中华民国四年(1915年)十一月六日①

其后不久,朱尔典也就此事正式照会北洋政府外交总长陆宗舆,认为向和记征收码头税违反约章:

照会事:

……

查对岸卸货之商人并不得享受下关市政改良之利益,且于浦口向英商征收码头税并未经本大臣允许;况又据该领事称,该处铁路局在本局所属码头向起卸货物征收同此之码头捐等语。

情形如此,除由本大臣札饬本国驻南京领事官转饬英商,在浦口停止输纳海关码头税外,应请贵总长转饬该处税务司,嗣后毋得再征此项税款为要,并希早日见复至照会者。

中华民国外交总长　陆宗舆

一千九百十五年十二月一日②

12月7日,外交部答复朱尔典,认为浦口征收码头停泊费,系沿下关成例。

当经本部饬行该监督查照下关成案与驻宁各国领事商办在案,至津浦线路所收码头停泊费,因码头为该路所建,按照营业惯例,应得抽取此费,将来浦口建筑公共码头后即可听商人之便,相应照复贵公使查照希转饬驻宁英国领事与地方官和衷商办。③

---

① 《英领抗议津浦路抽收码头停泊费由》,台北"中央研究院"近代史研究所档案馆馆藏北洋政府外交部档案,档案号:03-19-040-05-001。
② 《朱尔典照会下关码头税案由》,台北"中央研究院"近代史研究所档案馆馆藏北洋政府外交部档案,档案号:03-19-040-05-003。
③ 《浦口征收码头捐系沿下关成例办理请转饬驻宁英领与地方官商办由》,台北"中央研究院"近代史研究所档案馆馆藏北洋政府外交部档案,档案号:03-19-040-05-004。

朱尔典拒绝接受这样的解释,他认为浦口向英商和记洋行征收码头停泊费,"于理不合,应即取消",要求"本国驻南京领事官转饬英商在浦口停止输纳海关码头捐";希望陆宗舆"速行转饬该处税务司,勿得再征收项外捐款"。①

朱尔典还拿出了1913年9月津浦路裁厘一事来说明增加捐税只能与中国铁路运输有碍。他进而建议陆宗舆对浦口码头捐应缓办,"免致生意停止,咸受影响"②。

在朱尔典的强硬态度下,外交部12月29日的语气有些松动,"查此项码头捐未经与各领事商妥以前自应暂行停收,现已由总税务司饬令该关税务司将应征数目另行登记,并由本部饬知金陵关监督另与驻宁各国领事妥商办理"③。

此后,围绕和记洋行是否应缴浦口码头费的问题,北洋政府外交部、财政部、税务处及交通部出现了明显的意见分歧。

财政部与税务处认为将此项捐费暂时予以停收。

外交部认为,由于津浦铁路设局抽厘而遭到英商和记洋行的强烈反对,英国领事也多次交涉,要求财政部"应顾全商务及铁路进款之利益",慎重处理。④

1915年8月,财政总长周学熙认为如果裁撤津浦路厘捐局,由铁路另筹,费用从铁路运费中提取,且不因补偿厘金而增加运费,"欲谋营业之发达,故暂行自肩此负担"⑤。周学熙希望外交部与朱尔典速将此事议决,在此期间,可暂将此项码头捐予以停收。⑥

外交部最后答复朱尔典,免除厘金原属权宜政策,免除的部分由铁路自行垫款,"加税一事,应当未能实行"⑦。

税务督办梁士诒建议"将此项码头捐暂行停收以待解决";他同时也认为本

---

① 《浦口码头捐未经承认不合征收再请转饬取销由》,台北"中央研究院"近代史研究所档案馆馆藏北洋政府外交部档案,档案号:03-19-040-05-005。
② 《津浦铁路添设厘局有碍商务及铁路进款利益由》,台北"中央研究院"近代史研究所档案馆馆藏北洋政府外交部档案,档案号:03-19-040-03-005。
③ 《浦口码头捐已暂停收由该关记账另与驻宁各领商办请查照由》,台北"中央研究院"近代史研究所档案馆馆藏北洋政府外交部档案,档案号:03-19-040-05-007。
④ 《抄录英使照会及江宁交涉员来详咨行从速核复由》,台北"中央研究院"近代史研究所档案馆馆藏北洋政府外交部档案,档案号:03-19-040-03-006。
⑤ 《查复该路以前实未并纳厘金于运费内请转复英使由》,台北"中央研究院"近代史研究所档案馆馆藏北洋政府外交部档案,档案号:03-19-040-03-008。
⑥ 《浦口分关抽收码头捐办法既未议妥自应暂准停收仍请与英使将此案从速议决由》,台北"中央研究院"近代史研究所档案馆馆藏北洋政府外交部档案,档案号:03-19-040-05-009。
⑦ 《当日历征于运费未实行抄送交通部运费表请查阅转知由》,台北"中央研究院"近代史研究所档案馆馆藏北洋政府外交部档案,档案号:03-19-040-03-009。

处查码头捐系为兴修江岸马路，以利公共运输之用，码头租金系属租借私有产业费性质，各有不同，实不得谓为重征。①

因南京和记洋行拒缴码头捐导致津浦铁路收支出现严重的困难，交通部希望和记洋行继续缴纳码头捐，以弥补铁路的亏空。

1916年6月29日，交通部向朱尔典解释了抽收浦口码头停泊费的具体理由。

交通部认为，津浦铁路自建浦口码头，船只照缴停泊费，惟和记例外。该部认为浦口江岸码头系津浦铁路局建设并管理，已耗资巨大，"此项停泊费系一种租费，与海关征收之码头捐其性质迥异，今英商所置驳船在该码头停泊，亦不愿纳费，实与该路产业有碍"。交通部同时也指出因和记未缴停泊费，会导致他商效尤，这将严重影响铁路的收支。②

1916年6月27日，交通总长曹汝霖发函外交部，要其敦促南京和记洋行缴纳停泊费。

交通部为咨行事，据津浦路局称，查本路浦口码头规定章程，凡有各项船只停泊码头，分别酌收停泊费。……此项停泊费系一种租费，与海关征收码头捐为修理马路之用者，其性质迥异。今英领一再误会，不免与津浦路码头定章暨该路产业所有权均有窒碍，……咨请贵部查照，照会驻京英使饬行驻宁英领转饬南京和记洋行按照津浦路浦口码头定章缴纳停泊费。③

交通部更进一步指出，和记因在"一战"期间业务繁盛，来往运货船舶众多，竟将七号码头完全占住，导致原先按章缴费的驳船无法停泊，"对于此项码头费始以为未经钦使允准，未能照缴，迫经钦使批令照缴之后，又以为系指各轮船公司而言，理由殊不能充分，……各轮船公司皆停泊尚应照缴码头费，常川停泊船只码头费反可不缴，此论尤欠平允"④。

英方则拒绝接受交通部的解释。此后，翟比南与冯国勋就码头捐与码头停

---

① 《浦口码头捐案俟与英使商妥后请知照本处饬遵由》，台北"中央研究院"近代史研究所档案馆馆藏北洋政府外交部档案，档案号：03-19-040-05-010。
② 《请照会英使饬南京和记行纳停泊费由英国公使》，台北"中央研究院"近代史研究所档案馆馆藏北洋政府外交部档案，档案号：03-19-040-05-013。
③ 《请照会英使饬南京和记行纳停泊费由》，台北"中央研究院"近代史研究所档案馆馆藏北洋政府外交部档案，档案号：03-19-040-05-012。
④ 《请照会英使饬南京和记行纳停泊费由照抄津浦路局详》，台北"中央研究院"近代史研究所档案馆馆藏北洋政府外交部档案，档案号：03-19-040-05-012。

泊费是否涉及重复征收的问题进行了反复的论争。

翟比南坚持认为如果和记商船仅前往浦口,就不必缴纳捐费,至于津浦路所应征收的码头停泊费,"仍俟与外交部商洽及再行饬遵"①。

冯国勋也同意在未得外交部意见前,"先将此项分关码头捐暂时停收,以待解决"②。

津浦铁路办事处认为朱尔典也曾同意照缴码头停泊费,"想系和记洋行未经接洽之故,相应函请贵领事查照,即分别转饬该行照纳此项停泊费"③。

翟比南予以否定,"故和记于浦口往来运货之船只,本领事并未饬交上项码头费,然和记之抗不遵守也,是以此项码头捐应否饬令和记通融照缴,仍须详请钦差大臣核夺"④。

冯国勋对下关码头捐与浦口码头停泊费的不同做了说明:

下关所抽码头捐系为修理马路之用,规定每上下货若干,即纳费若干之例。而常川在此之船只,系停泊于其自有之码头。如其无货上下,即与马路无涉,自可无庸缴费……至于津浦铁路码头系路局所自建,专为停泊船只上下货物之用,如有船只在其码头停泊,无论有无货物上下,应与上下水来往之船一体照缴码头费,方足以昭公允。⑤

翟比南仍然认为,除条约规定外,所纳捐税若未经英国领事允许,一律不得另有征收。

朱尔典认为"至津浦路之一项码头捐,缘海关既已不再抽取下关之码头费,所以本大臣准令通融照缴",且仅限于英轮驶往浦口停泊才予以缴纳;"至常川在江宁口岸船只停泊界限之驳运小轮及其他船舶,如欲向索上项之码头捐,本大臣

---

① 《照录四年十二月八日英领事来函》,台北"中央研究院"近代史研究所档案馆馆藏北洋政府外交部档案,档案号:03-19-040-05-012。
② 《照录四年十二月十八日复英领事函》,台北"中央研究院"近代史研究所档案馆馆藏北洋政府外交部档案,档案号:03-19-040-05-012。
③ 《照录五年一月二十八日本处致英领事》,台北"中央研究院"近代史研究所档案馆馆藏北洋政府外交部档案,档案号:03-19-040-05-012。
④ 《照录二月五日英领事复本署函》,台北"中央研究院"近代史研究所档案馆馆藏北洋政府外交部档案,档案号:03-19 040 05-012。
⑤ 《照录二月十八日本署致英领事函》,台北"中央研究院"近代史研究所档案馆馆藏北洋政府外交部档案,档案号:03-19-040-05-012。

碍难允诺"①。

冯国勋无法说服英方,报告交通部,要求其对津浦路码头捐章程予以详细的解释。②

最终,和记洋行还是凭借外事的强权没有缴纳浦口码头停泊费。

二、房捐问题

房捐一般以城市房屋产权所有者作为征税对象。民国时期,房捐是政府财政收入的重要来源。南京和记洋行占地数百亩,建设规模宏大,北洋政府及国民政府均要求其缴纳拖欠的大量房捐。和记则依仗有英国驻华使领馆的支持,反复与政府周旋,极力拖欠税款。

民国初年,下关商贸兴盛,外商多于下关租地建房,社会治安经费增长。警察厅向和记征收房捐,最初也是以补助治安经费的形式提出的。

1915 年,江苏省警察厅长王桂林要求和记缴纳房捐,目的是为补助警费,"窃职厅自民国四年(1915 年)拟收下关商埠洋商铺房捐,为扩充下关商埠警察及消防警额,以期警力充足,用保治安"③。

此后,王桂林就房捐问题与英国驻宁领事翟比南进行了长达五年的交涉,但毫无效果。④

1920 年,江苏省长齐耀琳也认为,随着下关商埠的繁盛,"铺房捐若不一律举办,不但不合商埠公例,而警额不敷支配亦不足以保治安";"警察既有保护洋商之责任,洋商即不能不有纳捐之义务,按之各处租界通例,凡在界内居住商民均负缴纳地方捐款以维持秩序,岂下关商埠完全为中国土地,反不征收警捐,酌理衡情,似非允当"。

因最终无法达成一致,1920 年 10 月 25 日,齐耀琳就此事请示外交部。⑤

---

① 《照录三月十三日英领来函》,台北"中央研究院"近代史研究所档案馆馆藏北洋政府外交部档案,档案号:03-19-040-05-012。
② 《照录津浦路局详》,台北"中央研究院"近代史研究所档案馆馆藏北洋政府外交部档案,档案号:03-19-040-05-012。
③ 《下关洋商应缴警捐请向各使交涉事》,台北"中央研究院"近代史研究所档案馆馆藏北洋政府外交部档案,档案号:03-17-011-02-009。
④ 《下关洋商应缴警捐请向各使交涉事》,台北"中央研究院"近代史研究所档案馆馆藏北洋政府外交部档案,档案号:03-17-011-02-009。
⑤ 《下关洋商应缴警捐请向各使交涉事》,台北"中央研究院"近代史研究所档案馆馆藏北洋政府外交部档案,档案号:03-17-011-02-009。

拟处此查下关商埠完全为中国土地,各国洋商既在该商埠营业或租赁房屋,自应一律缴纳警捐,以重公益,除分咨外相应咨请贵部查照向各公使交涉,以维主权。①

署理内政总长张志潭也于 1920 年 11 月 6 日向王桂林表示,其愿意协助办理此事,"惟事涉外人",因此也须等待外交部的指示。②

外交部回复齐耀琳暨内政部,一方面认为"查下关商埠拟向洋商征收房铺捐,系为补助警察经费起见,自属应办",另一方面也认为"但条件、内容若何,须就近体察情形,酌与磋商,方可相机因应对付","若遽由本部与各国公使交涉,惟以领事报告该埠,未必有若何之效果,事关地方,仍应饬令交涉员与领事团妥为协商"。③

11 月 19 日,内政部答复王桂林,认为各国洋商既在该埠营业或租赁房屋,自应一律缴纳警捐。④

江苏省方面要求和记缴纳房捐,此后也"迭由工务、财政两局奉令派员前往交涉,终无结果"⑤。

外交部对此事无明确意见,不敢因此得罪外人,虽然主管警务的内政部坚持和记必须缴税,但实际上也未能真正落实。

1927 年,南京国民政府成立后,和记继续以各种理由拖欠房捐。

1929 年,南京市财政局认为,缴纳房捐应为本市居民应尽之义务,包括外商在内。

南京特别市市长刘纪文对此事非常重视,并派工务局及财政局要员前往交涉,终无结果。

南京市政府参事陈公哲前往与和记大班马嘉德交涉,中间屡经往返,煞费心力,始达到该行认缴房捐之目的。"然该行因于十六年(1927 年)春,国军克复南

---

① 《下关洋商应缴警捐请向各使交涉事》,台北"中央研究院"近代史研究所档案馆馆藏北洋政府外交部档案:档案号:03-17-011-02-009。
② 《拟征收下关外商铺捐请查核见复由》,台北"中央研究院"近代史研究所档案馆馆藏北洋政府外交部档案,档案号:03-17-011-02-010。
③ 《关拟收外商铺房各捐似应由地方商妥再办由》,台北"中央研究院"近代史研究所档案馆馆藏北洋政府外交部档案,档案号:03-17-011-02-011。
④ 《关拟收外商铺房各捐似应由地方商妥再办由》,台北"中央研究院"近代史研究所档案馆馆藏北洋政府外交部档案,档案号:03-17-011-02-011。
⑤ 刘纪文:《和记洋行抗缴房捐交涉情形案》,《首都市政公报》1929 年第 33 期,第 76—77 页。

京,北军败退时,为地方莠民勾同少数溃兵肆行捣毁,并纵火焚劫,所有一切工程图案、账册等项,均经被毁,故须重行绘图审计矣。事竣方能从事估勘一切,是以稍延时日,兹据该行买办韩世昌函称,对于房屋绘图审计手续业已略有头绪,即祈派员来行会同估勘接洽一切等由,准此查此案既经公哲交涉妥协,其勘估、缴捐两事,似应仍由工务、财政两局会同前往办理,准函前由理合将办理本案情形具文报告。"①

国民政府也派员会晤英国领事,认为各家洋行均已遵章交税,"该行何能独异","声明该行如再故意违延,市府于万不得已时,将取相当办法","该行买办韩世昌,业已面允与市府妥定办法,即行遵照缴纳,并由财政局下令关闭办事处,派员随时往该行切实催缴"②。

和记方面同意在房屋估价未确定之前,"自愿每月先付五百元,特于六月二十七日将五、六、七三个月捐项共计一千五百元向本府财政局交付,此为外人在宁缴纳房捐之创举也"③。

7月3日,"据(南京市)财政局长金国宝、工务局长金肇组会衔呈复,估得该行全部房屋值洋二百四十二万七千三百七十一元",依据征收房捐章程第六条第一款的规定,应征房捐千分之一,即每月应征房捐二千四百二十七元二角七分一厘。和记洋行方面,只认可开工时期每月捐洋五百元,停工时期每月捐洋二百元,刘纪文认为"核与勘估之数相差甚巨,请向英领严重交涉,务令遵缴"④。

和记言行不一,态度傲慢。

继任南京市市长魏道明"莅任伊始,整顿原有税收,颇为认真,对于前项交涉,积极进行,闻现已完全解决,其应付之房捐,均已照章缴纳云"⑤。

"驻京外人缴纳房捐事,经市府派陈公哲据理力争已解决,正在调查估值。同时下关和记洋行已向市财局声明,在估值未确定前每月自愿缴捐五百元。"⑥不过,和记以后的房捐仍然借故推脱。根据有关文章的描述,石瑛继魏道

---

① 刘纪文:《和记洋行抗缴房捐交涉情形案》,《首都市政公报》1929年第33期,第76—77页。
② 《催英商缴纳房捐》,《首都市政公报》1929年第30期,第32—33页。
③ 《征收外商房捐之创举》,《首都市政公报》1929年第39期,第35页。
④ 《和记洋行缴纳房捐案》,《首都市政公报》1929年第46期,第55—57页。
⑤ 《下关和记洋行房捐问题解决》,《中央日报》1930年5月15日第2张第3版。
⑥ 《驻京外侨照纳房捐》,《申报》1929年6月28日,第8版。

明担任南京市市长后,也竭力整顿税收,雷厉风行。英国总领事白朗德到处活动,要求免缴房捐。白朗德在托人疏通石瑛未果的情况下,白朗德曾几次要求与石当面说明,石被其纠缠不已,最后才答应与其见面。白朗德如约来到市政府大厅,两人开始正面交锋,事后,和记洋行只能照补契税不误。①

南京和记洋行以后仍然继续拖欠大量税款,在中华人民共和国成立以后,最终是以厂房与资产抵充税款的方式实现了国有化改造。

三、"三联单"问题

关于和记洋行采购土货沿途未缴税的问题,前文已有述及。

近代以来,外商在内地采购土货,不断要求中国政府给予其免税的待遇。按照规定,和记等外商在内地运输土货时,须领取海关三联单,才能免除沿途捐税,三联单内可以免税的货物限于三十一种。②

和记大宗商品畜牛、鸡蛋等不在免税产品名录,和记也多利用特权,与政府周旋,抗缴沿途关税。

1915年7月,和记运牛至各路厘卡不肯缴税,总计运牛2 260头,鸡蛋255件,应缴捐4 818.5元,货物运至浦口时,催其补捐。冯国勋函请英领事,要其转饬和记补缴捐税。

翟比南则认为,无论何项厘捐,须由英国领事认可才能完纳,若其能早先一两个月予以通告,则自然相安无事,"现在枝节横生,系属财政部自取"③。

7月1日至7月12日,冯国勋与翟比南就三联单问题反复交涉,意见不能统一。

冯国勋指出"按照条约,如未领有三联报单,即应逢关纳税、遇卡抽厘";7月2日,翟比南认为"各项章程凡与英商有关,必经双方商定,始可认为有效";7月5日,冯国勋坚持三联单以三十一种货物为限制;9日,翟比南认为此项章程须经英国公使允准才能予以承认,且"其内容之三十一种究为何种货物应请示知";12

---

① 王谦:《民国"怪杰"石瑛》,《文史精华》2005年第2期,第34—52页。
② 《英使请将运货期限延展并将海关所收缴存各等款项付还事展限可予通融一年付各款未便照准希转复由》,台北"中央研究院"近代史研究所档案馆馆藏北洋政府外交部档案,档案号:03-18-008-05-003。
③ 《津浦铁路总捐局以和记装运菜牛、鸡蛋抗不纳捐函由》,台北"中央研究院"近代史研究所档案馆馆藏北洋政府外交部档案,档案号:03-19-040-03-004。

日,冯国勋再次严正指出畜牛不在三联单名录内。①

7月16日,翟比南认为,遽然设局抽厘,"予英商以例外之牵累"。冯国勋认为厘金系由中国内政部设立,且已出示晓谕。②

上海英国总商会认为,英商在中国出口土货,"原领派司报关,统以一年为限"。由于第一次世界大战的爆发,"出洋货物因之滞销,商人所领派司出口期限,自未便再以旧章相绳","据该关税务司开具因欧战滞销受亏较重之土货数种,……拟自限满之日起,准其再予展期一年"。其中允许延长期限的商品包括南京和记洋行的出口产品,如蛋黄、蛋白及部分畜类加工品等。

英国总商会同时也认为欧洲战事结束后,"仍当按照向来办法,以一年为期,报运出洋,不得再请展限"③。

战时,上海出口货物堆积,英方要求将此地的出口货物延期两年。翟比南"请在南京将其所运至货,照沪一律展限"④。

1918年7月,外交部将翟比南的意见传达税务处。翟比南更进一步认为,南京码头情形甚于上海,若能将三联单运货期限延至三年,"则于商务甚有裨益";要求将和记因逾期未出口货物,但已缴纳的税款,划出一半退还和记,"据称在上海运货已有先例"⑤。

税务处督办孙宝琦对于英方的无理要求予以严辞拒绝,称"若准如该公司所请,将缴存款项及已纳税款先予发还,则将来该土货是否出洋,殊难稽考,恐与中国税厘大有妨碍,此节未便照准"⑥。

---

① 《英商购运土货抗捐与英领交涉由》,台北"中央研究院"近代史研究所档案馆馆藏北洋政府外交部档案,档案号:03-19-040-03-004。
② 《英商购运土货抗捐与英领交涉由》,台北"中央研究院"近代史研究所档案馆馆藏北洋政府外交部档案,档案号:03-19-040-03-004。
③ 《英使请将运货期限延展并将海关所收缴存各等款项付还事限期可予通融一年付还各款未便照准希转复由》,台北"中央研究院"近代史研究所档案馆馆藏北洋政府外交部档案,档案号:03-18-008-05-003。
④ 《英商和记公司请将联单货物延展出口限期能否照办希核复由》,台北"中央研究院"近代史研究所档案馆馆藏北洋政府外交部档案,档案号:03-18-008-05-002。
⑤ 《英商和记公司请将联单货物延展出口限期能否照办希核复由》,台北"中央研究院"近代史研究所档案馆馆藏北洋政府外交部档案,档案号:03-18-008-05-002。
⑥ 《英使请将运货期限延展并将海关所收缴存各等款项付还事限期可予通融一年付还各款未便照准希转复由》,台北"中央研究院"近代史研究所档案馆馆藏北洋政府外交部档案,档案号:03-18-008-05-003。

1921年,和记运输鸡蛋在淮安关也引起了捐税纠纷。和记运输鸡蛋因未领三联单而被淮安关扣留。英方要求财政部予以通融。

1921年6月23日,财政部次长潘复调查后认为,可用三联单运输鸡蛋仅限镇江、金陵两关,淮安关可照章处理。潘复认为,1915年,外务部也曾致函朱尔典,称在名录内的三十一种货物准予延期出口,"惟此已系通融办法,实难再予展缓,并俟欧战告终,即当仍按向章办理"①。

税务处也认为曾经给冯国勋的复函中已经指出,以后外商在内地采买货物,不在三联单名录内的,应随时报告税务处。②

外交总长颜惠庆也认为,"倘有运牛出口者,即应发给联单",系战时勉强答应,至于战后如何处理运货三联单等事宜则仍须协商解决。

颜惠庆批评财政部未将此次和记鸡蛋被扣一事请示外交部,"似此明违约权",明确要求将和记被扣之物放行,"令将来英商领有联单,运往口岸,欲运出口之货物,不得阻拦或课税,此外亦请迅速电令淮安常关,将英商和记被扣之货物放行,并应声明倘若该货物因此次违约扣留,受有损失,则应向贵政府要求赔偿"。③

1921年7月6日,财政部复函朱尔典:以后对于英商购运土货,"中国政府不得斟酌限制"④。

外商在中国运输土货无需缴纳捐税,也大大降低了生产成本。不过,外交部的指示在地方未必都能得到完全执行。

1923年,安徽凤阳关继续因三联单的问题扣留和记运输的鸡蛋。

1923年7月18日,凤阳关监督汪彭年将有关情况报告给安徽省署:

兹有英商和记公司用金陵关三联单子在内地采办鸡蛋,经过职关,抗不纳税。当查鸡蛋一项,并不在限定三十一种土货之列,旋即前项定例向该商详加解

---

① 《和记公司请延展运货期限并缴还海关存款事经税务处分别准驳据情复达由》,台北"中央研究院"近代史研究所档案馆馆藏北洋政府外交部档案,档案号:03-18-008-05-004。
② 《淮安关扣留英商和记联单鸡仔似可通融运希酌夺饬放并复由》,台北"中央研究院"近代史研究所档案馆馆藏北洋政府外交部档案,档案号:03-18-010-01-002。
③ 《和记公司请延展运货期限并缴还海关存款事经税务处分别准驳据情复达由》,台北"中央研究院"近代史研究所档案馆馆藏北洋政府外交部档案,档案号:03-18-008-05-004。
④ 《照复淮安关扣留和记联单鸡蛋已由财政部电饬验放由》,台北"中央研究院"近代史研究所档案馆馆藏北洋政府外交部档案,档案号:03-18-010-01-004。

释,令其照章完税,乃该商有心违抗,坚不承认。委员为慎重交涉起见,除已将该商所运鸡蛋先行验放外,究应如何办理之处,理合具文呈明钧署。

安徽省长吕调元以为鸡蛋近来大量出口,若不加以限制,则税收损失巨大。其后,他致函金陵关监督,要求其不再发给此类三联单,并通告皖北各县及商会一律禁止在三联单上加盖印鉴。①

英国公使艾斯敦坚持认为英国商人购买中国土货出口,只需缴纳一次性税款即可,内地税则应一概免征,"系属天津条约载明确实之规定,无从争议"。他对这次由皖北地方再次干涉南京英商和记洋行的事务从重向外交部提出抗议,"更请贵总长对于凤阳关监督所称购买鸡蛋之三联单系属违章等语,实属貌视条约,予以特别注意"。②

1923年8月,英国公使麻克类继续向外交部交涉。外交部答复此事已转交财政部等待批复。此时,再次发生和记一百二十筐鸡蛋在亳州被扣的事情,导致此问题再次升级。

9月,麻克类严重抗议,请颜惠庆"转行安徽省长,向其释明凤阳关监督此次举动及饬令从速取消",要求立即令行将在亳州违法扣留之鸡蛋放行。如果应扣留鸡蛋而导致和记洋行遭受损失,则安徽方面予以赔偿。③

9月19日,财政部答复外交部,称此事需等凤阳关进一步核实。④ 1924年3月,财政部将调查结论致函外交部,提出南京和记洋行"当以三联单采运土货出洋,必须以原办货品为限"。但和记洋行所运鸡蛋在下关有"人工重行改制一节","一面令饬凤阳关监督转饬,遇有前项鸡蛋经过各分关局口时,如无改装情

---

① 《凤阳关监督令对于用三联单采运之鸡蛋概征出产税实属违背约章请向皖省省长释明并饬该监督从速取消前令由》,台北"中央研究院"近代史研究所档案馆馆藏北洋政府外交部档案,档案号:03-18-010-01-008。
② 《凤阳关监督令对于用三联单采运之鸡蛋概征出产税实属违背约章请向皖省省长释明并饬该监督从速取消前令由》,台北"中央研究院"近代史研究所档案馆馆藏北洋政府外交部档案,档案号:03-18-010-01-008。
③ 《据南京总领事电称和记洋行领有三联单之鸡蛋在亳州又被扣留等情请转行饬令放行并负赔偿损失之责由》,台北"中央研究院"近代史研究所档案馆馆藏北洋政府外交部档案,档案号:03-18-010-01-014。
④ 《关于英使照称凤阳关监督对于在内地购买鸡蛋不准用三联单实属违约请取消一案应俟海关复到再行核办由》,台北"中央研究院"近代史研究所档案馆馆藏北洋政府外交部档案,档案号:03-18-010-01-013。

事,即予查验放行"。①

财政部迫于压力,只能提出一个体面的理由来化解此次纠纷。

这样,在英国驻华使领馆的干涉下,和记得以顺利处理在华贸易中的种种问题,获得了巨额利润。

不过,南京和记洋行咄咄逼人的态度也引发中国人越来越多的不满。近代中国民族主义思潮兴起后,和记洋行成为反帝斗争的重要目标!

---

① 《英商和记公司所运鸡蛋有无在下关以人工改制一节业经令行金陵关监督详细查明一面令饬凤阳关监督转饬遇有前项鸡蛋经过各分关局口时如无改装情事即予放行请查照转复英使知照由》,台北"中央研究院"近代史研究所档案馆馆藏北洋政府外交部档案:档案号:03-18-010-01-026。

第四章

觉醒年代：五卅运动在南京与和记洋行工人政治

到了20世纪20年代，国内外政治经济环境的变化直接导致南京和记洋行生产业务减少，并产生了日渐严重的工人失业与劳资纷争问题。时值国民革命的兴起，阶级意识、近代民族主义在"五卅"这一重要的历史节点将矛头直接指向了这家南京城内最重要的英国资本企业，演绎了近代历史上一幕激烈而生动的爱国主义历史大戏。五卅运动在南京由中国共产党直接领导、组织，将东南大学（简称"东大"）等校学生的学生爱国运动与和记洋行工人的阶级斗争紧密结合起来的一场重要的革命斗争活动。学生富有激情的演讲、全城大游行、募捐救济罢工工人、"罗步洲事件"、警察罢岗、谈判复工、"七三一惨案"等等，1925年夏日的南京，充满着革命的力量和声音。经过运动的洗礼，当年参加这些运动的学生、工人有一些后来走上了革命的道路。邓中夏称之为"南京反帝国主义运动最壮烈的一举，对各地影响不小"。

1926年5月1日至12日，第三次全国劳动大会在广州召开，刘少奇受大会主席团的委托，作《一年来中国职工运动的发展》的报告，其中说道：

> 南京方面，在五卅后，也有极热烈的运动，英国和记公司工人罢工而得胜利复工，后因英人不履行条件，而举行第二次罢工，又为帝国主义勾结军阀压迫下去，死伤数十人。①

近代南京下关，独特的地理位置孕育了丰富的工业、商业形态。下关开埠以来，码头、铁路、洋行、银行给这里烙下了深刻的时代印记。下关是南京主要的工

---

① 刘少奇：《一年来中国职工运动的发展》，《政治周报》1926年第13期，第14—16页。

商业区,各业工人近10万人,占全市工人数的70%。①

那样的年代,拖家带口、走南闯北的人们来这里找寻生计,维持基本的温饱。这里,也逐渐形成稳定的产业工人群体。其中,又以和记洋行的工人群体最为集中,斗争也最为典型。

火红的岁月,这里是南京革命风暴的中心;激情的年代,这里是照亮革命道路的灯塔。我们以严谨的学术态度、扎实的史料考证,回到历史现场,不忘革命初心,牢记时代使命。

20世纪20年代,江苏政局动荡。② 随着民族主义运动兴起,和记洋行成为南京反帝反封建斗争的桥头堡。

中国人民在救亡的道路上前行,认清了帝国主义的真相,也揭开了封建军阀的本质。

此时,孙中山先生在长期的革命斗争实践中,开展国共合作,提出了新三民主义理论。孙中山先生也以南京和记洋行为例,论述了西方资本对中国的经济掠夺:

中国因为受外国经济的压迫,每年要损失十二万万元。……照前几天外国的报告,中国出口货物中,以鸡蛋一项,除了制成蛋白质者不算外,只就有壳的鸡蛋而论,每年运进美国便有十万万个,运进日本及英国的也是很多。大家如果是到过了南京的,一抵下关便见一所很宏伟的建筑,那所建筑,是外国人所办的制肉厂,把中国的猪、鸡、鹅、鸭各种家畜,都在那个制肉厂内制成肉类,运送到外国。③

和记洋行赚取了丰厚的利润,但工人的生活则水深火热。《新青年》杂志曾撰文指出:

南京的劳动家,就是贫苦的工人,把他们计算起来,连男带女和小孩,总共有十五万以上。这十几万人,多半是"一天不做",就"一天不食"。④

---

① 南京市地方志编纂委员会编:《南京工会志》,海天出版社1994年版,第47页。
② 1924年12月11日,段祺瑞令,免去齐燮元江苏督军之职,省长韩国钧暂兼督军;派卢永祥为苏皖宣抚使(驻南京);1925年1月14日,卢永祥在宁组织宣抚军,以奉军张宗昌为总司令,同年5月8日郑谦来宁任江苏省长。
③ 孙中山著:《三民主义》,东方出版社2014年版,第226页。
④ 莫如:《南京劳动状况》,《新青年》1920年第7卷第6期,第190—205页。

社会民众的心理也流露出对外人经济强权的严重不满:

> 西行二里许,经宝塔桥,桥畔有公司,广厦万间,畜牛羊等以制罐头食物,牛乳牛油,获利数百万。垄断者何人,乃碧眼黄儿也。我中国人有大利而不知求,哀哉。①

可以想象,一边是满嘴油水的英国资本家,一边是嗷嗷待哺的中国工人。

1925年上海五卅运动是点燃这场斗争的火种。上海惨案的消息很快也传到了南京,"南京民众素来比较消沉,但是'五卅'大潮突起,也就把消沉的南京民众惊醒了"②。

第一节 东南大学大礼堂的热血青春

一、青春年代,革命东大

新民主主义革命时期,南京的大中专学校在建党早期即成立了党、团组织,一些具有进步思想的学生也较早研读了马克思主义理论著作,接受了中国共产党的领导。他们以满腔的青春热血和大无畏的精神,书写时代的光辉篇章,是南京重要革命运动的见证者、实践者。

1921年5月,南京就有共产主义的组织活动,浦口、南京党小组先后成立,均属上海地方委员会直接领导。

1925年初,南京党小组改为南京支部,这是南京城内最早的党支部。南京党支部那时党员很少,只有宛希俨、曹壮父、林剑城、严绍彭(严希纯)、陈君起等五六人。③

东南大学,成贤之地,素有"东南学府第一流"之美誉。在中国共产党领导下的南京共产主义青年团约有团员三四十人,组成团南京地方委员会,团地委书记

---

① 单鹤:《燕子矶岩山十二洞游记》,载《新游记汇刊》,中华书局1921年版。
② 华岗编著:《民国丛书第三编·66·一九二五年至一九二七年的中国大革命史》,上海书店1991年版,第192页。
③ 吴玉章:《南京党支部在"五卅"运动中》,载中共南京市委党史编写领导小组办公室、南京市档案局编:《南京党史资料》第1辑,1982年版,第24页。

是王觉新。他们大部分是东南大学、河海工程专门学校（河海大学前身）等校的学生。①

上海发生的五卅惨案，在东南大学校园引发了极大的震动，激发了学生强烈的救亡热情。共青团南京地委收到团中央发来的快函，快函要求南京共青团组织紧急行动起来，放手发动青年群众游行、罢课，抗议帝国主义屠杀上海民众的暴行。② 6月1日，南京学生联合会在东南大学召开紧急会议，22所学校的学生到会，由陈跃东做主席，组织临时委员18人，印刷传单，并派代表前谒督省两署请愿。③

据陈子坚回忆，"由于党、团员人数较少，党、团组织常常在一起开会，其开会的地点，多数是在陈君起同志家里，晚上有时在东大教室里开"④。

据革命资料记载，萧楚女专程赶到东南大学，向学生宣讲惨案经过。他那慷慨激昂、感人至深的宣传讲话，深深地打动了所有大中学生的心。⑤

到了2日上午8时，青年学生们在江苏省立公共体育场集合，现场气氛热烈。

> 由宛希俨君主席，报告上海连日死伤人数，请各界诸君，务必一致协争，并要求工商各界，取一致行动；请各团体学校，分组演讲，唤醒同胞。⑥

2日下午，南京党、团组织根据团中央快函精神，决定重点发动英商和记洋行工人罢工，以抗议英帝暴行，声援上海人民五卅反帝爱国斗争；当晚即具体研究了发动和记工人罢工的实施办法⑦；随之决定于6月3日联合各界，一致

---

① 吴玉章：《南京党支部在"五卅"运动中》，载中共南京市委党史编写领导小组办公室、南京市档案局编：《南京党史资料》第1辑，1982年版，第24页。
② 吴玉章：《南京党支部在"五卅"运动中》，载中共南京市委党史编写领导小组办公室、南京市档案局编：《南京党史资料》第1辑，1982年版，第25页。
③ 《南京学生会之援助沪案》，《新闻报》1925年6月4日第2张第3版。
④ 陈子坚：《我所了解的一九二五年南京党的活动》，载中共南京市委党史编写领导小组办公室、南京市档案局编：《南京党史资料》第1辑，1982年版，第42页。
⑤ 《热情宣传抗日的陈明达》，载《江苏人民革命斗争群英谱：江浦分卷》，江苏人民出版社2001年版，第83页。
⑥ 《江浙各界对沪案的援助》，《申报》1925年6月4日，第3张第10版。
⑦ 吴玉章：《南京党支部在"五卅"运动中》，载中共南京市委党史编写领导小组办公室、南京市档案局编：《南京党史资料》第1辑，1982年版，第24页。据《河海大学校史》，曹壮父原名曹锐，第一次国共合作期间，曹壮父被选为国民党南京市党部常委、江苏省党部委员、秘书长，负责党的日常工作，在国民党左派中发挥领导骨干作用。见刘晓群主编：《河海大学校史（1915—1985）》，河海大学出版社2005年版，第25页。

游行。①

另据吴玉章回忆,南京党支部派共产党员曹壮父带领一部分党团员及积极分子到下关,成立了五卅惨案后援会下关办事处,并在办事处建立了党、团组织,将下关云台旅馆作为办公地点,研究罢工事项,并成立领导罢工的组织。②

此时,正在东南大学附属中学读书的李尧棠(巴金),刚好也参加了集会,亲身感受到了当时热烈激昂的场面,后来也亲历了南京工人学生运动的整个过程。1931年,他以这段经历为背景,创作了中篇小说《死去的太阳》。

小说可以证史。这部小说将当年东南大学激烈讨论的情形描绘得淋漓尽致,展现得历历在目,让我们仿佛回到了当年的历史现场。

在南京东南大学的大会堂里举行着国民外交后援会的成立大会。可容纳数百人的大会堂里已经没有了空的座位,两旁的过道上也站满了人,甚至窗台上也有些年青的学生高踞在那里。讲坛上桌子后面站着本日会议的主席,是一个二十六七岁的青年,穿着一件青哔叽的长衫,一个三十多岁穿学生装的人坐在桌子旁边,做记录员。③

"如果我们这一次还不坚决地表示反抗,如果我们还不全国一致地团结起来做破釜沉舟之举,那么再过几年这块中国的土地上已经没有我们的立足之地了。……今天他们在上海屠杀我们的同胞,明天他们也会在南京屠杀我们,难道我们都是任人宰杀的牲畜吗?""不!""不!"人丛中起了这样的叫声。

"这次我们要有大牺牲的决心,用全力来做反抗运动。学生罢课,商人罢市,工人罢工",说到这几个字,他的声音特别响亮起来,全场一致地起了拍掌声。"既然学生已经决定罢课,那么我们还要求总商会代表答复由总商会劝导各商店罢市。"④

主席马上把这个提案付表决。最先由赞成的人举手,一数共是二十六个;然后再请反对的人举手,一数也是二十六个。于是在讲坛上做记录员的人便站起来说:"我是二十世纪学会的代表,当然有表决权,我来投一张反对票。"他举起了

---

① 《学联会紧急会议讨论援沪事项》,《申报》1925年6月3日。
② 吴玉章:《南京党支部在"五卅"运动中》,载中共南京市委党史编写领导小组办公室、南京市档案局编:《南京党史资料》第1辑,1982年版,第26页。
③ 《死去的太阳》,载《巴金全集》第四卷,人民文学出版社1987年版,第342页。
④ 《死去的太阳》,载《巴金全集》第四卷,人民文学出版社1987年版,第343页。

右手,这个提案就被打消了。虽然从旁听者中间发出不满的喧闹,但在短时间以后一切又归于平静了。①

6月3日,南京全城学生游行开始。在巴金的作品中,还描述了我们在资料中找不到的特殊历史细节。例如,写到3日游行当天,东南大学四根门柱上贴了十六字的游行口号:

反抗强权,救我同胞,收回租界,经济绝交。②

当时,《申报》《新闻报》《民国日报》《晨报》《益世报》等主要媒体均予以追踪采访,阅读一页页泛黄纸张的报道,仿佛回到了当年。

6月4日的《民国日报》以"六月三日万人集会游行"为题,报道了那激昂的历史场景:

今晨(三日)上午八时,在省立公共体育馆开市民大会,全城学生自今日起一律罢课,工、商皆加入大规模之运动,将有罢市罢工之响应。闻军警亦表同情。是日市民大会到万余人,十时许,由体育场出发,游行示威。……其沿途散发宣传品多种,悲壮慷慨,全城愤激。

东南大学、江苏省立法政大学等南京学界各校纷纷发布文电,严正抗议列强对中国主权的侵犯。南京学生联合会给"北京段执政、沈外长""上海学生联合会暨工商各会""全国各学生会暨各团体"连发三封电报,"事关国体,愿国人奋起力争"。

河海工科大学(简称"河海工大")、钟南中学等也以各校的名义发表通电,要求赴上海调查五卅惨案的政府使团提出废除一切不平等条约、取消领事裁判权、英国公使向中国政府道歉等八项要求:

上海各报转国人公鉴:英捕凶顽,辱国戕人,租界不失主权,同胞尤为奴隶,斯而不争,国将不国。③

金陵大学由全体学生选举11人组织沪案后援委员会,学生分组进行演讲宣传,全校学生参加南京市民游行,"南京五卅运动之初兴,于人心激愤之际而能无

---

① 《死去的太阳》,载《巴金全集》第四卷,人民文学出版社1987年版,第344页。
② 《死去的太阳》,载《巴金全集》第四卷,人民文学出版社1987年版,第359页。
③ 《外埠学界之文电》,《申报》1925年6月4日,第4张第15版。

轨外行动,本校同学实有以致之也"①。

3日,江苏省立中等以上学校及南京全城各教育团体于下午四时在省教育会事务所开会讨论上海学生惨案,省署及教育厅也派人参加,决定4日继续举行游行。②

二、唤醒和记洋行工人

至此,古老南京城的民众骤然觉醒。

1925年6月4日,万余群众齐集城北下关,直接目标就是呼唤和记洋行数千工人罢工。学生们认为,只有和记工人才能杀进英国帝国主义驻宁的大营寨——南京和记洋行。

吴玉章的文章是这样描绘当时的情景的:

> 游行大队到和记工厂的时候,刚刚是正午十二点钟放工,这是预定的计划,大队围着和记工厂差不多成一个半圆形,大喊"不要替仇人做工""大家起来为上海被杀的同胞报仇""工人自己团结起来""不要替英国人赚钱,英国人把中国钱赚去了,买洋枪来打中国人"等口号,学生在烈日之下这样愤激,工人就受了很深的感动,晚上又有各校热烈的同学——东大附中的特别多,跑到下关来接洽罢工的事情。③

《申报》记者一路紧随游行队伍,写下了当时的情景:

> 今日复在下关游行,共计男女学生一万余人。记者九时驱车至惠民桥时,学生大队正由仪凤门出城,交通为之阻隔,传单多如雪片,口中大呼援救同胞、收回领事裁判权等,并于墙上贴满各种警告,手中所持小旗,亦均触目惊心,由鲜鱼巷、邓府巷至江边和记公司大呼罢工。④

接着,《申报》披露了更多的游行细节,一帧帧动人的场面浮现于我们眼前。

> 沿途秩序、毫无紊乱。当演讲时,工人及黄包车夫等,多为之泣下;行路之兵士,咸谓我们对内战争,无非自相残杀,很不愿意,若因同胞冤死,用我们对外,就是

---

① 《本校沪案后援运动记事》,《金陵光》1926年第15卷第1期,第83页。
② 《教育界为沪案开会》,《新闻报》1925年6月5日,第2张第3版。
③ 嘉树:《南京学生的工人运动》,载中共南京市委党史编写领导小组办公室、南京市档案局编:《南京党史资料》第1辑,1982年版,第33页。
④ 《江浙各界对沪惨案之援助》,《申报》1925年6月5日,第2张第5版。

三五个月不发饷,亦所甘心。英、日商上下水轮船过下关时,中国船客,纷纷下船,改搭本国商轮;受英、日商雇佣之工人,预备从今日起,一致罢工。各学校已分组向市面及各机关募捐,拟对工人按名给洋二角,以维目前生活……各校自五日起,教职员、学生一律食素,节省款项,留备爱国运动之需。本城各通衢僻巷,及汽车马车上,均贴有传单及惨死图说,观者莫不悲愤。全城公私立中等以上学校教职员及学生代表,四日下午八时半,在省教育分会召开联席会议,到三十余校代表共六十余人,公推河海工大教职员代表杨允中主席,议决学界单独组织后援会,并通过章程。①

在党史文献《宁隶书关于英商和记洋行罢工运动给钟兄的报告》中,我们更进一步了解到,当时和记洋行的工人向学生透露了资方对此已经早有应对,当天上午关闭厂门,不许工人出厂,以厂中备饭,并许诺发近期工资,买办罗步洲也答应给工人加薪,因此 4 日上午出厂者仅数十女工。

由于号召工人罢工的目的未能达到,中共南京市委负责人宛希俨以宣传委员的身份令现场学生暂撤,不必回校,下午 3 时再次来到和记门口重新整队,分两班驻守在和记大门左右。当天下午 5 时,工人放工,学生利用时机继续进行宣传罢工的演讲。

三十、五十聚集听讲,同学勉以大义,劝其罢工,与各工厂取一致行动。当时工人听者虽愤激,但仍有迟疑,盖恐态度不能一致也。同学见尚无确实把握,于是当晚留下关未归。五日早五时出发,乘工人上工时演讲,乃大效。工人皆及门转回,仅先进机器厂工人十几人,余皆罢工,同学们即邀工头开会,议决条件:

1. 厂主应电请沪英领事抚恤五卅伤员及惩办凶手
2. 工资应以十二元为最低限度,以大洋计
3. 罢工期间工资照发
4. 裁退工人应发三个月薪金
5. 不准雇佣十岁以下的童工
6. 童工每日工作不得超过六小时
7. 女工每日工作不得超过八小时,工资应与普通工人相等。②

---

① 《江浙各界对沪惨案之援助》,《申报》1925 年 6 月 6 日,第 2 张第 6 版。
② 《宁隶书关于英商和记洋行罢工运动给钟兄的报告》,1925 年 6 月 5 日,载江苏省革命斗争史编纂委员会、江苏省档案局编:《江苏革命史料选辑》(第二辑),1981 年版,第 11 页。

王觉新是这次游行的组织者之一,据他的回忆:

队伍行到下关和记蛋厂门口,适值放工,我即指定二十余同志进行讲演,鼓起工人群众爱国情绪,组织罢工。第二天蛋厂三千工人罢工抗议,我们立即串连工人,组织临时罢工委员会,又着手组织工会。工会成立时,我和宛希俨同志都对工人讲了话,后又正式组织罢工委员会,向厂方提出条件。①

在前述党史文献中,还提到了和记洋行工头对于参加罢工的态度:

和记工头的罢工态度很不可靠,也有些工人认为罢工是别人的事情,己无干,甚至以为罢工只是学生要求罢的。此时,负责为和记厂内烧锅炉的十八位技术工人,因英国资本家增加待遇而没有出厂。罢工工人认为若和记洋行仍能开火,即使罢工,对和记的损失也不大。南京团地委曾派人向和记厂方交涉,未得满意答复,认为此次罢工恐无甚好结果。②

《南京党史资料》中收录的陈子坚的回忆文章还讲到了游行中的生动细节。

和记工人罢工期间,有一件事我的印象很深。全厂工人罢工之后,有少数工头,还开动一部分机器生产。他们到工厂干活时,因为前门有工人纠察队,不敢从那里走,便从后门进厂。有一天,我得知一个工头从长江坐小船,经后门入厂上工,便立即乘舟去截他。但江水太大,我不仅没有抓到工头,还被大水冲到一艘英国轮船旁边。英人发现我后,就往我身上倒黑水,倒了我一身黑水。我赶紧让船工往下划,放了七八里,划到一个芦苇滩才上来。③

6月5日,和记洋行罢工的全体工友向全国发出通电:

(下关和记同人电)申报转全国同胞鉴:英捕惨杀同胞,举国同愤,兹公决自今日起,全体罢工,为被迫害同胞后援,谨此电文。

南京和记同人叩歌④

笔者在某旧书网站购得一本1974年油印的南京肉联厂厂史资料《洋行风

---

① 王觉新:《1922—1927年的南京党团组织情况》,载中共南京市委党史办公室、南京市档案馆编:《南京党史资料》第28辑,1990年版,第46页。
② 《宁隶书关于英商和记洋行罢工运动给钟兄的报告》,1925年6月5日,载江苏省革命斗争史编纂委员会、江苏省档案局编:《江苏革命史料选辑》(第二辑),1981年版,第11页。
③ 陈子坚:《我所了解的一九二五年南京党的活动》,载《南京党史资料》第1辑,1982年版,第44—45页。
④ 《南京快信》,《申报》1926年6月6日,第2张第5版。

暴——南京肉类联合加工厂厂史》中,记录了号召工人罢工的口号。

工友们:

五卅惨案结束,举国悲愤。我和记工友也是义愤填膺。为了反对帝国主义的暴行,决定自本日起实行全厂总罢工,严防帝国主义及其走狗的破坏,没有本会的命令,任何人不得擅自复工。

打倒万恶的帝国主义!

打倒帝国主义的走狗军阀!

中国工人阶级斗争万岁!

中华民族解放斗争万岁!

和记洋行工会筹备委员会①

《益世报》报道,6月5日和记洋行工人全体罢工的原因是当日"工人与英捕发生冲突,全体异常愤怒,……与学生取一致行动","南京国民外交协会及南京学界援助上海惨案委员闻讯,立即推派代表向工人慰问,并由各校组织募捐委员会,赴各茶馆酒肆商店居民募捐,各校学生则自动改吃素菜,以所余之金,充各工人生活"。②

和记洋行的工头最终同意了组织罢工,《中国青年》杂志刊文道出了原委:"工头也来接洽,表示赞成罢工,他们想借着短暂罢工而得到一些好处,但绝不愿延长,致减少了他们剥削的机会。在罢工的最初几天,学生尚未熟悉工人情形,对于工人的指挥和领导,确实得了工头不少的帮助。"③

随后,和记洋行工会筹备委员会同时向工人宣布了三项纪律:暂时不要进厂、生活费由学生募捐救济、遵守秩序,决定次日举行全厂工人声援五卅惨案的示威游行。

在南京党团组织的领导下,以学生运动为先锋,动员组织各方面的社会力量,发挥爱国精神的宣传,注重唤醒工人的阶级意识,南京各界联合反帝、声援五卅的大同盟终于形成了!

可以说,南京和记洋行工人罢工运动,在南京近代史、南京党史乃至全国范

---

① 胡阁荣:《洋行风暴——南京肉类联合加工厂厂史》,1974年版,第3页。
② 《市民对于工人之态度》,(天津)《益世报》1925年6月10日,第1张第3、4版。
③ 嘉树:《南京学生的工人运动》,《中国青年》1925年第104期,第116—121页。

围内的工人运动史上画下了浓墨重彩的一笔,书写了壮志豪情的一幕,是近代中国工人政治的生动写实,也是理解新民主主义革命理论的深刻案例。

第二节 南京城内的救亡,洋行门前的呐喊

一、各界联合,救亡图存

和记洋行工人罢工的实现,使得南京各界联合大游行的气氛极其热烈,规模空前。

南京警备司令部"闻下关工人定五日进城游行请愿,清晨起派有防营在中正厅及宣省两署附近武装协防,以维秩序"①。

《新闻报》报道:

下关和记工人于五日起全体罢工,六月六日上午十一时,由下关结队至城内游行,数约 3 000 余人,经由仪凤门、三牌楼、丁家桥、鼓楼,至东南大学,国民外交协会特备茶点招待,复由东大出发至宣抚使署及省长公署,请愿交涉。②

我们看看《申报》的跟踪报道:

本月六日,下关和记洋行全体工人五千余名,一致罢工,上午十时集合,整队游行,各人手执小旗一方,上书种种警告同胞文字及白话,绕行下关全埠,入仪凤门经由英日领事署,达城南夫子庙一带,游行三十余里,高呼各种口号,沿途有学生百余人,随队纠察,并驾自行车十余辆,为通讯队。警厅派保安队一大排,乘警备自由车维持秩序,所过之各学校各大商店,均备茶招待,学界方面演讲团,募捐团有五百余组。公馆、商店、茶寮酒肆中,皆有学生之足迹,因工人罢工后需款救济也。学界所组之上海惨案后援会,六日下午开会,举定王伯秋为委员长,程其保为副委员长,……议决加入南京国民外交协会。③

共青团中央机关刊物《中国青年》刊文指出,这次游行形成了"农工商学兵的

---

① 《南京快信》,《申报》1925 年 6 月 5 日,第 2 张第 5 版。
② 《援助沪案之各方消息》,《新闻报》1925 年 6 月 8 日,第 2 张第 2 版。
③ 《江浙各界对沪惨案之援助》,《申报》1925 年 6 月 8 日,第 2 张第 2 版。

大联合"的政治局面。

六日工人游行,许多商店都预备很多面包茶水,江宁铁路管理局预备专车十五辆由中正街沿送大队回下关,汽笛一声,鞭炮齐发,夹着沸腾的"打倒帝国主义""劳工万岁""学生万岁""中华民国万岁"的呼声,震动了天地,掷帽的、掷旗子的、跑的、跳的,简直入了疯狂状态。最可令人牢记不忘的,是人丛中有几百个奉天兵也同工人、学生、市民一致地大喊挥帽,形成了农工商学兵的大联合。①

南京市民为声援五卅惨案游行示威
来源:南京党史网

中学时代的巴金也在游行的队伍中,声势浩大的游行场景深深地烙在了他的脑海中,他在文章中把当时的情景刻画得栩栩如生。

大队停在东南大学的门前,一部分维持秩序的学生便沿着大学入口的一条林荫路进去了。两旁人行道上,梧桐树荫下站了许多学生……忽然里面的音乐齐奏,外面的队伍便开始走进学校。穿着短衫的工人们在学校里出现的时候,人行道上的学生便一齐拍手高呼"工人万岁!"所有在场的学生看到这样的情景都忘了自己拼命地拍手,拼命高呼。"工人万岁"的声音震得人耳聋。在工厂里受惯虐待的工人受到这种梦想不到的热烈欢迎,竟然不知道要怎样做才好。……忽然他们中间也响起了拍掌声,马上全体拍起手来,大家齐声高呼:"学生万岁!"比学生的声音还大得多,诚恳得多。一个学生激动地对吴养清说:"这是南京工人与学生联合的第一声,这样的情景,我一生也不能忘记。"②

这里,需要说到一段往事。同在东大附中的胡风亲自参与鼓动和记洋行工人罢工的活动,态度激烈,并对青年巴金产生了重要的影响。巴金在《怀念胡风》一文中深切地回忆道:

---

① 嘉树:《南京学生的工人运动》,《中国青年》1925 年 104 期,第 116—121 页。
② 《死去的太阳》,载《巴金全集》第四卷,人民文学出版社 1987 年版,第 371 页。

一九二五年我毕业离校前,在上海发生了五卅事件,我参加了当时南京学生的救国运动,不过我不是活跃分子,他参加了"国民外交后援会"的工作,我在小说第十一章里写的方国亮就是他。虽然写得简单,但是我今天重读下面一段话:"方国亮痛哭流涕地报告这几天的工作情况,他竟激动到在讲坛上乱跳,他嘶声地诉说他们如何每天只睡两小时,辛苦地办事,然而一般人却渐渐消沉起来……方国亮的一番话也有一点效果,散会后又有许多学生自愿聚集起来,乘小火车向下关出发……"仿佛还看见他在讲台上慷慨激昂地讲话。他的相貌改变不大,我没有告诉他那天我也是听了他的讲话以后坐小火车到下关和记工厂去的。①

胡风对自己在南京五卅运动中的经历,在《我所知道的一九二三年春——一九二五年秋南京革命活动情况》一文中做了比较详细的说明。

我所参加的革命活动之一,是孙中山先生逝世后的追悼大会。这会开得相当成功。我写了一首诗《死去的太阳》,在当时的公祭会上,由附中教员穆济波朗读,我因参加街上的示威活动,没有在场。这首诗发表在当时的附中校刊上。

第三件大事是五卅运动。附中每星期一举行一次周会,有半小时的报告,讲一周内校内外大事。"五卅"后六月一日正好是星期一。就在这次周会上,由党团员发起了游行示威,这在南京是最早的。当时,我们亲自到和记蛋厂去做宣传工作。并且,上海的恽代英、萧楚女二位党领导人到了南京来领导这儿的运动。……一九二五年秋,我和杨超离开南京,到北京上了北京大学,总括这三年南京的革命运动,当时是和国民党合作、联合行动的,可以说是后来统一战线的雏形,也是和工人运动相结合的实践。②

五卅运动对胡风、巴金这样的青年的思想转型和人生道路选择产生了重要的影响。巴金的小说《死去的太阳》与胡风曾经发表过的诗歌《死去的太阳》同名,其中是否有一些关联,目前还无法考证,但至少证明五卅运动时的胡风对巴金确实产生过重要的思想影响。

---

① 巴金:《怀念胡风》,《文汇月刊》1986 年第 4 期。
② 胡风:《我所知道的一九二三年春——一九二五年秋南京革命活动情况》,载《南京党史资料》第 9 辑,1985 年版,第 2 页。

二、复工谈判,工人觉醒

和记洋行工人的罢工行动,政治层面的诉求是英国政府的道歉与赔偿;经济方面的要求是提高待遇,改善民生。

6月10日,众多和记工人参加会议,讨论了恢复上工的十三条件。

第一条:

要求和记大班通电英政府及驻华公使、惩办此次上海肇事英捕,抚恤被杀被伤之工人学生,向中国政府道歉,担保英人以后不再发生此种暴动行为,并撤销其领事裁判权。

其余十二条均与工人自身的经济权益有关,主要包括罢工期内所有工人的薪俸必须照付,不得克扣;罢工期间及之后,所有工人不得裁撤以及增加薪资等内容。①

会后,大家推举代表赵万昌等面呈和记大班马嘉德、买办罗步洲,要求承认工人提出的十三条意见。

和记洋行方面,在工人罢工后,该厂"戒备极严",并于6月12日调派"英舰一艘,停泊下关江心,有水兵百余人入厂保护",而至于工人所提出的十三个条件,除第一条要求抚恤五卅伤员及惩办凶手无法答复外,其余十二条已经全部应允。不过"因条件尚未得该行大班完全允诺,对于上工,仍持坚决态度"②。

13日,南京英商怡和、太古两公司海员及劳工也宣布罢工。③

南京形势大为紧张,甚至有《晨报》报道:"英日两领署各于门前架机枪,英领声云,华人如入署门骚扰,即开炮。"④

在党史文献《下关和记洋行罢工报告》中,详细记录了共青团南京地委领导罢工工人进行谈判的内容,从中也可以了解到复杂的历史细节。

和记洋行罢工之初,为工头的罢工,当时工人对工头之信仰甚深,故不能完全抛弃工头。工头罢工之目的,一方为响应学生,一方为敲竹杠主义,即借此向

---

① 《援助沪案之各方消息》,《新闻报》,1925年6月11日,第2张第2版。
② 《和记洋行罢工中所闻》,《新闻报》,1925年6月13日,第2张第3版。
③ 《南京海员罢工》,《晨报》1925年6月12日,第3版。
④ 《英日宁领署架机关枪》,《晨报》1925年6月12日,第3版。

外国人要挟条件，以年取私人利益。……罢工后，工头组织私人委员会，议决八条件，经我们同志参加，修改为十二条件，提出向大班（英人）交涉，此十二条件性质，一部分为谋工人全体利益，一部分为谋工头阶级利益。交涉结果，大班仅答应工头利益之一部分条件，而否认工人利益之条件。工头既得满意之答复，遂不顾工人利益，而诱胁工人上工，工人至此，始觉诧异。我们同志因开始宣传工头与工人之利害相反（和记为包工制）促起学生觉悟，并要工人由各厂举一代表开联席会议，讨论进行办法，结果，另提出十六条件向大班交涉。此条件性质，第一条系关于上海惨案问题，以下十五条，皆关于工人生活改善问题。工人之意，第一条必有相当答复，方有磋商余地，而大班则第一条决不答应，于是我们提议将第一条文字略加修改，重行提出。此次接洽之人为警察厅长赵某，其所以出面之因系受厅长王桂林之嘱，王与和记买办罗步洲有亲戚关系，并恐罢工日久，买办受损失也。第二次修正条件提出后，据赵某回信云，大班完全承认，明日早（六月十四）即应上工，当时我们就说，大班既答应，当签字为证，不然，为何能保证履行。而赵某则以时间太晚（言此话时已晚二时）不能办到为辞，并言如明日不上工，则以前交涉条件完全无效，于是谈判决裂。①

谈判破裂，工人不能上工。可就在这时，"东区警察署长赵永平打电话于和记公司大班，谓现学生方面，业已软化，可即邀工人上工"，由于电话碰线，被金陵大学学生黄明闻得，当即报告学生联合会。"学生闻讯大愤"，决定以后不与王桂林合作；另行推举代表邀集工人，当场发给工人每人六角生活费，要求工人暂缓上工，静待解决。"非行容纳所提之各条，不得上工，和记公司因此关系亦甚坚持，前允之各条，昨亦声明不履行，刻学生决拟于所组织之会成立后，继续援助工人。"②

此后，学生与警察之间的对立愈加深刻。

南京学界后援会积极组织募捐发给罢工工人救济金，以取得工人继续支持罢工运动。

南京学界上海惨案后援会对和记男工约一千七百八十余人，女工约一千四

---

① 《宁隶书关于下关和记洋行罢工报告》，1925 年 7 月 12 日，载江苏省革命斗争史编纂委员会、江苏省档案局编：《江苏革命史料选辑》（第二辑），1981 年版，第 13—14 页。
② 《南京特约通讯》，《益世报》1925 年 6 月 18 日，第 1 张第 3 版。

百八十余人,男工每名拟拨大洋一元,女工每名拟拨小洋八角,议决组织安插下关工人委员会,委托河海工大、工业专门两校,积极进行。

金陵大学教职员,因援助沪案,筹捐甚巨,二十一日又提出一千五百元,自行赴下关散给失业工人。①

市民方面,……特备购幔首二大车,赠给工人,表示欢迎,……南洋烟草公司本日捐出十支装纸烟各五千包,由各校销售,所得款项悉捐助工人生活。②

南京美术专门学校二十七八两日开成绩展览会,并设援工出售部,售价悉充救济工人之需,总商会今日召集各业会董开会,讨论分业募捐办法,期于最短时期内,凑集成数,救济工人。③

江苏省立第一女子师范学校校长张默君,是这次发放救济款的负责人之一。金陵大学女子部的捐款,"冠于南京各校"。南京妇女协会还于6月11日、12日在东南大学体育馆举办游艺会,所得票款收入,全捐款支持和记工人。④

南京的爱国氛围甚至乞丐也受到了感染,"省垣观音门乞丐收容所之乞丐,激于爱国之义愤,特将工作奖金十元零四角,派代表陈青山、殷光汤送至外交协会,供给罢工工人之用"⑤。广州《民国日报》也有相关的报道:"捐款送至江苏乞丐收容所残废者收容处,转交外交协会。"⑥

学生的募捐用来维持工人救济毕竟杯水车薪,且无法长期坚持。巴金把学生关于募捐的讨论十分具体地描写了出来。

"从明天起他们就罢工了。那里的男女老幼工人将近一千人,每天至少要发每人两角钱的生活费。这笔款子很大,不知道能不能够维持下去。幸好工程师们也都愿意参加罢工,不要津贴。这两天我们募到的款子听说只有几百块钱。"

"今天大概多一点,"吴养清有把握似的说,"我这里已经有十多块钱了。一个士兵还捐了一块钱,连姓名也不说。我想以后捐的人一定更多。"⑦

"总之,钱越少的人越肯出钱。我们募捐的人虽然受了一些气,但也得到不

---

① 《和记洋行罢工后之现状》,《申报》1925年6月23日,第2张第7版。
② 《南京特约通信(一)》,《益世报》1925年6月10日,第1张第3版。
③ 《江浙各界对于沪案之援助》,《申报》1925年6月28日,第3张第10版。
④ 江苏省妇女联合会编:《江苏妇女运动史》,中国妇女出版社1995年版,第82页。
⑤ 《南京快信》,《新闻报》1925年6月16日,第2张第3版。
⑥ 《各地民众援助沪案之热烈》,(广州)《民国日报》1925年6月23日。
⑦ 《死去的太阳》,载《巴金全集》第四卷,人民文学出版社1987年版,第366页。

少的同情。我昨天募到的钱多半是穷人的铜板角子集成的。所以我不灰心。"

"铜板角子凑成的钱能够维持多久?他们那班人自己也要吃饭呢!"吴养清说到这里忽然转过话题问,"你们大学不放暑假吗?"

"不,学生会决定罢课期内不放暑假,每天都有工作做。我天天都要出去募捐。"①

南京的青年学生竟想到了用以工代赈的方法来给参加罢工的工人获得收入,其中就包括修筑中山马路的建议。

《申报》报道:"南京学界沪案后援会开大会,议安插和记罢工工人,由朝阳门至紫金山兴筑中山马路,经费先尽捐款拨充。"②

《益世报》也有相关的报道:"……会议在朝阳门筑中山马路一条,直达中山坟墓,皆谓可行。"③两年以后,国民政府定都南京,为迎孙中山灵柩至中山陵,正式修建了中山路。

学生积极募捐,但数千工人参加罢工,救济金的发放捉襟见肘。出于生计,工人对坚持罢工逐渐有了不同的意见。

巴金在他创作的小说中也描述了和记洋行坚持罢工工人的思想状态:

"昨天起我们都没有做了,"那个妇人带笑地对高惠民说,"我相信你们,听你们的话。外国人昨天晚上叫人来说,要我们去做工,他们要加工钱。我的儿子听见加钱很想去,我和我的媳妇把他挡住了。"

"你们真的不再上工吗?"高惠民问,"外国人再加钱,你们也不去吗?"

"不上工。先生,你们发钱给我们,你们在这样大热天里辛辛苦苦跑来劝我们,我们还不明白吗?"她的脸上显出感激的表情。

……但是走了几步,这个老妇人又走回来对吴养清说:"先生们,请你们放心,你们先生不叫我们去上工,外国人再给多少钱,我们也不去的。"④

也有少数工人在买办、工头的引诱下进厂工作。在《洋行风暴》这册泛黄的南京肉联厂厂史资料中,就深刻地描绘了工头陈大沆对罢工工人的分化。

---

① 《死去的太阳》,载《巴金全集》第四卷,人民文学出版社1987年版,第367页。
② 《南京电》,《申报》1925年6月17日,第2张第4版。
③ 《各界援沪之热烈》,《益世报》1925年6月19日,第1张第3、4版。
④ 《死去的太阳》,载《巴金全集》第四卷,人民文学出版社1987年版,第369页。

这几天,他到处活动,对工人说:罢工是自杀,把公司搞垮了,你们吃什么?……和记财富遍天下,南京厂垮了有汉口的,汉口厂垮了有天津的。……你们不能和学生比,学生不上课,有饭吃;你们不做工,就要饿肚皮。①

由于发生了工头引诱工人上工的情形,坚持罢工的工人被激怒了。

和记洋行工头陈大沅因鼓动工人上工,6月13日经过煤炭港时,被多名工人包围殴打,"受伤甚重,适学生演讲团经过该处,将工人大加劝导,将陈救护出险,偕至东大医治"②。

几天后,陈大沅又被罢工工人学生从鼓楼医院押出,游街示众。③《大公报》也报道指出,"和记洋行陈某运动工人无条件开工,学界闻讯,将陈拘送警厅收押,该行英人率英兵强迫保释。学生阻止,被棍棒刺刀击伤多人,商团出面制止,亦被刺伤十二人"④。

三、不达目的,誓不罢休

到了1925年6月16日的上午,葛天民主持后援会,讨论请求募捐和经济绝交等事项,决议募捐所得钱款"备明日散放工人",也讨论了持久维持工人法。⑤

《新闻报》对于当天的会议作了广泛的报道:"葛天民主席报告昨日代表至国民外交协会请愿各项已得圆满答复,并报告长途汽车公司复信对免票未允,附中代表谢承平主张请协会召集各商即日游行。如不允学生,则组织大游行,促其觉悟,一女师反对之。汪同尘报告关于各校所募救济工人款项,只河海工科大学与女子美术共缴到四百十九元,其余均未缴来,而明日即需一千五百元发工人,请讨论办法。……均于本日午后缴存于江苏银行,金大(金陵大学)代表提议安顿罢工工人,或用以筑路挑河,以免闲居,养成依赖之性,汪同尘以此项办法极为妥当,惟尚有困难之点,如工具、管工、监工等种人,非经有专门学识者参加以研究不可。如实行筑路,主张从朝阳门起至紫金山止,开中山路俾留纪念。陈庆瑜提议于十七日举行大游行,督促国民外交协会,实行经济绝交,……及请该会筹募

---

① 胡阁荣:《洋行风暴——南京肉类联合加工厂厂史》,1974年版,第13页。
② 《新闻报》1925年6月13日,第2张第3版。
③ 《南京快信》,《新闻报》1925年6月16日,第2张第3版。
④ 《国内专电》,《大公报》1925年7月5日,第1张第3版。
⑤ 《各界援沪之热烈》,《益世报》1925年6月19日,第1张第3、4版。

巨款,最低限度十万元。""救济罢工委员会提议惩办 22 人及奸细工头,多数主张于会内添设纠察队,……如不服从当听社会制裁。"①

17 日下午,苏皖宣抚使卢永祥在省立通俗教育馆音乐部召集军、政、警、绅、商、学、报各界开会,到会者百余人,由邓政务厅长报告。江苏警察厅长王桂林②称:

> 自沪惨案后,……警察维持尚称平安,第一步激烈时期已过,即如外间所贴传单亦无逾越范围之文字,和记工人前次拟打该行稽查,尚系学生排解,兼以救护,足征现在之运动,已渐趋平。惟和记洋行罢工工人,不能久令失业,学生方面虽屡有救济,而社会上增添无数游民,与地方治安大有关系,希望设法安插。③

南京学界上海惨案后援会 6 月 18 日下午 3 时继续开会,到会代表十五校,葛天民为主席,徐翼程记录,上海工商学联合会代表张超到会报告:

> 现在上海罢工工人有十四万之多,而工人维持费只能再维持一星期,应请南京方面协款接济,主席葛天民答复将通电赞成农工商学联合会代表大会。代表朱大文报告与浦口工会及浦镇商会工会接洽情形,均极端赞成加入联会,与南京各团体合作。救济罢工委员会委员宛希俨报告和记复工经过情形,详述种种原因,希望大家勿因此沮丧意志,仍以强毅精神,谋援助外交之一切重要工作。④

金陵大学孟广滋前往国民外交协会接洽市民大游行事宜,"救济罢工委员会华皖报告连日在下关办理救济工人事宜之大略情形",并建议下关商店方面节省开支,"移款捐济工人"。⑤

南京学生爱国热情不减,每日游行演讲并讨论运动进行办法,"同时复演唱上海惨案及其他爱国新剧,以售券所得资助沪宁工人,今日上午九时各会代表在教育会开会讨论救济和记洋行工人,议决明日上午举行第四次散放工人生活

---

① 《南京快信》,《新闻报》1925 年 6 月 18 日,第 2 张第 3 版。
② 王桂林(1877—?):字悦山,浙江东阳人。1909 年毕业于北洋陆军速成学堂。历任浙江宪兵司令官、宪兵将校研究所所长、浙江陆军第六师步兵第十一旅旅长、浙江嘉湖镇守使、北京政府将军府雍威将军,曾任南京警察厅长,江苏省会警察厅厅长,张作霖顾问,国民革命军第二集团军参议等职。
③ 《援助沪案之各方消息》,《新闻报》1925 年 6 月 19 日,第 2 张第 3 版。
④ 《江浙各界对于沪案之援助》,《申报》1925 年 6 月 20 日,第 3 张第 10 版。
⑤ 《援助沪案之各方消息》,《新闻报》1925 年 6 月 20 日,第 3 张第 1 版。

费",商民方面也继续讨论游行办法。①

南京学界救济罢工委员会议定于 23 日在下关发给和记罢工工人款项,"并以节关紧逼,特增加男工每人为一元,女工为六角,更议决一中校长陆殿扬,四中校长仇采、法大教务主任王伯秋、一女师张昭汉等帮同前往发放,以求妥善"②。

尽管依赖学生募捐来维持工人救济金遭遇很大的困难,但学生的爱国热忱持续高涨。例如,东南大学在整理东大校友雨花英烈成律、吴光田的史料时,发现:"1925 年 6 月,正是五卅运动如火如荼之际,尚在东南大学附属中学读书的吴光田和几位同学从南京来到江阴,为响应五卅运动而罢工的下关英商和记洋行工人们募集捐款。"③

6 月 23 日上午,学界救济罢工工人委员会从江苏银行提取现洋二千八百元,"赴下关散给和记工人,计男工一千七百八十余名,女工一千四百八十余名"④。

《新闻报》6 月 24 日报道南京学界沪案后援会开会,华皖报告了"昨日在下关煤炭港发放罢工工人款项情形,计领款二千八百元","东大代表动议二十五日全市游行问题","关于联络下关工人加入游行问题由华皖负责接洽"。⑤ 会议决定 6 月 25 日举行全国总示威。为了与上海、北京取得一致行动,南京五卅惨案后援会决定与外交协会推汪同尘为游行总指挥,葛天民为总纠察,在公共体育场集合,向江宁铁路局交涉免费载工人进城,报告警厅保护游行队,奔走彻夜。

二十五日上午,各校学生、下关和记洋行工人、浦口工会工人、南京商会、各业商人及全城市民均于省公共体育场集合。⑥

上午七时许,各界纷纷入场。京、津、沪新闻记者,临时组织新闻记者团,加入游行。各团体加入者,有公私立男女学校,五城市民,和记全体工人,各城公益会,合计约十三万众。葛天民宣朗通电,汪同尘告诫群众游行时须保守秩序,……演词甚长。演讲毕,复奏军乐,至十时出发。……公推汪同尘、周泽青、周奇高、葛天民、王锡三等六人代表全体,赴军民两署请愿。……队到警厅前,警

---

① 《议先开市与工潮扩大》,《益世报》1925 年 6 月 23 日,第 1 张第 3 版。
② 《沪汉惨杀案二十二志·南京方面》,《益世报》1925 年 6 月 23 日,第 1 张第 3 版。
③ 《献礼校庆,雨花英烈东大两校友史料被发现》,《南京日报》2016 年 6 月 6 日。
④ 《宁垣援助沪案之热忱》,《益世报》1925 年 6 月 27 日,第 1 张第 4 版。
⑤ 《援助沪案之各方消息》,《新闻报》1925 年 6 月 25 日,第 2 张第 3 版。
⑥ 《援助沪案之各方消息》,《新闻报》1925 年 6 月 25 日,第 2 张第 3 版。

处王桂林出外欢迎,群众大呼警察救国。王点首者再。至商场,各商店均大书"罢市一日援助学生"。商民观者如堵,赤膊如肉屏风。日本店无不闭门,由武装警察保护。……至下午三时许始散会。①

另外有报道说明,在二十五日游行之前,"志成代表以近闻有某国人蓄意阴谋,希图破坏游行,临时特别注意,以免发生意外,议决关于下关工人不经英日两署,由下关直接乘小火车进城,并请警厅多派长警沿途照料"②。

江苏地方政府面对日益膨胀的学潮和工运,"致再发生事故,命本城各校校长提前放给暑假,该校长等恐引起反响,允考虑后再夺"③。

罢工中的困难情形愈来愈多,学生对运动的发展也出现了不同的想法。

巴金先生以文学的笔调描述了当时的情形:

就南京的情形来说,那次轰动全城的所谓工人与学生携手的大事,算是达到了运动的最高点。以后,空气便渐渐地消沉了。

总之前途黯淡,在吴养清和一般学生的心中,伟大时代的幻景渐渐地消失了。

在南京情形还要更坏。维持益记(即和记)工人罢工的事,就差不多用尽了外交后援会的力量,学生中间也发生了不同意见的争论。有人主张读书救国,有人以为练兵是最好的办法,……还有一些人所顾念到的却是毕业后的升学与服务的问题。

在国民外交后援会中也发生了争执。在六月底吴养清就在东南大学的常会中听见攻击金陵大学代表的话。在第二天的常会里吴养清听见方国亮痛哭流涕地报告这几天工作的情况。他竟然激动地在讲台上乱跳。他嘶声地说,他们每天只睡两三个小时,如何辛苦地办事,然而一般人却渐渐地消沉起来,学生中竟然有人回家去过暑假的,也有终日躲在房间里的。捐款差不多快用光了,却再没有收到较大数目的款子。要每天发给益记工人的生活费也做不到了,难道现在好意思叫他们上工吗?④

---

① 《全国总示威日,南京十余万人大示威》,《晨报》1925年7月1日。
② 《援助沪案之各方消息》,《新闻报》1925年6月25日,第2张第3版。
③ 《南京快信》,《申报》1925年6月21日。
④ 《死去的太阳》,载《巴金全集》第四卷,人民文学出版社1987年版,第378、379页。

在此期间(6月6日至7月12日),开始发工人补助费,每人每次小洋六角、八角,大洋一元不等,至今共发七次。①

工人罢工运动发展到这个阶段,成立工会组织已提上了议事日程。

在共青团南京地委发给上级的报告中,我们可以看出,和记工会系在中国共产党的组织下,按照预先的部署成立的。6月26日,在下关大舞台开成立大会,到会者约三千人,并有各团体代表参加,并选出21人为执行委员。②

《新闻报》以《南京和记洋行罢工后之现状》为题报道了和记洋行筹备工会的情形:

> 南京外交协会曾函云,此间和记洋行男女工三千余人,自五号罢工以后,秩序尚好,惟平素缺乏组织,精神散漫,对于外来压迫,遂无抵挡之能力,此次风潮发生,彼等外受英商厂主之欺凌,内受洋奴买卖之愚弄,渐知团结之必要。十三日,各厂代表开会时,乃有组织工会之议决。组织方面,闻系以小工组为单位,每十人为一组,举一组长,每五组举一干事,现在组长干事均已举出,不日将向官厅备案,正式宣告成立云。又该厂近有少数职员与打蛋工人,受工头煽惑,每于晚间,乘小船进厂工作,该厂大部分工人异常愤激,对于此种败类分子,每思以相当之对付,本会见此情形,极力为之劝解,故尚未至发生若何事变。该厂远地工人,近来都有决心不再为外人工作,自愿离开南京,另觅生计者。本会念其志趣可嘉,当承彼等之请求,向招商局交涉,给以半票。③

在中共中央党史研究室编纂的《张闻天年谱:上卷(1900—1941)》中,写到了和记工人工会成立的事情:

> 六月二十六日,紧接着卅万人大游行之后,又在下关大舞台开和记工人成立工会大会。大舞台只能坐千余人,几千工人无法都进去,就五人中派一代表进去,其余的人围在会场四周。主席台上挂着"全世界无产者联合起来"的横幅,还有"打倒帝国主义!"等标语。④

---

① 《宁隶书关于下关和记洋行罢工报告》,1925年7月12日,载江苏省革命斗争史编纂委员会、江苏省档案局编:《江苏革命史料选辑》(第二辑),1981年版,第13—14页。
② 《下关和记洋行罢工报告》,1925年7月12日,中央档案馆档案。
③ 《南京和记洋行罢工后之现状》,《新闻报》1925年6月23日,第2张第3版。
④ 中共中央党史研究室张闻天选集传记组编:《张闻天年谱:上卷(1900—1941)》,中共党史出版社2000年版,第105页。

据有关资料,中华全国总工会执行委员王荷波到宝塔桥英国人办的和记洋行的工人中去开展组织工会、发动斗争的工作。王荷波识破英国人的阴谋,深入到工人家中,向群众进行艰苦的教育工作,阐明无产阶级团结一家的道理,揭露英国人的罪恶勾当,正确地解决了工人内部的意见分歧,促进了工人阶级的团结,使工人运动逐步发展起来。[①]

《中国青年》杂志在《南京学生的工人运动》一文中指出,和记洋行工会成立后,工头们利用同乡关系吸收湖北籍工人,并利用机器房工人的等级观念,"机器房工人向来瞧不起其他工人,遇事羞与为伍,暗中也将机器工人拉去",另外成立了"和记劳工会",这样就形成了两个和记工会的局面。"后劳工会将和记工会捣毁,学生向官厅方面要求保护,才由警厅下令解散,但机器工人和湖北人至今仍被他们挑拨,少与和记洋行工会接触。"[②]

第三节　劫持买办罗步洲

和记工人罢工以来,原本繁华的下关市面变得非常萧条。

随着形势的发展,陆陆续续有工人被引诱复工;买办、工头分化工人的企图昭然若揭,青年学生群情激奋,运动的焦点转移到买办罗步洲身上。

6月29日,工头张海青、李松山准备组织工人无条件上工,"且工人中尚有青红帮三百人,恐有越轨行为",南京学界上海惨案后援会决议派代表立即至省警察厅见厅长王桂林,要求其派警察将张、李二工头逮捕,"予轻微处罚,使其对于工人上工不致再行鼓动"[③]。

事态随后进一步发展,不满的学生意识到买办罗步洲是鼓动工人上工总后台,集体前往罗宅理论,随后发生了劫持事件。

虽然罗步洲又被警察厅长王桂林带回,但部分要求复工的湖北籍工人,以及和记洋行英国人从警察厅抢夺罗买办的严重事件,将南京五卅运动导向了特别复杂的局面。

---

① 中共福州市委宣传部等编:《纪念王荷波同志诞辰一百周年(1882—1982)专刊》,1982年版,第15页。
② 嘉树:《南京学生的工人运动》,《中国青年》1925年第104期,第116—121页。
③ 《援助沪案之各方消息》,《新闻报》,1925年6月30日,第2张第2版。

翻阅当年报纸,查找历史文献,该事件的细节浮现在我们眼前。

因为与工头、买办关系密切,自行恢复上工的工人大多来自湖北。

"因大班已允许所要求之条件,有一部分工人上工,惟打蛋厂多数之工人,尚未妥洽。"① 此时,"下关市面极淡,和记公司依然停工,工人五千余人,待赈甚急"②。

7月1日,买办罗步洲以现金两万元,引诱工人无条件上工,"工人方面利其多金,遂秘密允诺";"六月底晚上,工头们在买办罗步洲家开会,决用欺骗的方法骗工人上工,用从前所提的条件,稍得字句修改,贴在工厂门外,并写明'条件议好,明日上工'等字样"③。

消息传出,社会气氛变得异常紧张,愤怒的学生"即往罗宅,要求取消,拟送入城交协会正式交涉"④。

罗步洲被劫持了!

这一严重的事件,给已处在旋涡中的南京扔下了一块大石头,激发了轩然大波。我们看看《申报》的报道:

开始,罗步洲招募新工并劝诱工人复工,学生方面也做了让步,将"俟沪案解决后上工",改为有条件恢复上工。

随后,警察厅总务科长赵永平、下关商会会长叶家宝等也往返调停,但始终无法取得一致。但部分工人此时已自行决定复工。

"学生得知,即往罗家质问,其所公布的条件,厂主已否签字,罗支吾答复,学生遂拥罗登车入城。"⑤ 赵永平、叶家宝等也同车进城。和记洋行及罗家"用电话通知省署警厅告急"。

警察厅长王桂林忧心即将发生严重事故,亲乘汽车并带武装警察数百名,至东南大学门口,对学生露天演讲数小时,直至深夜才商妥临时条件:

1. 罗步洲交警厅长带至厅内,在此事未解决以前,不得离开警厅;
2. 和记公司非俟条件商妥后,工人不得上工;

---

① 《南京简短》,《新闻报》1925年6月18日,第1张第3版。
② 《沪潮声中之南京》,《申报》1925年6月24日,第3张第10版。
③ 嘉树:《南京学生的工人运动》,《中国青年》1925年第104期,第116—121页。
④ 《南京和记工潮》,《申报》1927年7月6日。
⑤ 嘉树:《南京学生的工人运动》,《中国青年》1925年第104期,第116—121页。

3. 罗步洲须约束工人不得暴动,如学生有危险,由伊负责,双方并约定尽三日内解决一切办法。①

7月2日上午,得知消息的英国领事向江苏省长郑谦提出严重外交抗议,郑紧急开会寻求解决危机的方法。

到了下午2时,南京学界上海惨案后援会、南京学生联合会、南京国民外交协会认为形势严峻,集体召开紧急会议,积极讨论应对方法。

会后,推代表苏民生、周泽青、杨受成、王春生四人,立赴警厅与王桂林及罗步洲接洽,也提出三个条件:第一,请警厅留罗在厅听候解决;第二,于最短时间内提出最低限度之条件,以便磋商;第三,要求罗步洲于未解决以前,不得为无条件之上工。

可到了晚八时许,学界惨案后援会尚在会议,接到杨受成代表的紧急电话,报告罗步洲已被夺取去,"各人颇为惊疑,亦以电话请代表到会报告"。随后,四代表与警厅赵永平前来报告,"赵到会场,即伏地大哭,谓厅长已受伤,保安队亦受伤数人",杨受成也报告了事件的具体经过情形,"决裂至此,已无从接洽"。

7月3日,闻已有一部分工人上工矣。②

《申报》透过消息渠道,有了进一步的细节说明:

和记工人及学生将罗步洲挟至下关警区时,署长许鹤舫询问来意,学生谓罗为中国人,不应运动工人于初二开工,应罚款赈济工人。时门外有工人、军人,其势甚急,许无法挽回,任学生将罗带往城内。警察厅长王桂林得讯,请示省长,令将罗先行送厅。

学生见状怒怼王桂林,"谓其得钱卖放。因之有一部分奉军,亦疑警厅故意放罗,今复有数百人围王桂林私宅,向王索罗,全城警察见工、学、军皆有反对表示,相率罢岗,经王桂林劝令复岗,保无危险。至午后一时城内已稍缓和,陆续上班,下关巡士仍在观望,学生方面仍欲有所举动"③。

和记洋行要求英国领事救援,同时派人抢回罗步洲,"七时由警厅乘汽车出发,为学生探知,不任去,警察恐有危险乃放空枪,惊退群众;汽车破围直至下关

---

① 《南京发生学工风潮》,《申报》1925年7月4日,第3张第10版。
② 《南京发生学工风潮》,《申报》1925年7月4日,第3张第10版。
③ 《南京发生学工风潮》,《申报》1925年7月4日,第3张第10版。

江边海关码头,由和记小轮迎送至公司去矣,此初二晚事也"①。

7月4日,南京学界上海惨案后援会继续开会,葛天民主席会议,推举代表王南生、邵镜人前往警察厅质问,可谓字字珠玑:

前日到厅索罗之英人,不过数名,何以不予谢绝;工人不过三百余名,何以不予解散;罗到厅后,何故款于私宅,许英人与之接谈;宅外何故不设戒备;罗被劫后何不即电沿途警士阻止,或令仪凤门警士闭门,使不得出;一日夜半,有英人五名,携带手枪,拦入东南大学,由北区警察负责带去,此种外人形迹可疑,何故释放。

在开会现场,宛希俨报告和记部分工人上工的情形;和记工人报告了前日进入东南大学的英国人姓名,也讨论了复工与坚持罢工工人的善后处理办法,"所有力主罢工之工头二十余人,日后恐有生命危险,特派柳兆金、宛希俨、朱大文三人,前往调查,为之设法离宁"。

此时,千余坚持罢工工人入城,请求省长对劫持买办事件的有关负责人予以处置,并请求保护罢工工人,避免危险,并"请对捣毁下关工会之工人,予以惩究"②。

不仅是《申报》对此事件有详细的记载,另一家大报《益世报》也多日报道,我们也不妨参考,来与《申报》互证。

7月1日晚,学生派葛天民赴警厅,并与赵仲英、叶楚良及下关学生委员齐赴罗宅,警告其在条件未解决之前不得有一人上工。

双方交涉至十时未能解决,而当时大量拥护罗步洲的湖北籍工人赶来。"东大全体学生千余人闻讯,立时整队驰赴下关,包围罗宅",要求罗步洲入城至东南大学继续讨论工人复工问题。此后,和记湖北籍工人与学生形成对峙,甚至要殴打学生。后经调解,罗步洲由赵仲英、葛天民、叶楚良三人陪同乘马车入城,叶楚良竟在车中气闭晕厥,手足僵冷。

这时候,马车被东南大学学生千余人包围。下关警署得知风潮扩大,不可收拾,立即电话通知江苏警察厅长王桂林。王桂林立即命令派出警察,设法将罗步洲带至警厅。"学生不允,遂与盒子炮队发生冲突,有数人被警察殴击微伤,……

---

① 《南京发生学工风潮》,《申报》1925年7月4日,第3张第10版。
② 《南京工潮发生后之情势》,《申报》1925年7月6日,第3张第10版。

最后学生要求王警厅长三条件……"王答应这些条件后,才将罗步洲深夜护送至警察厅。

当天夜间四时,和记洋行突然派出五名职员,"各怀手枪,乘汽车到东南大学,由后而入,意欲将罗氏接回,嗣悉罗已到警厅,始上车返下关,今晨复有英人六名,到警厅要求王氏将罗立时释放,并质问拘捕罗氏之理由"。

王桂林答复,罗步洲系中国人,中国官厅有权逮捕,外人无权干涉。

7月5日9时许,英国领事调集水兵及陆战队员数十名,进入领事馆,保护英国人员、财产。英人向省政府提出抗议,要求将罗释放。

当时南京学界委员会等各团体及省政府均召开紧急会议。最后由国民外交协会推举周泽青、王春生、杨受成、苏民生等四人,向王警长要求：尊重昨夜之允诺；即日提出条件；条件未商妥前不能复工；严密取缔工人,暗藏武器为不利行为。①

在整个事件的处理过程中,政府与警厅力图降温,也将矛盾的焦点转移到学生那头。

我们在《益世报》的报道中,读到了一些《申报》中没有记录的生动细节,这段历史,也随着历史资料的持续发掘,而愈发鲜活且深刻,也使我们得以接近历史真相。

7月5日,北洋政府军务厅军务长张树元致电郑谦和程长发："除饬查滋事首要,依法惩处并开导学生、工人勿生轨外行动。"②

《申报》以"南京工潮之续讯"的标题报道了江苏省政府的态度。

南京学界上海惨案后援会7月3日上午10时开临时会议,东南大学代表王希曾转达了2日晚申报省长郑谦的意见："此事与国家主权、省城治安极有关系,须确切调查英人到警厅是否携枪,在厅是否开枪,警官受伤,实有若干人,伤状奚若"；"如果查有根据,即令江宁交涉员向驻宁英领事严重交涉","唯此辈工人,失业可虑,如能有相当上工条件,即可任其上工"。③

7月3日下午2时,江苏省警察厅派保安队长程宝珍到会报告罗步洲被英人抢夺的经过及警厅的意见：

---

① 《南京拘捕英行买办风潮》,《益世报》1925年7月5日,第1张第3版。
② 《民国政府军务厅电文》,中国第二历史档案馆馆藏档案。
③ 《南京工潮之续讯》,《申报》1925年7月4日,第3张第10版。

谓二日上午接下关电话,有英人及工人进城,即派保安队一排,至东大保护,十点半钟,工人到厅跪香,请求将罗买办交伊等接回;下午一点钟,来英人五名,看视罗买办,两点半钟,续来两英人,三点半钟,工人集合,闯入厅内,英人即挟罗买办出,登汽车疾驰而去。当纷乱时,王厅长向前阻止,被英人足踢,痛甚跌在地上,彼时警察恐构成大变,未用武器抵御,致受伤二十八人,并伤巡官二人;有一巡官受伤颇重,警察拟开枪追击,经外交协会代表苦劝,勿使地方有流血之惨,各区长官,脑筋简单,骤闻长官受伤,极为悲愤,因有今日罢岗位之举。经警察召集各区警官到厅,负痛而出,谆谆劝谕,谓如诒误地方,不是爱我,乃是害我,务即立刻上岗,否则惟该官警官是问,想午前定可恢复原状,希望今后各界解除误会,一致对外,爱国心理,人所同具,外人侮我,谁不愤激,不过官厅方面处于地位不同,未便作明显表示,此乃实在之苦衷,希望各界谅解云云。①

《益世报》以《英兵在宁劫夺罗步洲案》,做了以下报道:

晚间8时许,和记洋行竟派英人7名,各携实弹手枪,率同带武器工人数百名,将王厅长私邸包围,警察保安队立派武装警察百余到场弹压,欲先驱散工人,其时有工人百余及英人7名,已拥入王之私邸,将王寻住,迫令将罗立刻交出。王不允,各工人遂以武力搜劫,警察禁止,双方发生冲突,英人先向天空开枪四响,并踢伤王之膀胱,工人将王之门窗器具捣毁,并与警察互殴,警察无法,乃向天空放空枪四十余响;是时警厅后街及珠宝廊、跑马巷、曾公祠、卢妃巷一带,交通均断绝,人民恐慌异常,最后结果:(1)罗步洲由工人寻出,挟上汽车逃去;(2)王桂林膀胱被英人足踢受伤甚重;(3)巡官被工人殴伤者二人,保安队被殴伤者四十余人;(4)英人开实枪四响;(5)警察开空枪四十余响;(6)英人及工人均无一人受伤。

9时各工人及英人均散去,王桂林经医生诊治,虽无性命危险,但须过今日(7日)12时方可说话,各被伤巡官警兵,均在厅中疗治,但伤势甚轻。

由于警察厅长被英人打伤,该事件就到了愈发严重的阶段。

各巡警闻王被英人足踢受伤大愤,今晨一律罢岗,……至下午五时始陆续出勤,今晨南京学界上海惨案后援会召集紧急会议讨论办法,省署亦举行特别会

---

① 《南京工潮之续讯》,《申报》1925年7月4日,第3张第10版。

议,另议决办法三项:英人身怀武器,在内地扰乱秩序;侵犯中国主权,将罗步洲劫去;以野蛮手段殴伤中国警察长官。①

再回到和记洋行,此时,四五百名湖北籍工人已先行上工,而未上工的工人则拟乘小火车进城,请求救济。

小火车站长,以未奉命令,不允搭载,有一工人云,湖北工人已上工者不足五百人,未上工之下江工人,尚有一千五百余人,罢工已有一月,学生会所发救费,每人大洋一元,小洋二十六角,与彼等工资每日大洋三角相较,生活难以维持。②

当局恐工人入城,与东南大学学生起冲突,于各城门增设陆军防守,"东南大学门首,亦有陆军警备队一连守卫,鼓楼亦有一连防守"。

东南大学工人救济委员会一方面派代表与工头接洽,劝勿暴动,将罢工坚持到底,另一方面"急筹特捐,救工人渡活"③。

南京后援会罢工救济委员会调查和记洋行参与罢工的工人"计男一千六百二十名,女一千四百四十一口,五日又发款一次,计洋一千六百余元,男工每人发洋八角,女工每人发洋六角"④。

工人因罗步洲事件而形成了对立的两派。此时,学生后援会能够继续救济和记工人的资金已所剩不多,无法维持下去。东南大学教授会甚至要"将敝校应得金佛郎项下十四万八千余元,全数作为救济失业工人之用"⑤。

卢永祥、郑谦等因罗步洲被劫持的严重事件,极力强化对学生和工人的监控。7月3日,卢永祥等就此事向各省发出密电,一方面指出此次事件的经过情形,同时亦着重强调,"除饬查明滋事首要依法惩处,并切实开导学生、工人勿为轨外行动外,地方秩序安谧如常。诚恐远道传闻失实,特此电闻"⑥。

7月4日,和记洋行大部分工人恢复了进厂工作。

反对上工的千余工人继续入城游行,并向当局请愿,"要求惩撤媚外之王警

---

① 《英兵在宁劫夺罗步洲案》,《益世报》1925年7月6日,第1张第3版。
② 《南京工潮之续讯》,《申报》1925年7月5日,第3张第10版。
③ 《南京工潮之续讯》,《申报》1925年7月5日,第3张第10版。
④ 《南京快信》,《申报》1925年7月8日,第3张第11版。
⑤ 《江浙各界对于沪案之援助》,《申报》1925年7月5日,第3张第10版。
⑥ 《卢永祥等关于和记洋行为复工引起争执密电(1925年7月3日)》,载中国第二历史档案馆编:《五卅运动和省港罢工》,江苏古籍出版社1985年版,第105页。

厅长,学界后援会亦向郑谦请愿惩王,并向王提出严重质问八项",王桂林4日离开南京,其职务由赵永平代替,赵召集特别会议,讨论治安,随后警察陆续复岗,并向英国领事提出抗议。①

7月5日,南京各界5万人,为哀悼广州沙基惨案死难烈士和公祭全国各地死难烈士,又在秀山公园召开南京悼念沪汉粤烈士大会,向帝国主义及封建军阀示威。②

第四节　持续谈判与工人的复工

学生劫持罗步洲导致了复工谈判陷入僵局。江苏省长郑谦将王桂林撤职,并任命冷遹③为警察厅长。④

南京学生联合会成员兼学界上海惨案后援会委员华克之与冷遹沟通思想。有资料是这样描述华克之与冷遹的接触的:

在警备司令部的会客室里,华克之受到了热情的接待。听华克之作了简单的自我介绍之后,冷将军亲切地说:"同学们,我们的心是相通的,有什么话请说吧。"

"冷将军,您是我们国家的干城,人人都钦慕您的爱国大名,今天我受全市学生的委托,特地前来拜会,希望得到您的支援。"华克之说着,将市学联的一封求援信双手捧到冷将军的面前。冷御秋立即站起来,郑重地接过信函。⑤

冷遹首先要求"对学生和老百姓的爱国行动要保护",以实力支持工人、学生的爱国行动,反对破坏爱国运动的反动势力。所以中共南京支部、共青团南京地委称冷遹将军对南京人民"帮了一些忙"⑥。

---

① 《专电》,《益世报》1925年7月6日,第1张第2、3版。
② 《30万市民声援沪汉工人斗争》,载中共南京市委党史工作办公室、中共南京市委宣传部编:《南京百年风云(1840—1949)》,南京出版社1997年版,第309页。
③ 冷遹(1882—1959),字御秋,江苏省镇江人,军事家、政治家,中华职业教育社创始人、中国民主政团同盟(中国民主同盟前身)创始人、民主建国会(中国民主建国会前身)创始人。
④ 《国内专电》,《大公报》1925年7月14日,第1张第3版。
⑤ 朱志清:《爱国爱乡,大公大德的情怀》,来源于冷遹纪念馆网站。
⑥ 中共南京市委党史工作办公室、中共南京市委宣传部编:《南京百年风云(1840—1949)》,南京出版社1997年版,第305页。

冷遹的温和态度得到了学生和工人方面的好感；部分学生、工人方面也认为他较警察厅有诚意,同时也意识到复工已经刻不容缓。"且因当时客观情形有不能不复工之势：(1)救济费已不多；(2)机器工人经收买上工,可以制冰,生货不致腐败——遂放弃先决条件而于七月十七日以十二条件复工。"①

此时,一些态度坚定、绝不让步的同学则不同意就此复工,因为他们觉得这样的话多日的努力就将付诸东流。

学生后援会"主张失业或者领款回家,或者另谋生计"；对于支持罢工的二十余和记工头,学生派人前往调查使之设法离宁；同时坚持罢工的千余名工人赴警备总司令部请愿,"一请保护罢工工人,俾免危险；一请对捣毁下关工会之工人,予以惩究"②。

学界惨案后援会于7月8日下午3时开会继续援助工人。

葛天民报告罢工接洽情形,对于上工条件十三条中第一条"和记大班对于沪案,须通电表示意见,认为极不人道之事,请求英政府与外交团主持公道,依法办理",该公司大班认为以商人地位不能对此重大外交案擅行表示主张,其余各条尚可商量。葛天民认为："复由敝人协同冷总司令代表、国民外交协会代表、总商会及下关商会再四商洽,但就目前形势以观,无论各方是否赞同此议,即使赞同,交涉是否能有圆满结果,尚未可知。"

对于破坏爱国运动的工头张海青、李松山,后援会则推派代表汪同尘③、华皖二人请求戒严司令部拘捕惩办。④

同时,救济金也已见底,"学界所募捐款已将次用罄,现派代表至国民外交协会及外交后援会,要求将已募得之款,拨出救济工人"⑤。

7月11日下午,宛希俨报告和记罢工经过及发生种种纠纷情形,认为"现在

---

① 嘉树：《南京学生的工人运动》,《中国青年》1925年第104期,第116—121页。
② 《南京工潮发生后之情势》,《申报》1925年7月6日,第3张第10版。
③ 汪同尘(1891—1941),江苏东台人。早年入读江南水师学堂并参加同盟会,秘密从事革命活动。辛亥革命后去北京,先后参与海军革新派活动,并任《民苏报》主笔,宣传反帝倒袁。后在南京河海工程专门学校和南京第一中学任语文教师,并赴厦门协助李烈钧推进护法运动。1919年赴南洋爪哇,任泗水中华学校校长。1921年回国,先后在南京创办正谊中学、两江民立中学并任校长。1926年在上海协同沈钧儒组织苏浙皖联合会,反对军阀孙传芳的统治。1928年应蔡元培之邀聘任国民政府大学院华侨教育委员会委员,后任监察院首席秘书兼设计委员。抗日战争期间曾受教育部聘,任编辑委员会特约编辑,并兼任北碚复旦大学古文字学教授。
④ 《江浙各界对于沪案之援助》,《申报》1925年7月10日,第3张第11版。
⑤ 《南京快信》,《申报》1925年7月11日,第3张第11版。

虽由冷总司令出任调停,免为无条件之上工,然结果能否圆满,尚难预料"。他还是建议请河海工大及工专尽速计划中山马路工程及经费标准,以便将计划书寄至上海中山丧事筹备处商酌办理。汪同尘提议和记工人复工的条件是否应该坚持十三条件,或者放弃第一条,只要十二条圆满解决即可,"当付表决,一致坚持十三条件"①。

警备总司令冷遹向各团体代表转述与和记大班谈话,"英国在华所设工厂甚多,均系包工制度,从未有以厂主与工人直接谈判条件者。此次和记公司,因罢工问题,双方协商多时,期复工条件之得早解决,不惜损失巨大资本,承认今后之特别优惠待遇,已属委曲求全",至于第一条内容则因关系外交,表示绝对不能迁就。

综合当前的各种情形,他的看法是:"此番复工条件,虽未能贯彻初衷,而得此改善待遇之结果,总可算差获胜利","如事实上可能迁就,亦不必过于坚持云云"。

后援会各代表认为第一条即使难以实现,也不能全部抛弃,可以考虑加以修改,以和记公司名义致函下关商会,声明:"沪案为中英两国最不幸之事,引起和记罢工问题,双方损失极巨,今承贵会调停,殊足感幸,所提改良工人待遇十二条,敝公司完全承认云云。"

冷遹认为此事需要与和记大班磋商。后援会认为如果条件谈妥,必须由和记公司、和记工会、下关商会、罢工救济委员会共同签字。②

笔者在《上海革命历史文件汇集(团江苏各地委、特支、独支):一九二三年——一九二六年》中找到了关于复工谈判的一份非常重要的文件,该文件表明了中共领导层面对于复工实质上有了指示:

我们还有一件正努力做的事,即要求官厅从速批准和记工人的工会,尚有希望。我们的意见是,条件大体承认之后,即第一条不答应亦可暂为上工,而南京各团体则多主张坚持第一条,但是他们经费方面,也未见得有多少把握,现在究竟应该取一种什么态度,望从速来函指导我们,至为盼切。③

---

① 《江浙各界对于沪案之援助》,《申报》1925年7月13日,第3张第11版。
② 《江浙各界对于沪案之援助》,《申报》1925年7月25日,第3张第10版。
③ 《团南京地委关于下关和记洋行罢工情况的报告(一九二五年七月十二日)》,载中央档案馆、上海市档案馆编:《上海革命历史文件汇集(团江苏各地委、特支、独支):一九二三年——一九二六年》,1986年版,第33—37页。

至于成立和记洋行工会,江苏省长郑谦认为须等待工会条例颁布后方可正式进行。后援会代表认为现在情况紧急,应请省署特别通融,先行批准成立。

7月13日,冷遹邀请代表汪同尘、华皖、宛希俨、顾钟山等前往和记洋行接洽。

在谈判中,和记大班对第一条仍不肯承认,其他条件,也有两点变更:

(1) 嗣后介绍工人,由工头介绍,不由工会接洽;

(2) 罢工期内,除了固定职工可照给原有工资外,其他如包工制所临时雇佣之小工,系按每日工作种类及成绩给资,并非长久在厂服务有一定之每月工资若干者,则不能补给。

后经过再三讨论,认为由工头介绍工人,"僭越工会权限,结果足以造成一派垄断势力",至于工会问题,建议政府将未立案的和记工会(罢工派)、劳工会(无条件上工派)一体解散,然后再居间撮合,使其化除意见,共同组织,俾成正式团体;至于临时雇佣小工补给工资问题,由和记洋行按照每人所得之最低款额发给,同时征求工人的意见。①

7月15日下午3时,南京学界上海惨案后援会开会讨论继续救济工人。

上海工商学联合会代表邵华敦促筹款汇沪,救济上海罢工工人,与会代表表示,本部和记罢工工人的救济款已经所剩不多,实无余力可以兼顾。"金陵大学代表朱大文甚至建议最好谋根本上之解决,苦求官商各界,设法开办工厂,或先划出一部分工程,将此辈工人,悉数容纳。"②

7月15日至19日,少年中国学会在南京召开第六届年会。7月16日,恽代英在南京东南大学发表题为《五卅运动》的演讲。

7月下旬,南京下关外交后援会决定,自28日至30日借下关大舞台演剧,票款除开支外,悉数汇沪,救济工人。③ 当天,救济罢工委员会,将所有余款,连总商会所拨之一千元,又携往下关发放救济。④

关于第一条"和记公司电请英政府对沪案主持公道"始终被和记洋行拒绝;

---

① 《江浙各界对于沪案之援助》,《申报》1925年7月25日,第3张第10版。
② 《江浙各界对于沪案之援助》,《申报》1925年7月17日,第3张第10版。
③ 中共南京市委党史资料征集编研委员会办公室编:《南京革命史大事记(1919—1949)》,1986年,第28页。
④ 《南京快信》,《申报》1925年7月27日,第3张第10版。

经过反复协商,和记承认修改之优待工人条件十二项,由和记洋行用签字盖章之正式书面,送交下关商埠商会保存,正式达成了工人复工的协议。

南京学界上海惨案后援会所提出的三项条件如下:(1)解散不正当之劳工会;(2)由官厅给示保护已经正式组织之和记工会;(3)惩办破坏爱国运动之工头张海清、李松山二名。"均由冷总司令承认,即日负责办理。"

和记洋行工人复工的最后十二项条件为:

1. 罢工期内工资,应另行筹款,照给一个月;

2. 工人如有不法情事,须交中国官厅办理,至工人组织工会,准否系官厅主权,与和记无涉;

3. 工人薪资本,由钱码改为洋码,至于年终红利,须视和记生意之大小为定,如生意较大,俟阴历年终时,当给红利一个月;

4. 由本年秋季起,可废除包工制;

5. 工人工资,每月最少九元,女工工资按钱码加二成;

6. 厂中工作,每日以十小时为限,过时工作及例假时做工,按日比例加给工资;

7. 参与此次罢工之头老及代表,概不借故辞退;

8. 职工薪资,在二十元以下者,加二成;二十元以上者,加一成,六十元以上者照旧;

9. 自立合同之日起,职工劳动者,满二年后加薪一成,满四年后加薪二成,后不再加,不勤劳者,不得援以为例;

10. 职工因工作致疾,应由和记送医院医治,并担任医药费,因工残废,应酌给抚恤,以后仍如旧例,所得薪金不扣;

11. 头老、写字、过磅、发筹人等,不满一年者,不得辞退;工人做工,不满十五天辞退者,应给工资一月,如因无工作停厂或停一部分之工作,所有辞退工人等,不在此例;

12. 工作苦重如炕蛋房、炕白、炕黄、烧火工人以及猪厂,照旧例较其他各厂工人工资,略予从丰,和记愿将猪厂与蛋厂工资优加一成,烧火工人由九元加至十二元,以示有待。①

---

① 《南京和记工潮已解决》,《申报》1925年7月20日,第3张第10版。

在《上海革命历史文件汇集(团江苏各地委、特支、独支):一九二三——一九二六年》中有一份《团南京地委关于下关和记洋行罢工情况的报告(一九二五年七月十二日)》的党史文献,充分证明了和记工人的复工是共青团南京地委根据当时错综复杂的形势而最后决定的。

> 买办罗步洲因顾全自己的损失……劝工人上工……我们听见此消息,即刻派代表令商会会长苏某,警察厅科长赵某及外交各团体代表往罗某家质问,……南京各界闻之,愤激异常,群起对王加以攻击,罗某既出,声言上工工人先与二元,入厂工作一日,发一月工资,于是有少机器房工人(因同乡关系向与工头接近),及烧大炉工人已上工,而大多数工人仍坚持下去,现有水陆警备司令冷遹出面交涉条件,结果,第一条仍不答应。现在事实上已经延长罢工,对于和记损失亦极少,而根本办法,如另开工厂、修马路等多为口头禅。我们觉得为维持工人信用计,不如让他于答应一部分条件之下上工,然后再在内部工作。①

冷遹将工人即将复工的消息报告总工会:

> 总工会昨接南京警备司令冷遹复电,原文云:总工会鉴冬江两电均悉,三十日和记洋行一案当时情形、原因复杂,实不若报纸所传之甚,现省长已饬员详查,准备交涉矣,知注特复。冷遹支。②

7月17日,长达42天的和记洋行工人罢工斗争胜利结束。

显然,五卅罢工给南京和记洋行的生产以沉重的打击。

"洋行罢工后,鸡蛋无人收买,价格低落,美元可买九十余枚。"③

"十八日夕学界后援会决即日刊发涉案纪念,并在交通便利处置警钟,出定期刊援助。"④

和记洋行罢工工人复工后,援助沪案的其他工作仍积极进行,组织工人教育委员会,用种种方法灌输工人知识,使各人心中咸具国家观念,推定学界姚尔觉、

---

① 《团南京地委关于下关和记洋行罢工情况的报告(一九二五年七月十二日)》,载中央档案馆、上海市档案馆编:《上海革命历史文件汇集(团江苏各地委、特支、独支):一九二三年——一九二六年》,1986年版,第33—37页。
② 《冷遹为宁案复总工会电》,《申报》1925年8月6日。
③ 《南京短简》,《新闻报》1925年6月30日,第2张第3版。
④ 《下关和记工人忍痛复工》,《晨报》1925年7月12日,第3版。

华皖担任组织,至救济罢工委员会,已将收支一切账目结清。①

和记洋行工人的罢工斗争,是南京工人阶级在中国共产党的领导下,直接反对帝国主义资本家剥削压迫的斗争。这次斗争规模之大、时间之长都是空前的。刘少奇在第三次全国劳动大会上所作的报告说:"南京方面,在五卅后,也有极热烈的运动,英国和记公司工人罢工而得胜利复工。"

中国工人运动早期领袖邓中夏认为,"和记蛋厂罢工是南京反帝国主义运动最壮烈的一举"。

第五节 再起波澜的"七三一惨案"

一、半个月还是一个月?

残酷的现实环境告诉学生和工人,和记洋行的斗争并未就此结束。

和记洋行工人恢复了上工,但他们的心态是十分复杂的。

工厂门前已聚集了不少的人。但大家都不说话,是那么肃静,使人不相信他们是去上工的。太阳从黑云缝里露出了半边脸,红房子的屋脊染上了淡黄色,这增加不了人们心中的温暖。铁门终于打开了,工人们陆续走进去,有的还在门前迟疑一会,有的垂着头一声不响地走进里面。②

和记洋行周边的社会气氛十分紧张。政府明显地强化了周边区域的警备,数艘英舰也在下关江边巡航。

由于持续的罢工,和记洋行的生产业务陷入停顿,厂内一片狼藉。

下关和记洋行鸡蛋六十余万箱,前因罢工储浦口,逾期未卸,现因霉热烂腐,秽气达四五里外;当地人民因此染疾者甚多,医药房人满为患,行将成疫。该地全体商民联名请当局速设法,免酿大疫。③

---

① 《南京和记工潮已解决》,《申报》1925 年 7 月 20 日,第 3 张第 10 版。
② 《死去的太阳》,载《巴金全集》第四卷,人民文学出版社 1987 年版,第 394 页。
③ 《臭鸡蛋将成疫》,《晨报》1925 年 7 月 28 日,第 3 版。

和记洋行每到夏季即会减产停工,裁撤临时工人;因五卅期间,外庄也因罢工暂停了收购工作,原料来源减少,刚刚恢复上工不久的很多工人面临失业。失业工人大多为短工、临时工,而恢复上工的技术工人和固定工则不受影响。中共南京地委1925年10月份的报告指出,"和记蛋厂共约工友两千五百人,女工童工过半数,有技术的机器匠约一百三十人,此外纯是没有技术的含有临时雇佣性质"[1]。

由于夏季减产,加上原料的短缺,和记洋行决定自7月31日停工。

一石激起千层浪。因为依据复工协议,工人坚持认为,"自七月十七日复工至三十一日共十五日,加上两个双休日,共计十七日,按约应给一月工资"[2]。和记方仅答应补偿半月工资,刚刚缓和的劳资冲突进一步激化。

和记洋行的工潮再次发生后,已在附近巡逻的警察迅速赶来镇压;此时,长江上游弋的英国海军陆战队士兵也借机登岸干涉。混乱中,多名工人被打伤,传言称有人被英国士兵开枪打死,稍有平息的南京五卅运动再次掀起巨浪。

和记洋行发生惨案,立刻引爆了舆论。《申报》于次日即刊登了和记工人的声明:

> 今酉刻,和记洋行违犯原约,唆使英水兵及该行英人、印捕、警察等百余,杀伤工人无数,枪死一人,受伤五六,乞求主持公道,力争人权。
>
> 南京和记洋行工人同泣叩[3]

《晨报》发表和记洋行工人的声明,恳求各界援助。

> 南京英商和记洋行裁工扣薪,弃信背约,三十一日唆使水兵开排枪,向工人轰击,击毙多人,伤者无数。警察复肆行助虐,冤屈难伸。恳速援救。
>
> 南京和记洋行华工三千余人同叩[4]

《中国青年》刊登的《南京学生的工人运动》一文认为:"是役,有一人不知下

---

[1] 《南京地委工作报告——关于支部工作、群众调查、地委组织等(1925年10月11日)》,载中共南京市委党史工作办公室、南京市档案局(馆)编:《民主革命时期南京党史文献(1921—1933)》,中央文献出版社2013年版,第19页。

[2] 华岗编著:《民国丛书第三编·66·一九二五年至一九二七年的中国大革命史》,上海书店1991年版,第191—192页。

[3] 《下关来电》,《申报》1925年8月1日。

[4] 《英兵直欲占领下关》,《晨报》1925年8月3日,第3版。

落,轻伤二十六人,重伤一人,左腿已残废。"①

华岗在《民国丛书第三编·66·一九二五年至一九二七年的中国大革命史》一书中写道:

> 七月三十一日和记宣布暑期停厂,竟不照约发给工资,工人代表交涉无效,厂方乃调英"杜班舰"陆战队四十余名,荷枪实弹包围工人。工人见势不佳,争相躲避,秩序大乱,英兵竟开枪轰击,遂有南京惨案发生。是役当场死工人一人,轻伤二十六人,重伤一人,左腿竟成残废。惨案发生后,南京各界遂有下关惨案后援会之设,以指挥工作。②

事件发生后,各方极力辩解,和记方、警方以及学生后援会等聚焦于英军有无开枪伤人和工人是否有被杀害的问题,各执一词。

在《江苏省会警察厅给卢永祥、郑谦的呈文》这份抄录的党史文献中,我们读到了关于该事件的丰富历史信息。

首先是下关区警察署长许桐向江苏警察厅详细呈报:

和记公司于7月31日下午3点要求警察局出警维持,"当即饬派该管分驻所三等巡警赵玉和、韩先海,备补巡警陈子衡等十余人,会同该派出所长警前往弹压";"彼时工人有九百余名,英舰陆战队业已登岸入厂,罗买办坚请周巡官进厂力劝工人今日出厂,明日再议"。经劝说后,双方争执约3小时之久,形势已有缓和。"突因该行洋人驱逐工人,并有将工人殴打者,于是内外工人因此大起纷扰,并扬言外人枪毙三人,打伤十六七人,气势汹汹,忿不可遏"。

此时,有二人高声叫喊外国人欺辱同胞,警察仍压抑工人,须将其打死。

工人于是纷纷呼打,拳脚相加,木棍铁器等物任意乱殴,"致巡官周书润身受棍伤五处,巡长吕怀恭右腿受有铁棍伤,皮破伤骨,亦流血如注,巡长梁恩诚被殴内伤吐血数口",巡警韩先海、赵玉和、陈子衡、刘金胜均受棍伤轻打,撕毁巡长梁恩诚、吕怀恭,巡警赵玉和、陈子衡等军衣四套,失落长警吕怀恭等铜质佩章六面、佩刀两柄、刺刀四柄。

和记洋行"写字房英人克勒克(后文又译作'克拉尔''克拉克')经工会副会

---

① 嘉树:《南京学生的工人运动》,《中国青年》1925年第104期,第116—121页。
② 华岗编著:《民国丛书第三编·66·一九二五年至一九二七年的中国大革命史》,上海书店1991年版,第191—192页。

长王海潮及工人数名拥上汽车,驰往城内"。其后,有大约三百余工人驰至商埠街罗步洲买办宅前请愿。

巡警张传酌见来人甚多,且势颇凶猛,将铁门关闭并向大众劝告。和记工人将铁门冲破,将张传酌巡警架至中西旅馆交由南京提倡国货抵制仇货协进会办事处看管,并将罗宅门内之大厅玻璃纱窗、花盆、包车等物打毁。

警察署长驰往中西旅馆严重交涉,"复经本军宪兵司令部及警备司令部职员并赵代厅长会同交涉,依然无效"。

又据第八派出所巡警魏文贵报称:当警察被工人殴打时,他正在宝塔桥附近守望,"因情势紧急,遂将子弹装入枪膛,喊曰:枪弹无眼,大家快散",工人前来抢夺枪械,不得已"触动机纽,走火一响",同时他被人打倒在地,"曾否伤人故不得而知","署长当饬该管署员赵寿祺前往调查,据称:查见一人受伤倒地,系和记工人徐麻子名徐长贵,所受枪伤系在左腿,业经抬往鼓楼医院医治。复经署员前往该医院问询,据受伤人徐长贵云:所受之伤系当时被魏姓巡长枪击等语"。由于和记洋行此次再次发生严重的工潮及流血事件,下关警察署长许桐建议政府"饬拨相当军队,分住东炮台、宝塔桥、煤炭港等处,严防范,以维危局"。①

北区署长刘焕章报告了工人挟持英人一事,"以该英人不履行所议条件及有不法举动,请东南大学外交后援会予以处理"。

警察闻讯赶来与宛希俨等学生进行交涉。学生方面允许警厅将英人带走,但若未得学生及工人代表同意,不能将其送回和记,"当时赵永平代厅长亦赶到,将该英人由工会及学生代表同乘汽车送至警备司令部"②。

对于有英人被劫持,英国代理驻华大使认为:"该氏现尚负病,病情如何,今犹未有详细报告。英国领事,曾催促中国官吏,设法防止暴动。……所幸贵国官吏,尚能注意。倘使请贵总长注意上列事项,并通知贵总长,鄙使对于克君之伤害,则将保留要求赔偿权利。"③

司法科长郝达仁前往鼓楼医院并对案件进行调查。

---

① 《江苏省会警察厅给卢永祥、郑谦的呈文》,1925年7月31日,载江苏省革命斗争史编纂委员会、江苏省档案局编:《江苏革命史料选辑》(第二辑),1981年版,第61页。
② 《江苏省会警察厅给卢永祥、郑谦的呈文》,1925年7月31日,载江苏省革命斗争史编纂委员会、江苏省档案局编:《江苏革命史料选辑》(第二辑),1981年版,第62页。
③ 《英代使答复宁案之照会》,《大公报》1925年8月7日,第1张第3版。

据在鼓楼医院接受治疗的和记工人许长贵回忆：

老家住淮阴闸口地方，……向住下关宝塔桥和记一号门姊丈段有才家，……于本年三月二号进和记堆货房做工，每月工价，钱十六千文。自罢工后，经工会商会冷司令调停，每月工价洋九元，于本月十七号进厂做工，当时与该厂工人说明工作无多，无论十天半月，按照一月工价计算。本月三十一号下午六点钟，各工人下工后，即至和记四号门索取工价，该厂发钱人每工人仅给洋四元三角，……小的闻外国人在里面开了一枪，即回饭店。当时人众纷扰，忽被魏姓大个子巡警，用枪将我腿部击伤倒地，现在医院诊治。

后又提讯巡警魏文贵，据其称：

七月三十一号下午，适有和记洋行工人因事争执工价，与该行外人争闹。当时周巡官率同长警前往，维时不知因何故被工人将巡警打倒，带去之长警数名，亦被工人群殴，……因情势紧急，遂将子弹装入枪膛，喊曰：枪弹无眼，大家快散，讵有工人居然奔来夺取枪械，触动机组，走火一响，那时巡警被人打倒于地，曾否伤人，故不得而知，所供是实。①

北洋政府方面，既担心此事再次引起英国人的强烈抗议，更忧虑国内的民族情绪再次引爆，极力平息。

《大公报》电文"苏交涉员及郑谦均电政府报告和记洋行世（三十一）日冲突案，重伤四人，伤一人，英人无死伤"②。

调查和记再次停工的原因，《申报》认为，"据该厂工人谓，原料并未缺乏，厂主不过欲利用时机，以开除工人；因而各工人闻讯之后，即推举代表，向买办罗某交涉，履行原定条件，请发全月薪工"。

罗步洲只承认发放半月薪水，"惟工人等以事已至此，不欲遇事争执，因亦同意"。工人请求当月发放半月工资，和记方面称须等到二号发，"各工友亦无异议"，因工头不肯发放入厂凭证引起冲突。"正在争执之际，不料厂主已请海军陆战队多名进厂。到场后，即将前后门紧闭，开始驱逐"，"幸当时尚有一边门未闭，大家始得侥幸逃出。该厂各项人等，乃犹手击武器，在后追逐，工人死伤者数十，

---

① 《江苏省会警察厅给卢永祥、郑谦的呈文》，1925 年 7 月 31 日，载江苏省革命斗争史编纂委员会、江苏省档案局编：《江苏革命史料选辑》（第二辑），1981 年版，第 63 页。
② 《国内专电》，《大公报》1925 年 8 月 4 日，第 1 张第 3 版。

内重伤者六人,由同道救出,余者多无下落,并拘去工人百余人。"

英国人被劫持则是,"因该书记于厂门外,尚用武力追逐工人,实属有意为难","以汽车送进城中东南大学"。

据报道,英国人被带走以后,江苏警察厅长赵永平才乘坐汽车赶来。"当时赵某因外国人不见,即着手逮捕东大学生吴致民君及工人数名……赵某见已犯众怒,始将被捕之人交与同学,此即和记洋行因发薪之小小问题,闹成大大案子,而中国警察帮同行凶之经过实在情形也。"①

赵永平至东南大学时,"忽身着便衣,率领警队到校喧闹,并劫持同学吴致民,袖出手枪,作欲击状"②。

其后,东大学生"以事关国际交涉,学校中当然不能收容,即以电话请命省署"。英国人是被警备司令部副官长带走的,学生也提出了诸如"速令和记洋行撤去海军陆战队,以便派人前去调查死伤真相;由省政府急派妥当军队,保护工人;在真相未明以前,该行凶书记,不得释放"等三项条件。

另一家媒体《民国日报》则认为英国人(前文译作"克勒克")系因开枪,而被工人带入城内,后由警备司令部看护;派警察到场保护的是水陆总司令冷遹,三名重伤工人则送到了罗步洲家。③

当事人李一平后来回忆道:在和记打蛋厂门口,英国兵用刺刀刺我们,我们赤手空拳,奋勇夺他们的刺刀,许多同志把手都划破了。我们还做了一个英国水兵,把他捉来以后,绑在东南大学一间小洋房的柱子上。后来,交涉署把这个英国兵要走了。④

8月3日,《申报》对事件进行了详细的报道。报道指出了冲突时巡警周书润"被铁钩伤及眼部,血流不止,巡警受伤者,有赵玉和等七名";工人方面有许长贵、盛义生、匡义明等三人,伤势轻重不等;"巡士张传酌所佩带之手枪一支,连皮带同时失落","驻扎下关之奉军宪兵司令部及水陆警备总司令部,派队前往制止";一部分工人欲往罗步洲宅理论,"军警恐其滋事,当即阻止",双方受伤的人分别送往协和医院与鼓楼医院。

---

① 《南京和记突起风潮》,《申报》1925年8月2日,第3张第11版。
② 《公电》,《申报》1925年8月2日,第2张第6版。
③ 《南京英侨又肇惨案》,《民国日报》1925年8月2日。
④ 李一平:《难忘的两件事》,载《南京党史资料》第1辑,1982年版,第48页。

"惟据工人声称,曾有一人在厂内被英人打死,当时众人闻讯,将该厂英人名克勒克者一名,拥进城内,带入东南大学。"

省署饬令水陆警备总司令部副官长陈毅,江宁交涉署总务科主任黄宗仪前往该校将该英国人带出,"护送至英领事署,纷扰彻夜,直至天明方休"。其后,江苏省长郑谦令下关戒严,并派人彻查此案真相,"并嘱江宁交涉员廖恩焘及上次调处工潮诸人,往该洋行交涉,研究解决办法"。

南京学生联合会、南京学界上海惨案后援会于8月1日下午召开紧急会议,讨论此次惨案真相,并派人见省长及江宁交涉员,提出严重交涉。①

东南大学学生因江苏警察厅长赵永平在处理被劫持英国人克勒克的问题上举措失当,具呈江苏省长郑谦,说明了具体情形:

赵永平亲持手枪,向众威吓,并亲扭敝校学生吴致民,诬为工人,举枪欲击。经众证明确系学生,赵言,"我不问他是学生不是学生,我认为他是工人",仍扭吴致民不放,后经群众责以学府尊严,警官未奉上官命令,未与学校当局接洽,不能在内逮捕学生。赵自知理屈,始将吴致民释放,释放之后,犹持枪四奔,咆哮躐突,如是者历半小时,始自行离校。

学生一方,"请求撤惩赵永平,并予主持,治以严重处分",认为赵永平持枪胁捕学生"开中外未有之恶例","此风一长,则敝校员生人权失所保障,后患将不可言"。②

纷传有三名工人被英国海军陆战队打死,"七三一惨案"震动金陵城。

南京学界代表葛天民、徐翼程8月3日谒见江苏省长郑谦,"请其对和记风潮提出严重交涉"。郑强调须查得有惨杀实证。③

姚尔觉来沪,报告事件的原因及经过,"务以真相揭示国人","被杀尸首,至今未能移出";他"希望全国各界,尤其沪上舆论界一致主张",并向上海各界也说明了目前和记死伤状况不明,无法深入展开调查的原因:一是英国海军陆战队驻扎和记洋行,致中国交涉署人员不能入内调查死伤人数;二是警察当局声称正在搜捕当事工头及工人,对于调查不予配合。

---

① 《南京和记大风潮纪详》,《申报》1925年8月3日,第3张第10版。
② 《南京和记大风潮纪详》,《申报》1925年8月3日,第3张第10版。
③ 《南京电》,《申报》1925年8月4日,第3张第5版。

"是故今所能报告者,仅为现在医院之伤者,其中在鼓楼医院的受伤者有许长贵、彭学林、周某,在协和医院的有匡义明、盛义生二人,俱系七月三十一晚被击者。""至于死者,据当时在场工人报告,眼见被弹而死者已有三人,更据八月一日本会之调查,则当日外人开枪之后,于群众纷乱之际,童工二人被踏而死,现本会为调查确实总数起见,已在下关等处,遍贴布告,令和记工人将死伤人数及状况,如有所知,即行报告。"①

姚尔觉代表表示,此案详细经过及真相,待调查后,发表一事实报告书。

中国共产党于事件发生后的第二天即派林育南前往南京,并召集在宁党团员约二十名举行全体会议。会议建议:"一方面即可召集和记厂工友慰问演讲,一面可召集各团体及新闻记者谈话宣传,大约二三日内可以办完也。"②

8月3日下午,南京学界上海惨案后援会继续开会,宛希俨在报告中也指出:"被打死之工人人数及姓名,尚未调查详晰。"葛天民认为,"据各方报告,有伤无死,未得惨杀实据","依此案性质,为工人与资本家冲突,属刑事范围,可提起华洋诉讼,不生国际交涉"。徐翼程报告了省长的意见,认为学生援助外交,如果"不由轨道内行动,则非爱国,适以误国"。葛天民提出意见,希望同仁能想出办法,找到工人被杀的确实证据,由于英国海军陆战队系英国国家军队,"如能证明其枪杀华工,当然成为国际交涉";对于受伤工人的具体情形,则公推"宛希俨、孟广滋、沈维干、陈荣观等五人,担任调查,尽四天以内,以书面负责报告"。③

东南大学暑期留校的四百余学生组织演讲队外出演讲,使市民了解此案真相。该校学生后援会特于8月2日购备食物及牛奶分赴鼓楼、协和、博爱等医院慰问,并调查家属状况,以设法救济。东南大学后援会拟定期招待南京各路记者及各通信员,以冀将真确之事实,向各方传递。④

"七三一惨案"发生后,和记洋行的局势愈发紧张。

《大公报》8月4日的报道指出:"和记洋行附近英国陆战队及华警均未撤退","和记洋行尚有华工在内被幽囚,生死不明。英水兵在行门首架机枪,禁止

---

① 《宁代表报告和记案真相》,《申报》1925年8月4日,第4张第13版。
② 林育南:《关于南京团工作问题给教务处(中央)的信》,中央档案馆档案。
③ 《宁学界对和记工潮之会议》,《申报》1925年8月5日,第3张第10版。
④ 《东大学生援助和记工人杂讯》,《申报》1925年8月6日,第3张第11版。

出入"。① 5日,"英兵在和记洋行四周布电网、架机枪,断绝交通,并禁止华人入行调查死伤"②。

《晨报》:"被英枪杀三人盛传已投入江中,希图灭迹。英领向汉沪各调英舰一艘示威,均来宁。和记水兵仍未撤,行内仍有工人数百被幽,死伤确数,无法调查。"③

在事件中,是否有工人被打死是舆论热烈交锋的重点。

《益世报》报道:"据某负责工人云,予当惨杀时,逃出较后,曾亲见有一姓张之工人,被枪毙倒地,该工人名海林,无家属,安徽当涂人;及奔至第四道门,又见二工人(不认识)被击毙倒地,当时我等欲抢尸出,但以英水兵迫击甚烈不果,但姓张者刻已无踪,可证明其已死无疑……"④

还有《晨报》的报道:"和记公司内外,驻有英水兵二百余名,门前架机枪数架,附近一带交通断绝,已视华土为其殖民地,形势仍极严重,下关秩序仍未恢复,城内秩序则甚佳","工人尸体八具,亦未证实。并闻英人已将前晚击毙之工人三尸,悉数用石捆绑,缒诸江中,希图灭迹。省行政当局对于此事极为漠视,对于交涉并不积极进行,专从事注意工人学生之行动,各方对警察之助纣为虐行为愤极,学生、工人对于官厅间,感情日渐恶劣云"。⑤

上海方面听闻和记发生惨案,工商学界代表刘钟鸣、朱代杰8月4日来宁谒见郑谦,"请对和记风潮严重交涉"⑥。

上海各界也发出了对"七三一惨案"的通电:

上海大学学生会在通电中认为,"英人此种暴动,情形与沪汉粤案同一重大,务望全国一致力争"⑦。

上海总工会的通电中,一方面认为"南京和记厂无故继沪汉渝之后,对工人大肆屠杀,形势严重,不减沪汉",同时强调"务望全国同胞,风云奋起,立破釜沉舟之志,存死中求活之心,于经济绝交消极抵抗之外,尤须速行组织民众,准备武

---

① 《国内专电》,《大公报》1925年8月4日,第1张第3版。
② 《国内专电》,《大公报》1925年8月5日,第1张第3版。
③ 《和记事件益形重大》,《晨报》1925年8月5日,第3版。
④ 《南京和记惨杀案之最近》,《益世报》1925年8月7日,第2张第6版。
⑤ 《南京英人惨杀华工以后》,《晨报》1925年8月9日,第6版。
⑥ 《南京电》,《申报》1925年8月5日。
⑦ 《宁案发生后之沪上援助声》,《申报》1925年8月4日,第4张第14版。

装的实力,以与彼人做最后之一战"。①

全国学生总会提出了继续罢工及经济绝交,募捐援助和记罢工工人,将破坏罢工的行为视为国民公敌,实行全国工商学农大联合并做好武装准备等四项主张。②

李硕勋参与创办的中华民国学生联合会总会机关报《中国学生》周刊创刊号在上海正式公开出版。为引导学生运动深入发展,李硕勋于8月8日以总会名义在《中国学生》发表了《总会援助宁案通电》,痛斥英帝国主义海军在南京屠杀和记洋行工人。

通电陈词:

死伤枕藉,并匿尸灭迹,以致伤亡不知确数。噩耗传来,举国痛愤。英人在华迭演惨剧,再三再四。

我国人若不一致奋起,继续奋斗,以期帝国主义之扑灭及不平等条约之废除,则帝国主义在华之屠杀事件永无终止之望。③

旅沪宁商代表、救国团、无锡驻沪劳工会等也分别发表声明,致电北京执政府外交部、江苏省长等方式表达抗议。④

8月4日,徐州各界外交后援会以南京英商和记洋行屠杀华工案发生,群情激愤,特电慰问。⑤

8月5日,江浙外交后援会致电廖交涉员,请其表达严重抗议,誓雪此耻而遵国体。

中国国民救国团总部也致电江苏省长及廖交涉员,要求将赵永平严办,以平民愤。⑥

……

新一轮的全国联合抗议也在酝酿之中。

南京学界下关惨案后援会于8月6日下午3时在省教育会开成立大会,到

---

① 《宁案发生后之沪上援助声》,《申报》1925年8月4日,第4张第14版。
② 《宁案发生后之沪上援助声》,《申报》1925年8月4日,第4张第14版。
③ 星火燎原编辑部编:《解放军将领传(六)》,解放军出版社1988年版,第290页。
④ 《宁案发生后之沪上援助声》,《申报》1925年8月4日,第4张第14版。
⑤ 复旦大学历史研究所编:《大事史料长编草稿》,1925年8月1日—19日。
⑥ 《关于宁案之电文一束》,《申报》1925年8月5日,第4张第14版。

场的有五卅工人教育委员会、惨案后援会、学生会、下关外交后援会、省农会、南京提倡国货抵制仇货协进会等团体代表三十余人,公推徐翼程为主席,并向当局提出了肇事兵舰离宁、惩凶、赔偿、照发工人一月薪资等条件。①

8月8日,"下关惨案后援会议决由发起各团体担任临时用费六十元,租下关海寿里房屋为会址,聘定职员,驻会办事"②。

但是,英国方面一再否认有英军开枪一事,据相关资料记载③:

五日,英使照会外交部竟称英方并未开枪。十日,江苏省长郑谦日前在各方催逼下,不得已乃提出和记案正式抗议,送英领事,九日,英领事竟将此项抗议还交涉署,拒绝不受,且反向省政府提出要求赔偿英人克拉克之损失。④

8月9日,东南大学学生因援助下关交涉定于9日大游行,并赴省署交涉。⑤

8月9日,江苏省长郑谦正式向南京英领事抗议,责和记洋行不履行条件,致酿成7月31日之风潮,并言英水兵在南京无权登陆,惟英领事拒绝接受此项公文,反向省署要求赔偿英人克拉克之损失。⑥

8月12日,东南大学致电北京执政府,要求惩办肇事者。⑦

十六日下午二时,有百余团体在天安门开会,追悼青岛、南京、天津死难工人,于右任主席,并公决办法八条。⑧

8月25日,南京学界上海惨案后援会开大会,报告下关和记案调查所得情况。⑨

二、英国人的声辩

当血案发生以后,英国海军向南京长江江面增派军事力量。据复旦大学历

---

① 《惨案后援会开会记》,《新闻报》,1925年8月7日,第3张第2版。
② 《南京快信》,《申报》1925年8月10日。
③ 《新闻报》,1925年8月7日。
④ 复旦大学历史研究所编:《大事史料长编草稿》,1925年8月2日。
⑤ 《南京电》,《申报》1925年8月9日,第3张第6版。
⑥ 《时事日志:外国之部(一九二五年八月一日至十五日)》,《东方杂志》1925年第22卷第18期,第152—153页。
⑦ 中共南京市委党史资料征集编研委员会办公室编:《南京革命史大事记(1919—1949)》,1986年版,第29页。
⑧ 《国内专电》,《大公报》1925年8月17日,第1张第3版。
⑨ 《南京快信》,《申报》1925年8月24日。

史研究所编纂的《大事史料长编草稿》记载：

> 一日英馆调沪舰队、汉舰各一赴宁，十二日香港英国提督为和记事增派军舰"岂格洛号"，载海军一队二百名赴宁，十八日英国炮舰开罗号，奉命由香港派赴南京。①

和记洋行辩解称，事件系工人无理取闹，厂方并未违反协议。和记解释其之所以开工半月即停厂，主要因为罢工期间原料十成坏了八成，损失百万元，农民不愿意将鸡蛋等原料卖于和记分庄，所以也就没有了鲜货的来源，只能停厂辞退工人。

至于停产发半月薪水的问题，和记方面认为，"查七月十七号复工，至卅一号早晨工作完毕止，共计工作十四天半"，"本系依照第十一条的规定"。

关于英兵伤害工人的问题，和记洋行进一步辩解道："我们见情势险恶，为保全生命财产计，不得不请兵舰水兵到厂弹压"，"因不服警察的劝导，殴伤了警员一只眼睛，才发生冲突打伤的事情"，"我们和记英人及陆战队自始至终没有放一枪，决没有殴伤一人"。②

和记洋行也向英国总领事报告了工人肇事的情形：

> 本日（即卅一日）本厂正在准备发放半月工钱时，忽闻工人有不服之谣，并要求全月工钱，当时除已发放工人二十余名半月工钱领去后，并通知厂内各部工人领款时，不幸工人众口一声，要求全月工钱，非达到目的不出厂云。
>
> 其时，系在下午五点，即由英舰豆尔本号派水兵二十名上岸进厂内第四号门，当水兵进厂时，英舰长号令水兵镇静，本厂同人即与商量以稳妥办法驱使群众出厂，舰长即发表意见云，于工人未先行毁坏厂内财产与危及英人生命时，决不用武。嗣即派英弁目二名及印巡三名上楼与工人理论，不料未及登楼，工人即以洋铁箱等物掷下相击，英弁目一名即邀水兵上楼，其时工人见有水兵在场，不敢声张，遂驱使出厂。
>
> 工人出厂之后，即在江边聚群渐次纷散，二十分钟后，始得本厂第八号门外警察与工人发生冲突之消息，以致有警官一名受重伤，续有警察到场弹压，亦被

---

① 复旦大学历史研究所编：《大事史料长编草稿》，1925 年 8 月 1 日—19 日。
② 《南京和记洋行关于工人罢工报告和函件（1925 年 7—8 月）》，载中国第二历史档案馆编：《五卅运动和省港罢工》，江苏古籍出版社 1985 年版，第 166—167 页。

攻击,警官即号令开枪,以致工人一名,闻饮弹而死,此当时肇事情形也。①

英海军舰长斯派尔报告了英海军陆战队登岸的具体情形:

为报告和记工人肇事,奉示派本舰水兵登岸保护事:查于三十一日下午五点钟,本舰奉示派水兵二十名至和记码头登岸,当有该行副办接见,以现有被辞退工人六百名,因不愿领半月工钱,要求全月工钱,不达目的不愿出厂,尚有多数工人,仍在厂内,遂由副办指导至人群会聚之处,系在厂内大堆栈一间,因工人数百聚集一处,难以辨明其已被辞退者与未辞退者,并机器厂内亦聚集多人。当时因副办见问,舰长答以不便动武,驱逐工人出厂,万一厂内执事因驱逐工人出厂,而致危及英人生命财产,则本舰长自有相当办法保护之。

当时本舰长不以进厂为然,惟在厂外守望,以便指挥,遂遣弁目一名,随该行西巡头目及他西人三名进厂,驱使工人出厂,以便传达消息,复派兵数名,把守栈门,以防工人拥入。

正布置间,即有省会警察二名到场与工人争论,而本舰长仍整余队未动。续得弁目报告消息,栈内工人不服理论,竟将毁坏机器并攻击进栈之西巡头目,以及他西人,遂领一部分水兵进栈,意在以实力驱逐之;到肇事之地点时,则见工人分散出栈而去。又据弁目所报告:当进楼上时,即有激昂工人持洋铁箱向其掷击,为自卫计,乃以枪梢回击工人,西雇员亦持武器以抵御,以致被打,而无受重伤者,不一时工人遂散。

嗣经楼下工人多数出栈后,群聚江边,又得报告:工人拟向厂内接江面水管方面攻击,本舰长遂又领水兵驰往防止。工人见水兵赶到,工人虽激昂险恶,然亦渐次退去,中国警察亦促其速散。本舰长续以厂内外工人确已离去,遂撤回堆栈防守水兵,遣进办公处,复得中国警察于东南门外与工人冲突,因被工人攻击,开枪击死一名之消息,本舰长遂出外调查真相,于六七十码内见有工人多名,围绕被击工人。本舰长于下午八点半销差后,仍见该工人一名被击躺于门外。移时又得报告云:和记西人克勒克出厂,途中被击,并被掳去;和记买办住宅被毁,岗警亦被护去云。所有以上肇事,均经随时报告英总领事以及中国警察。现,厂四围均安靖,本舰长已有准备,遇有暴徒冀图破坏或毁坏机器等情,本舰长自有相当办法

---

① 《南京和记洋行关于工人罢工报告和函件(1925 年 7—8 月)》,载中国第二历史档案馆编:《五卅运动和省港罢工》,江苏古籍出版社 1985 年版,第 167 页。

防止。本舰长销差后于八点半由英舰小队少佐接替保护。再者当肇事之际,水兵未开一枪,且只有弁目一名与中国人接近,此肇事时水兵上岸保护之情形也。①

英方坚持认为被枪击的中国工人系中国警察所为,与英国海军无关。英文报纸《大陆报》[The China Press（1925—1938）]也一再辩解此次事件因为五卅期间,和记洋行百分之八十的存货被毁,因此厂方无须延长夏季工作时间,而原本的计划是在这个夏季增加两三百万元的业务来维持夏季工厂的运行;进一步辩解认为是前次罢工才导致了现在需要停厂的局面。为了保护资产及相关人员的安全才要求海军陆战队上岸干涉,但是从头至尾,和记未允许发一枪。该报最后希望不要听信谣言。②

然而,8月4日的《大公报》直接揭露了英国行动的真实面貌,"驻宁英领事对和记洋行冲突,承认英水兵先开枪"③。

罗步洲为避免此次事件再次引起如前次工人、学生的劫持事件,于《申报》发表声明,撇清自己与和记的关系。他一方面说明自己仅仅是负责设庄买货,厂内职工工作由英人负责,"不属鄙人职权范围以内",另一方面强调他对和记洋行工人"只有爱护之心,毫无摧残之意"。④

三、"弱国无外交"的写实

北洋政府江宁交涉员廖恩焘,于8月1日至6日连发数封电报,向政府报告和记事件的经过。1日的报告中指出"情形纷扰,英总领事谓伤人系警察所为,学生则坚称英兵所为";2日表示"枪伤华工人数及详情,应切实调查续报";3日称"英兵是日并无开枪,实因工人不服警察弹压,互相冲突";6日报告"学生散布传单,谓英兵枪伤工人多名,毙三人,均非事实"。⑤

北洋政府外交部8月7日电郑谦及江宁交涉员,搜罗和记惨杀案各项证据,

---

① 《英舰长斯派尔报告水兵登岸情形函（1925年8月）》,《南京和记洋行关于工人罢工报告和函件（1925年7—8月）》,载中国第二历史档案馆编:《五卅运动和省港罢工》,江苏古籍出版社1985年版,第168、167页。
② International import and Export Co. gives own version of Nanking Riot. The China Press（1925—1938）. 1925-08-05.
③ 《国内专电》,《大公报》1925年8月4日,第1张第3版。
④ 《罗步洲启事》,《申报》1925年8月7日—13日。
⑤ 《执政府外交部为英水兵枪伤和记工人与廖恩焘来往电（1925年8月1—6日）》,载中国第二历史档案馆编:《五卅运动和省港罢工》,江苏古籍出版社1985年版,第169—170页。

以凭据理力争。①

沪海道尹张寿镛致函上海总商会也称和记当天无毙命之事。②

8月5日,英国驻华使馆参赞康斯定在给中国外交部黄秘书的电话中称,"南京总领事已有关于和记公司事件极详细之报告",笔者在这份档案里没有发现这份报告,因此,具体内容不详。③ 同日,外交总长沈瑞麟会晤英国使馆代理公使白乐德(Michae Palarret)交涉关于南京和记风潮事:

白代使云,关于南京和记洋行最近风潮,中国报纸俱诬英国水兵开枪击毙工人三名等语。按本国领事报告英国水兵到场维持秩序,并未开枪伤人,本代使特兹根据领事报告照会贵部,请即予公布,以期真相。

沈总长认为应等到江苏郑省长的报告出来后再予以公布,白乐德要求公布英国驻宁领事关于时间的报告,"总长云余盼贵代使电训南京贵国领事迅将此案就地了结"。白乐德最后称"现在南京已安静无事"。④

《大公报》8月7日报道指出:

驻京英代使五日夕访外交总长沈瑞麟,对南京和记洋行工潮提出反抗议。⑤

北洋政府8月10日接郑谦7日电报告:"和记洋行风潮,英水兵确已登陆,但未开枪。"⑥

8月10日,英国驻华使馆康斯定参赞再次给中国外交部黄秘书打电话,一再说明英国士兵并未开枪,"闻南京郑省长已授前情,电达贵部,应请贵部公布,以明真相,当以谣言繁兴之时,后表真确消息,实与大局有裨"⑦。

《东方杂志》对此也有报道:"英代使向外交部声明,南京事件中英水兵并未

---

① 《国内专电》,《大公报》1925年8月9日,第1张第3版。
② 《关于宁案之文电》,《新闻报》1925年8月7日,第4张第1版。
③ 《南京和记洋行事》,台北"中央研究院"近代史研究所档案馆馆藏北洋政府外交部档案,档案号:03-11-008-02-009。
④ 《南京英商和记风潮事》,台北"中央研究院"近代史研究所档案馆馆藏北洋政府外交部档案,档案号:03-11-008-02-008。
⑤ 《国内专电》,《大公报》1925年8月7日,第1张第3版。
⑥ 《国内专电》,《大公报》1925年8月11日,第1张第3版。
⑦ 《南京和记洋行事》,台北"中央研究院"近代史研究所档案馆馆藏北洋政府外交部档案,档案号:03-11-008-02-011。

开枪,又请保留英人损失赔偿之要求。"①

廖恩焘、郑谦向英国领事抗议,不但被拒绝,反被要求赔偿损失。"当时郑氏电北京谓并未开枪,此案遂了结。"②

在国家主权遭损、人民被屠戮的严重事实下,北洋政府竟屈服外人强权,对事件没有据理力争,以维护国权,这必然引发了国内民众的强烈愤慨。

再看和记受伤工人。他们分住鼓楼、协和、博爱等医院,学生后援会特于前日(8月2日)购备牛奶及食物多种,请女同学前往慰问,并调查其家属状况,俾设法救济。③

宛希俨等人对"七三一惨案"进行了持续的调查走访,并在8月6日的《申报》上予以详细地公布:

> 屠杀之真相:工人要求各项,厂中既均不能允许,工人乃留厂不敢去,时间已近五时。警备司令部朱副官,下关第二分所朱巡官、吕巡长,第四师某连长,均已闻讯到厂调停。……楼上水兵,见工人之彷徨不去(实则并非不去,特不能去耳),于是开枪二响,一朝空放,一朝平放,当有伤三人,血流如注;另有一人重伤倒地,未及救出。
>
> 其时工人等益形纷乱,拼命奔逃,下楼梯时被水兵刺刀杀伤,及水兵向印捕手中所夺下之木棍、铁鞭打伤者,又有二十余人。工人既已下楼至包蛋厂,又为水兵所阻,不准前进。其时打蛋厂英人霍尔登适自外来,打蛋厂工人等乃向霍哀求救命,并指流血被伤之工人,请其察看。霍氏答说:"此事我不知道。现在你们可以下去,我叫他们(指水兵)不要再打好了,你们下去,快下去。"工人见楼梯口仍有水兵把守,不敢前进,霍氏乃以手指挥英兵下楼,工人始渐随之而去。及至楼下,把守大门之水兵,仍不许工人外出,工人向之呼喊,英兵复望空开枪一响示威。其时忽闻警笛一声,英兵乃纷纷入内排队。工人群众遂乘机夺门而去……
>
> 死伤之调查:
>
> 惟据该厂工人任某负责报告,英兵在打蛋厂放枪向工人轰击时,彼确亲见一人重伤倒地,未及救出。但究毙命与否,不得而知。又据打蛋厂工人李某报告,

---

① 《时事日志:中国之部(民国十四年八月一日至十五日)》,《东方杂志》1925年第22卷第18期,第150页。
② 束世澂:《中英外交史》,载《民国丛书第二编·28·有清一代之中俄关系、中英外交史、中法外交史》,上海书店出版社1990年版,第190页。
③ 《东大学生援助和记工人》,《申报》1925年8月6日,第11版。

打蛋厂有工人名张海林者,系四十四号工牌,安徽和州人,平日向与彼在一块工作,自是日风潮发生后,遂不复见。然因重伤倒地在厂中之一人,又以未见交出,则张某之生死不明,自属毫无疑义。各界下关惨案后援会,现拟设法派人亲至安徽,探访张之家属,以期水落石出。至于受伤工人,均经下关协和医院、城内鼓楼医院填有正式伤格。兹特将其姓名、伤状列表如后:

伤者姓名	所在地	受伤状况	受伤地点	凶手
彭学林	照蛋厂	刺刀砍伤手膀	本厂	英水兵
刘凤生	打蛋厂	枪弹手膀穿过	本厂	英水兵
林官佑	洗蛋厂	流弹灼伤额部	厂内	英水兵
卢春林	打蛋厂	铁棒重伤腰部	本厂	英水兵
卢有林	打蛋厂	刺刀戳伤大腿	本厂	英水兵
林光富	照蛋厂	铁鞭戳伤头部	楼下	英水兵
孔玉田	打蛋厂	刺刀将左耳砍去	本厂	英水兵
陆汉卿	打蛋厂	木棍戳伤胸腿部	本厂	英水兵
夏耀文	打蛋厂	木棍打伤手腕	楼下	英水兵
赵友和	收货房	铁鞭打伤胸部	楼下	英水兵
魏其功	打蛋厂	刺刀戳伤手部	本厂	英水兵
向得标	打蛋厂	胸部内伤	本厂	英水兵
小王	打蛋厂	刺刀杀伤手、臂	楼下	英水兵
莫德诚	打蛋厂	铁棒打伤手膀	本厂	印捕
林发奇	打蛋厂	铁鞭重伤背部	本厂	印捕
陆文宾	打蛋厂	木棍打伤腿、腰部	本厂	印捕
李兴旺	打蛋厂	木棍重伤手部	本厂	印捕
陆金龙	照蛋厂	刺刀杀伤左额,背道亦受重伤	本厂	英兵
陆富有	打蛋厂	枪托重伤左胸	本厂	英兵
卢少林	打蛋厂	左腰受有瘀伤	本厂	英兵
匡义明	打蛋厂	头部被刺刀杀伤	本厂	英水兵
盛义生	打蛋厂	胸部受暗伤甚重,呼吸不通	本厂	英水兵
许长贵	堆货房	弹伤腿部	厂外	警察
李志发	熬油厂	木棍打伤手腕	楼下	印捕
刘玉材	打蛋厂	流弹打伤手腕	厂外	警察

以上所表述,如有不实不尽之处,委员等愿负其责,附此声明。

调查委员会宛希俨押、黄指绅押、徐翼程押、陈荣观押。①

《晨报》报道指出:

据和记工会代表董玉祥云,(一)警察与工人有仇,连月欲逮捕工人,工人之受伤者,不敢向外报告;(二)和记工会以前入会名单,被罗步洲派工人之张海清、李松山唆人抢去,不能依单查名。

死者三人中已知一人名为张海龄(原文),系新换第四十四号工师。盖张向在某处代伙食,自七月三十一日惨案发生后,至今未归。②

"七三一惨案"发生后不久,和记工人王某又被"日轮茶役威逼投江身死,湖北旅宁同乡会代表赴江宁交涉署催请交涉"③。

8月26日,外交总长沈瑞麟会晤英国使馆代办白乐德,特别提到"白代使云接本国驻宁领事钞呈该地学生仇视和记洋行激烈宣言一件,兹特拿来敬乞贵总长一阅,并乞设法取缔。总长云此类宣言可置之不理"④。

南京和记洋行也并没有因此事而完全关厂,"下关和记洋行于一星期内将开工,一般旧工人日内将根据条约与该行交涉,不得另易新工"⑤。

因五卅引起激烈的劳资冲突,外交部要求江宁交涉员廖恩焘"查各国商民在华开设工厂实在情形,表送部以备查考"⑥。

"七三一惨案"引发的民族情绪继续发酵,社会各界群情激愤。

1925年8月11日,中共中央共青团中央对和记事件发出了向军阀进攻的号召:"中弹而死者三人,伤者无数,……这便是帝国主义利用军阀武力的例证",要求"结合自己的势力,联合全世界一切被压迫者向帝国主义及其工具——军

---

① 《南京和记案调查报告》,载中共南京市委党史编写领导小组办公室、南京市档案局编:《南京党史资料》第1辑,1982年版,第41—42页。
② 《南京英人惨杀工人证据》,《晨报》1925年8月8日,第6版。
③ 《南京快信》,《申报》1925年8月17日,第2张6版。
④ 《南京学生对和记洋行宣言事》,台北"中央研究院"近代史研究所档案馆馆藏北洋政府外交部档案,档案号:03-11-008-02-017。
⑤ 《南京快信》,《申报》1925年9月7日,第11版。
⑥ 《遵查外人在内地开设工厂一案情形请鉴核由》,台北"中央研究院"近代史研究所档案馆馆藏北洋政府外交部档案,档案号:03-18-140-04-003。

阀,进攻!"①

和记洋行工人复工后,南京学界上海惨案后援会,议决发刊救济工人纪念录《外交与国民》,每星期一出版一张,自8月起,每周刊行一千份。

1925年9月,南京五卅工人教育委员会利用募捐结余的7 000多元,在下关虹门口炎帝庙内办起南京五卅工人学校,校舍是上、下各三间的两层楼房,学校有三位教员和一名工友。不久,吕文远、邵世贵、宛明华两名教员一名工友经中共南京地委书记吴芳介绍参加中国共产党,并组成中共南京下关支部,吕文远担任书记。从此,南京五卅工人学校成了下关地区工人运动的中心。

通过创办五卅工人学校,一些和记洋行的工人运动领袖逐渐被培养出来,成为日后领导和记工人运动的中坚力量。

和记工人的这次斗争在南京人民革命斗争史上也有其光辉的作用,党鼓舞了全市人民的爱国热情,直接推动了南京各界人民支援五卅反帝斗争。在和记工人的斗争中,南京的青年学生起到了革命斗争中的先锋带头作用,他们在党团的领导下发动工人罢工,支援工人斗争,并且仅仅依靠工人群众,与工人结成一个强有力的整体,向敌人猛烈冲击,取得斗争的节节胜利。南京学生的行动充分说明了知识青年要革命,就必须和广大工农群众团结在一起,这也正是中国知识分子的革命方向。

毛泽东认真地回顾并总结历史经验,指出以往革命党人都没有注意研究农民问题,辛亥革命、五卅运动之所以失败就是由于没有得到三万万两千万农民的拥护。他从人口、生产、革命力量、战争关系、革命目的等五个方面系统地阐明农民问题在国民革命中的地位,指出:"国民革命的目标,是要解决工农兵学商的各阶级问题;不能解决农民问题,则各阶级问题也无由解决。"②

1926年,中共南京地委、共青团南京地委联合发表《五卅周年告南京民众》,认为:"我们的目的,并没有达到,我们有把握的胜利竟被帝国主义和军阀夺去了,……号召继续五卅革命精神,援助广州国民政府北伐,建立统一全国的国民政府!"③

五卅运动给新民主主义革命画上了浓墨重彩的一笔。邓中夏认为:"五卅运

---

① 《中共中央团中央为南京青岛的屠杀告工人、学生和士兵》,《向导》1925年第124期,第140页。
② 毛新宇:《爷爷毛泽东》,国防大学出版社2003年版,第119页。
③ 《五卅周年告南京民众》,1926年5月30日,中央档案馆档案。

第四章 觉醒年代：五卅运动在南京与和记洋行工人政治

动以后，革命高潮，一泻汪洋，于是构成一九二五至一九二七年的中国大革命。"

南京早期共产党员、共青团员经过这次革命的洗礼，坚定了革命理想信念，淬炼了革命领导能力。

参与和记洋行工人罢工运动的宛希俨、曹壮父、顾作霖、华克之等人其后也都走上了革命的道路。

1926年，宛希俨先后筹备召开国民党汉口特别市第一、二次代表大会，并为大会执行主席、市党部执行委员兼宣传部部长。北伐军占领武汉后，任中共中央军委机要处主任秘书和警卫团政治指导员，并主编中共中央机关报汉口《民国日报》。1927年，宛希俨与黄慕兰结为伉俪。南昌起义前夕，党中央决定由宛希俨担任中共江西省委常委兼宣传部部长。[①] 1928年1月，党组织派宛希俨去赣州兼任赣南特委书记，直接领导农民武装起义。3月下旬，特委机关被破坏，主要负责人全部被捕。4月初，宛希俨在赣州英勇就义，牺牲时年仅25岁。

1926年2月，曹壮父临毕业前一个月，服从组织安排去广州，征得广东国民政府的同意和支持，在南京开办国立中山大学分设南京附属中学，并担任校长。同年冬，党组织派他往国民革命军第三十六军第二师任政治部主任，参加北伐。党的八七会议以后，担任鄂西特委书记兼鄂西农民暴动军总司令、中央巡视员、湖北省委候补书记兼组织部部长等职。[②] 曹壮父后来成为夏斗寅所辖师的政治部主任，1927年马日事变时被害牺牲。

1925年8月，顾作霖回上海进上海大学社会学系。1934年1月，顾作霖在中共中央六届五中全会上当选为中央委员、中央政治局委员，并在第二次全国苏维埃代表大会上当选为苏维埃中央执行委员会委员。广昌会战时，由于夜以继日地操劳，咯血不止，经抢救无效，于1934年5月28日逝世，年仅26岁。

华克之后来加入了中国共产党，并成为中共隐蔽战线的重要代表人物。

……

1930年的南京城市暴动，和记洋行再次成为运动的中心和风暴眼。

---

① 闵卓：《梅庵史话——东南大学百年》，东南大学出版社2000年版，第20页。
② 闵卓：《梅庵史话——东南大学百年》，东南大学出版社2000年版，第26页。

第五章

信仰的力量：和记洋行"四三惨案"和雨花英烈精神

习近平总书记指出，中国革命历史是最好的营养剂，重温这部伟大历史能够受到党的初心使命、性质宗旨、理想信念的生动教育，必须铭记光辉历史、传承红色基因。

1930年，共产国际要求中国共产党执行城市暴动路线。蒋介石国民政府首都南京成为革命的主要目标。南京和记洋行经历了五卅运动的觉醒年代，具备了较好的群众基础，持续发展党组织，这里成为党组织领导南京地区工人运动的最重要的革命基地。在江苏省委、南京市委的指导下，1930年4月3日，邓定海、宋如海等和记洋行共产党员以大无畏的革命精神带领工人开展斗争。随后南京市委积极发动金陵大学、晓庄师范等学生支援和记工人，但遭到了蒋介石当局的严厉镇压，党史称为"四三惨案"。和记洋行工人领袖邓定海、宋如海，金陵大学党员陈景星、石璞，晓庄师范学生袁咨桐、郭凤韶等先后被捕，英勇不屈，壮烈牺牲。

本章结合历史文献、党史资料、调查记录、口述历史、新闻史料、校史资料，探访历史现场，追寻烈士事迹，走入那波澜壮阔的革命岁月。

第一节 和记洋行工会的成立

五卅运动后，和记洋行这家英国资本企业在南京无法续写当年的风光，成为南京城内最重要的工人运动基地。在党的领导下，历经五卅风潮的和记工人，逐渐成为这里的历史主角。

南京五卅工人学校，将培养工人骨干作为重点工作目标。1926年6月的

《南京党团组织工作情况报告》指出:"下关五卅工人学校之党团,此校为本校(指中共南京市委)之一大中心。"①

吕文远的回忆也指出:"1926年,党组织为了更好地领导工人运动,成立了一个'职工运动委员会',书记是赵益三(山东人)。在下关地区,……在和记洋行中发展了党员并建立了工会小组"②。1926年,共产党员刘伯清以在南京和记洋行工作为掩护,从事党的工作,曾介绍东南大学学生、同乡邹维清加入中国共产党。③

1926年5月30日,南京各界八千多人在下关及公共体育场两处举行"五卅"纪念大会,"下关由五卅工人学校召集纪念会,到和记厂工人、码头工人及黄包车夫共一百余人"④。

南京人民赓续五卅精神,筹备成立和记工会。和记工会、"五卅"周年纪念筹备会、农民协会等也分别发表《告民众书》,后举行了游行。⑤

我们找到了《和记工会筹备处告同胞书》这份历史文献,找到了成立和记洋行工会的政治宣言:

我们复工以后,外国人的面孔又变了,他们一面假意承认我们的条件,把我们骗上工,便不履行条约,一面暗叫工头加紧我们的工作。因此我们工人受的压迫非常厉害,稍有错处就打骂开除。最近更有一件伤心的事件,一星期前,打蛋厂女工赵氏,腹内怀胎,工作稍缓,被工头拳打脚踢,堕胎身亡。又有女工因在厕所吸烟被工头发觉,把她吊八个钟头。总之外国资本家已经把我们压迫得要死了,我们要趁着纪念"五卅"的时候,赶快团结起来,将外国资本家打倒,反抗一切压迫我们的资本家,替去年"五卅"死伤的同胞报仇!⑥

到了南京国民政府时期,和记洋行内也成立了受政府控制的工会组织,党史资料中称之为"黄色工会"。据和记工人回忆,"1930年在和记工会组织如下,工

---

① 《南京党团组织工作情况报告》,1926年7月6日,载中共南京市委党史办编:《民主革命时期南京党史文献(1921—1933)》,中央文献出版社2013年版,第99页。
② 吕文远:《一九二五——一九二六年南京革命斗争的一些情况》,载《南京党史资料》第3辑,1983年版,第19页。
③ 中国人民政治协商会议四川省合江县委员会社会事业发展委员会编:《合江县文史资料选辑(第十七辑)》,1998年版,第171页。
④ 《团南京地委一九二六年二月份总报告(第十七号)》,1926年3月4日,中央档案馆档案。
⑤ 中共江苏省委党史资料征集委员会、江苏省革命斗争史编纂委员会编:《江苏革命斗争史纪略(1919—1937)》,1982年版,第190页。
⑥ 《和记工会筹备处告同胞书》,1926年5月30日,中央档案馆档案。

会主席为陆拱之。分三个支部：第一支部为外庄支部，主要干事有谭环生、周正清、陈华栋、徐禹山、闵萍侯、潘仁山、王鸣皋、黄人杰、张治平；第二支部为厂内女工支部，主要干事有向素兰、陈翠英、万素英；第三支部为厂内男工支部，主要干事有陆拱之、陈云卿、张绍棠、黄五山、李长松等等"①。

和记洋行共产党员也充分结合形势，积极联络进步工人，秘密成立赤色工会。根据1928年11月南京市委的工作报告，"和记蛋厂现有工人约一千余人，曾有一度之经济斗争，在相当胜利之后，马上就有军队之压迫。因延长工作时间，使工人入不偿失，工会之会费一再而增至两角，因此工人大哗，所以在和记提出'打倒欺骗工人的工会，建立阶级工会'"②。

在党的领导下，和记洋行工会积极维护工人权益，组织开展了工人与资本家的谈判，不断揭露黄色工会企图分化和记洋行工人的企图。陆庆良在《野火烧不尽，春风吹又生——一九二七年秋南京党组织的恢复和市委的建立》一文中回忆道：

1928年初，和记蛋厂部分开工，有工人五百多人。……党组织在开工前就组织和记失业工友展开了斗争，反对黄色工会利用失业工人名义募捐，并向黄色工会委员长算账。

1928年初开工以后，有三个党员进厂，领导工人反对黄色工会强行征收会费的斗争。市委即用总工会的名义发表告和记工友书，揭露厂方与黄色工会勾结的反动本质，鼓舞工人斗志，并组织秘密的赤色工会，领导工人坚持斗争。③

为了进一步发动群众，和记党支部创办了秘密的《和记工人报》，用通俗的语言报道工厂各车间、分厂工人的斗争小故事。④

1928年5月的南京市委报告说明"厂内生活极苦"，"原来早六时上工，晚六时放工。现改五时上工，午后七时放工，生活八人做改为六人做"。⑤

1929年，南京市委召开工作会议，针对和记的工作，认为"春季斗争最好，因

---

① 和记洋行工人徐文禄的访问，1962年。
② 《南京市委工作报告》，1928年11月12日，载中共南京市委党史办编：《民主革命时期南京党史文献（1921—1933）》，中央文献出版社2013年版，第218页。
③ 陆庆良：《野火烧不尽，春风吹又生——一九二七年秋南京党组织的恢复和市委的建立》，载《南京党史资料》第4辑，1983年版，第17页。
④ 中共南京市委党史办公室编：《石城星火》，南京出版社1991年版，第23页。
⑤ 《南京市委五月份工作报告》，1928年5月，载中共南京市委党史办编：《民主革命时期南京党史文献（1921—1933）》，中央文献出版社2013年版，第201页。

为只做半年,开工时要换人,可组失业团,要求发给津贴"①。

1929年,南京市委决定,"以和记为中心,联合各校成立总会,与上海发生关系,公开在群众中活动;以这一斗争来发动南京各校的校内斗争,组织同盟罢课,组织示威;打入工农群众中去;与国民党特别是改组派斗争"②。

蒋天佐在后来对此有所回忆:

> 我原是南京省立一中(江苏省立第一中学)的学生,当时叫刘健,因闹学潮被学校当局勒令退学……他说党十分重视党员的无产阶级成分问题,市委决定每个党员都要到工人群众中去,与他们交朋友,在工人中间大力发展党员。……后来和记洋行、人力车夫、织绸工人中都有了党组织。我们除了在工人中散发宣传品、召开各种会议外,还以赤色互济会名义在工人中进行救济工作,曾几次发动学生中的党员、进步群众捐款,筹集互济会基金。③

中共江苏省委要求各地党组织积极在群众基础较好的工厂、学校发展党员,建设党组织。

和记洋行党组织的建立得到中共江苏省委、南京市委的高度重视,由中共南京市委书记王文彬直接联系。④

哪里有压迫,哪里就有反抗。以邓定海、宋如海为代表的和记洋行共产党员,在南京市委的工作指示下,发展进步工人群众,准备与和记资方开展经济斗争。一场红色的暴风骤雨即将开始,震撼金陵大地,也谱写了英雄的赞歌。

第二节 邓定海烈士的革命事迹

1930年的南京暴动,是南京人民革命史的重要篇章。一大批共产党员前仆后继,无畏生死,为理想信念而奋斗,为崇高信仰去战斗,血洒雨花台。

---

① 《南京工作会议——关于南京的环境以及目前的工作》,1929年2月3日,载中共南京市委党史办编:《民主革命时期南京党史文献(1921—1933)》,中央文献出版社2013年版,第229页。
② 《陈云来信——关于南京恢复工作情况和无锡遭破坏情况》,1929年11月26日,中央档案馆档案。
③ 蒋天佐:《三十年代初南京革命斗争片段》,载《南京党史资料》第6辑,1983年版,第49—50页。
④ 刘季平:《一九二八——一九三〇年南京地下党工作的一些情况》,载《南京党史资料》第2辑,1982年版,第10页。

这一次次的战斗,开始于和记洋行的工人斗争;而领导这场运动的是和记洋行共产党员邓定海。我们追寻着邓定海烈士的生平事迹,深刻理解那以鲜血与生命凝成的革命精神。

我们走进雨花台烈士纪念馆,来到"长夜群星、璀璨天地"展厅,缅怀革命先烈,凝视着邓定海烈士的照片,历史场景浮现在了我们眼前。

邓定海(右图),生于1903年,1931年牺牲,是和记洋行党组织负责人,也是工人运动领袖,是南京党史"四三惨案"研究的核心人物。

笔者考证邓定海烈士的文献资料主要来源于四个方面:第一,雨花台烈士纪念馆、江苏省和南京市党史资料中抄录的保管在中央档案馆的部分党史文献。第二,2012年笔者在南京天环食品(集团)有限公司查找到的原南京市肉联厂关于邓定海烈士的调查资料。第三,笔者在某旧书网购得的胡阁荣编写的《洋行风暴——南京肉类联合加工厂厂史》,印刷日期为1974年4月以及标题为《屠火烈场》的介绍邓定海领导和记工人斗争的资料。第四,笔者采访邓定海烈士女儿邓桂兰老人的口述历史。

邓定海
来源:中国南京红色在线

邓定海的履历,在以往的烈士事迹调查中有多处报告,大致情况相似,细节则可以互补。我们将几处有代表性的介绍摘抄如下。

1. 南京市肉联厂在20世纪80年代给南京市党史办的报告中的内容:

邓定海,又名邓金海、孔金海,1914年随父母到南京和记洋行做童工。1922年转上海同兴纱厂工作,1925年五卅运动中在纱厂入党,1928年回南京和记洋行任中共和记支部书记,1929—1930年先后任中共南京市委委员、宣传委员、济难委员。1930年4月,发动和记工潮,遭国民党镇压,党组织将邓转移上海,并由沪至武汉,化名孔金海,仍从事党的地下工作。据烈士子女回忆,邓当时以木炭店为掩护,同年9月在三星街随付里与一个叫陈森的人接头时遭捕,经常联系的还有机务段一位姓余的火车司机。1930年10月被南京和记派人认出,押到南京。1931年1月17日就义于雨花台。①

---

① 《南京市肉联厂致市党史办李某某同志》,南京市肉联厂档案,1987年6月6日。

上海第九棉纺织厂工人运动史编写组根据《中共杨浦区党史资料》给南京市肉联厂的复函中,认为"邓定海于1927年6月底至1927年7月,任同兴纱厂党支部书记"①。

2. 邓定海妻兄韩向荣的口述资料:

邓定海,湖北黄陂人,父名邓九如,初来宁住水西门,后因在和记工厂牛厂工作,始搬至下关宝塔桥,定海烈士十一二岁时即入和记工厂工作,初跑写字楼,后升过磅记账。民十年(1921年)因英商侮辱中国人,定海烈士与之理论,发生龃龉,即去职。民十一年(1922年)至上海杨树浦日商三星纱厂做工,不久又升任写字工作。五卅惨案时参加革命。民十七年(1928年),上海封建把头卢成喜被谋杀,邓参与其事,因涉嫌租界当局追捕,定海烈士乃秘密回宁,闲居二月后,经和记工厂翻译张海清之介绍又重入和记工厂,仍做过磅工作。②

3. 南京市肉联厂编纂的厂史资料《屠火烈场》中的介绍:

五卅惨案发生以后,邓定海曾两次来南京和记向工人报告五卅惨案的真相,揭露了英国和日本资本家的罪行。由于邓定海曾经做过和记洋行的工人,当时的中共组织就派邓到南京来。在南京市委的领导下,负责和记洋行的工人罢工斗争,在工人中间进行广泛的舆论动员和政治宣传。

邓定海后来又返回了上海并亲身参加了上海工人的三次武装起义,也亲身经历了"四一二"反革命政变;1928年春,因领导日商同兴纱厂工人组织"杀狗队",打死封建把头卢成喜而遭当局搜捕。中共党组织建议他立即转移,并准备派他去苏联学习,但是邓定海执着于革命事业,坚持要求去南京继续进行革命斗争。1928年6月初,邓定海再次来到了位于下关江边的和记洋行。③

在那革命的岁月,邓定海等和记洋行共产党员在党的领导下,以敢于斗争的勇气、忘我牺牲的精神,前仆后继,矢志不渝,是雨花英烈精神的生动写照。

1929年9月,邓定海发动和记工厂工人向厂方要求增加工资,并带领工人代表与资方谈判,迫使买办给工人加薪。

---

① 《上海第九棉纺织厂工会给南京市肉联厂党史办信件》,南京市肉联厂档案,1988年6月10日。
② 《烈士内兄韩向荣口述材料》,雨花台烈士陵园史料室档案。
③ 南京市肉联厂编:《屠火烈场》。

他带领工人与黄色工会进行斗争。1929年10月,因工头告密,邓定海被南京十一警察局以"煽动工潮"的罪名逮捕。中共南京市委接到消息后,很快决定了营救邓定海的方案:一由工人纠察队员迫使和记黄色工会干事陆拱之出面担保;二由韩向荣出面,联络宝塔桥街上的五家商店店主联保;三由邓定海妻子韩秀英带领部分工友到警察局请愿。

韩向荣接到任务后,首先说服所在药店店主李仁义出面,邀请宝兴茶馆、四海理发店、周家裁缝店等四家店主共同联保,写出联保书,由韩向荣递交警察局。警察局因仅凭告密信无法核实内容,加之担保、联保俱全,请愿工人又天天上门,唯恐事态扩大,只好将邓定海释放。①

1929年10月14日,南京市委给江苏省委的报告中提道:"和记斗争为改良主义所欺骗,增加了二元工钱结束。"②1929年11月,邓定海没有参加南京市委会议,但已安排其负责宣传工作。③

南京市委在1930年2月27日的报告中指出:"邓定海同志已出狱。"④

显然,邓定海已成为首都警察严密监察的对象。但出狱后的邓定海,一刻也没停歇,继续秘密从事和记洋行工人运动的领导工作。

"某某某(抄录者注邓定海)出狱后情形仍好,市委决定要他离开和记而往浦镇,他还表示不肯。"⑤

1930年4月3日,邓定海、宋如海等和记洋行共产党员执行党的决策,经过细致的工作,发起和记洋行工人运动,进而推动学生、群众的响应,以实现全城暴动的目标。结果,由于敌我力量悬殊,暴动失败。邓定海被国民政府通缉,后被捕,血洒雨花台。

邓定海烈士的亲属韩向荣在新中国成立后提供了相关的证明:

从此南京政府即缉捕定海烈士,定海烈士由上海转赴汉口住三兴街绥福里,改名孔金海,时值长沙解放,武汉警震。有同志陈森被捕(陈系肥皂商)连带定海

---

① 吴啸寒、余浚根据1929—1930年中共南京市委有关文件及《肉联厂厂史》整理的资料。
② 《陈玉英给禄清兄信——关于恢复沪宁支部问题》,1929年10月14日,载中共南京市委党史办公室编:《民主革命时期南京党史文献(1921—1933)》,中央文献出版社2013年版,第296页。
③ 《南京市委给省委的信》,1929年11月,中央档案馆档案。
④ 《南京市委报告——关于市委本身工作宣传及经济问题》,1930年2月27日,载中共南京市委党史办公室编:《民主革命时期南京党史文献(1921—1933)》,中央文献出版社2013年版,第379页。
⑤ 《陈云来信——关于南京恢复工作情况和无锡遭破坏情况》,1929年11月26日,中央档案馆档案。

烈士同时被捕，国民党反动派并在定海烈士箱中搜出其父在和记工厂牛厂服务之铜牌一枚，因大加盘问。烈士妻（韩秀英）即请其姐夫（住汉口期间）来京送信告诉韩向荣，并至上海告知邓父，邓父随由宁转汉，因与韩向荣通信被南京特务检查，得知线索。国民党又派李松山之爪牙黄文斌、方连城二人至汉口，当反动派审讯邓定海时，他二人藏于屏后指控孔金海即邓定海。民十九年（1930年）九月（阴历）初解南京。在船中定海烈士于押解士兵口中始知自己已被人认出真实姓名。民国二十年（1931年）一月十九日被国民党杀害于雨花台，在狱中曾受苦刑，但烈士并未招认任何口供。

当烈士之父与烈士内兄韩向荣通信被国民党特务侦得时，韩向荣亦被逮捕，囚于卫戍司令部，定海烈士于夜间解来，囚于韩向荣对面号内，因定海烈士案情严重，不许放风（一般犯人每日有放风时间），韩向荣曾设法与之通一纸条，定海烈士说："一切都是我，我决不牵连别人，但希望你们出狱后要设法替我报仇。"后韩向荣曾和邓定海烈士对过一次供词。定海烈士被杀后，四月底韩始获释。①

邓定海牺牲后，妻子韩秀英把3岁的女儿邓桂兰托付给住在水西门下浮桥的一名警察。这名警察对邓家的遭遇十分同情，不顾生命危险，把邓桂兰的户口迁入戴家，为其改名戴桂英，并时常以自己微薄的薪水救济戴家。在李冰岩的保护下，邓桂兰终于躲过了国民党特务的多次盘查，保全了性命。②

新中国成立后，在镇压反革命运动中，邓定海的妻子韩秀英控诉杀害她丈夫的原和记洋行工头李松山：1930年4月2日，邓定海同志领导一群被压迫饥饿工人，向资本家要求增加工资，遭拒绝而进行罢工。当时李松山即率匪徒二人当场打伤工人十几名，并大骂："一定要把这些共产党丢进江里去。"当时即有工人陈德升（地下党员）失踪，邓定海同志逃到汉口，后也被李派人捉回杀害，宋如海同志在下关惠民桥被他们逮捕。经过法庭的审判，李松山被执行枪决。③

邓定海牺牲以后，遗物中有一生前使用过的闹钟，铁质，面径10厘米，背径

---

① 《烈士内兄韩向荣口述材料》，雨花台烈士陵园史料室档案。
② 南京分卷编辑委员会编著：《江苏人民革命斗争群英谱·南京分卷》，江苏人民出版社2000年版，第137、138页。
③ 何斌、晏嗣平：《包庇反革命罪犯应受严厉惩处，革命烈士家属张在祥、韩秀英写信提出控诉》，《人民日报》1952年8月21日第3版。

12.5 厘米,双铃马蹄形。①

在 2012 年的清明节,邓定海的亲生女儿,已经 84 岁的邓桂兰在雨花台烈士陵园参加活动,在谈到她的父亲邓定海的时候,她向记者表示:

"从我女儿五六岁开始,每年我都会带着她一起来到这里看我的父亲邓定海。今年我的女儿都已经 60 岁了,这是我们第 55 年来雨花台了!"邓桂兰告诉记者,当年父亲牺牲的时候,自己才 3 岁,所有关于父亲的记忆都是从家人的诉说中得到的。邓定海小时候随父母逃荒流落到南京,17 岁就加入了中国共产党。后来又回到南京和记洋行,领导工人运动。1930 年 9 月,因叛徒出卖,在汉口被捕。10 月被押解回南京,牺牲于雨花台,当时只有 28 岁。邓桂兰告诉记者,父亲牺牲以后,为了躲避国民党的追捕,爷爷奶奶选择出家,从此再也没有见过面。妈妈则从下关搬到了江北,给人家当保姆。当年只有 3 岁的邓桂兰则改名为胡小锁,被辗转送至姨妈等几个远房亲戚家,直到中华人民共和国成立前,和自己的母亲才见过一两面。②

笔者曾采访 90 岁高龄的邓桂兰老奶奶。邓定海的革命事迹、家庭的坎坷经历,再次让我走入了血雨腥风的革命岁月,也深刻理解了雨花英烈的浩然正气。

邓定海烈士所用过磅登记册③

---

① 南京市地方志编纂委员会、南京文物志编纂委员会编:《南京文物志》,方志出版社 1997 年版,第 462 页。
② 《八十四岁老人第 55 次来雨花台悼念父亲》,《金陵晚报》2012 年 4 月 2 日,A5 版。
③ 自摄于"人间正道是沧桑——中国共产党南京历史展览"。

第三节 "四三惨案"的红色故事

1930年发生在和记洋行的"四三惨案",是南京党史的重要历史事件。我们整理相关的党史文献和历史档案,可以清晰"四三惨案"的来龙去脉,进而铭记这段历史,深刻理解共产党人的理想信念和为民牺牲的大无畏精神。

1927年大革命失败后,在汉口召开的八七会议通过了《最近职工运动议决案》,要求"工人阶级应时刻准备能领导并参加武装暴动"。

1928年1月,中共江苏省委指示:"要在一切工人群众中均有革命的阶级工会的组织","在一切工业区域要建立工人的武装队(工人革命军),训练战术,这已经是南京等工业城市之中现时所不可迟缓的一种任务","南京城市的工作,已由恢复组织而转入发动争斗的时期,……均有我们的党组织,但没有使他们认识暴动政权之必要,这是目前继续努力的工作"。①

在国民党白色恐怖的统治下,共产党人坚定崇高的理想信念,以大无畏的精神前仆后继地进行武装斗争。南京地区工人阶级集中的工厂,在江北有浦镇机厂,城内则有和记洋行。在建党早期,浦镇机厂党组织负责人王荷波铁肩担当,品重柱石,领导了支援"二七罢工"的斗争;和记洋行则历经五卅运动的血雨腥风,成为在南京城内开展工人运动的重要基地。

一、党史文献中的和记洋行工人运动

1929年,经济崩溃,国民党新军阀混战不停。中国,内忧外患,风雨飘摇。

南京,是国民党政权的中心,严密镇压进步活动。从1927年到1934年,中共南京地方党组织前后遭受到八次重大破坏,但这不能吓倒英勇的共产党人,一次次地破坏,一次次地重建。我们看到,前仆后继的共产党人始终如凤凰涅槃一般,浴火重生,勇往直前。

1929年10月31日,江苏省委在给南京市委的工作指示中,要发动以和记

---

① 《江苏各县暴动计划(一九二八年一月一日)》,载江苏省档案馆编:《江苏农民运动档案史料选编》,档案出版社1983年版,第86页。

洋行为中心的斗争,"要坚决地爆发群众的斗争,使斗争更深入扩大,目前启发斗争总策略是发动群众的日常斗争,而生长成为大的斗争,由经济的斗争转变成为政治斗争……目前米价上涨而影响生活,……南京和记工人都是工资低微,这种斗争是易于发动的,我们绝不要忽略,更不要以为和记斗争才结束,不容易再发动"①。

1929年11月9日,时任江苏省委常委的陈云来南京巡视党组织工作,指示要以和记工厂、兵工厂、两浦为中心建立工联会的组织。②

在江苏省委的工作指引下,南京市委积极组织和记洋行的工运。

和记是某同志(应为邓定海)释放后,工作又积极起来,支部是有相当基础的,现在准备在星期四(即后日)以十三条件的中心发动男女工人,女工有姊妹团,男工有五六十人的纠察队,成立赤色工会,准备开厂斗争。③

1929年12月10日,南京市委向江苏省委报告工作,指出:"对于和记蛋厂,因货来源不清,准备停工,要三个月工钱、发给酒资三元的口号,主要是鼓动未停工的工人起来斗争,同时尽量使已停工的三四十人配合起来,一面张贴布告标语供普遍宣传。"④

和记洋行不断地发生劳资纠纷,中共认为利用和记工人进行政治罢工的时机已经到来了。1929年12月12日,中共江苏省委指示南京市委,尽一切可能发动广大群众开展斗争,公开号召群众罢工、罢市、罢课,同时指示南京市委进行部分改组。⑤

笔者也找到了这份指示中关于和记洋行工作部分的抄件,其中明确要求加强工厂委员会的领导,打击倾向政府的黄色工会,并积极开展宣传活动。

工厂委员会是组织广大无组织群众领导斗争,打击黄色工会的最好策

---

① 《江苏省委致南京市委指示信》,1929年10月31日,载中共南京市委党史办编:《民主革命时期南京党史文献(1921—1933)》,中央文献出版社2013年版,第307页。
② 中共江苏省委党史资料征集委员会、江苏省革命斗争史编纂委员会编:《江苏革命斗争史纪略(1919—1937)》,1982年版,第401页。
③ 《陈云同志来信》,1929年11月26日,中央档案馆档案。
④ 《南京市委报告》,1929年11月下旬,载中共南京市委党史办编:《民主革命时期南京党史文献(1921—1933)》,中央文献出版社2013年版,第324页。
⑤ 中共江苏省委党史资料征集委员会、江苏省革命斗争史编纂委员会编:《江苏革命斗争史纪略(1919—1937)》,1982年版,第410页。

略,……但在津浦路、和记方面代表团中都有部分的代表变成黄色领袖,这些地方应当在不断的斗争中打击他们,加以扩大、补充或改造,使厂委真正转变为领导群众斗争的机关。工厂小报更须在几个重要产业中继续创办,小报内容要群众化,同时应找群众来同办。①

1929年12月25日,中共江苏省委指示南京市委加强对沪宁路工人斗争的领导,促进全部工人罢工,并决定立即派人到南京组织两浦工人的联合罢工。②

1929年冬,英资和记工厂突然解雇四十余名短工。工人们在中共和记工厂支部领导下进行针锋相对的斗争,反对英国资本家裁员,提出"裁员必须发三个月的工资"等九项要求,并宣布如厂方不接受,就立即罢工。

1930年1月11日,南京市委就当前的群众工作、党的组织及军事工作召开会议,讨论如何开展和记洋行工人斗争:

> 群众斗争形势最近两个月与前不同,现主要的产业自发的斗争起来,客观成熟。故现在是抓住斗争,领导斗争,但主观领导力薄,群众跳不出改良笼罩。和记斗争打击黄色工会,有42人的代表团,口号:(1)加工钱;(2)用人由工会打倒第三支部。我们的主张把两个斗争坚决提出去,我们要鼓动,要向买办自己交涉,代表团通过,决定明天包围写字间。
>
> 昨天代表会时,有一个工人手指头折断,群众情绪非常紧张,代表团便立即去。这时市总工会人来了,找到主席,主席告诉他要加四元(五成到五元半),群众则非要五成不可,最后则非要四元不可。他们把主席找进去商议好后,出来见只许两元,有一个工友提议通过,问题便如此解决。这时有一部分群众便对黄色领袖不满意,斗争虽不明显起作用,但斗争的推动后继续都起作用,且常开支部会。
>
> 这时向群众宣传市总工会不仅是欺骗而且是压迫,要继续发动斗争:(1)一律要有饭吃;(2)要有桌子;(3)有一职工作时长四十余点口号;(4)钱要照钟点算。总的口号星期天的工钱要双工,开会形式是黄色,小组形式斗争中发生过四

---

① 《江苏省委给南京市委的指示信(省字第一号 京字第三号)——关于目前群众斗争的形势与中心策略问题》,1929年12月12日。载中共南京市委党史办编:《民主革命时期南京党史文献(1921—1933)》,中央文献出版社2013年版,第327页。

② 中共江苏省委党史资料征集委员会、江苏省革命斗争史编纂委员会编:《江苏革命斗争史纪略(1919—1937)》,1982年版,第413页。

次,工厂小报(较铁路好些),命几次被撕掉了,群众看见都拥护,有一次小报被另一个工友拿去了。工会常令变贴布告报(不清),手贴小报代表团讨论这个问题,要同志赔礼请酒席。

群众借黄色领袖各种问题做反黄色领袖斗争,市委决定女工问题:

男工加钱后,女工亦要求,在打蛋厂去鼓动,女工便要黄色领袖来谈话,群众(只有十余人)便向工头(不清)要求,很容易就得到了胜利,加了两成,这十余人在斗争后继续有作用,继续斗争,十余人组织了姐妹团。

宣传口号:(1)失业工人;(2)宁案问题。目前和记要关厂,故失业就严重,原厂共有万余人,今年三千还不到,工人时常有失业危险,每月仅得13元。

和记快要关厂,斗争要较从前更进一步,已在开始开除工人,反对开除及失业津贴为中心问题,能力亦较增强,改良的揭破有相当的成效,故不能停滞在几个小的斗争上。

黄色领袖的斗争:因过去还是反个人,……反个人没有深入群众,如和记加薪;工厂委员会有作用,如蛋厂等工,现须反工厂委员会黄色领袖来转变成革命群众的工厂委员会;建立群众组织,大厂费很大力而建立起来,如和记组织姐妹团等方式是不够的,社会没有斗争纲领,群众不了解,目前要即建立赤色小组;工人斗争同意部分联系发展到大的罢工是有可能,南京事实上很有希望,铁路、兵工厂可充实支部,和记可成立支部,南京党已有各个中心基础,在全国来讲是很少……市委下组织宣传委员会,发行工作很重要。①

中共江苏省委党史资料征集委员会和江苏省革命斗争史编纂委员会编的《江苏革命斗争史纪略(1919—1937)》一书中,也有对南京市开展革命行动的指示:

1930年1月21日,中共江苏省委指示南京市委,应执行省"二大"的进攻路线,加强对龙潭水泥厂工人斗争的领导,必须加紧揭破黄色工会的罪恶,组织罢工委员会,建立党的支部,把群众的经济斗争引导和发展到政治斗争,组织广大工人声援,以推进南京群众的整个斗争。2月16日省委给南京市委的指示信,认为南京群众斗争形势都很深入,客观上罢工条件之成熟不弱于上海。省委还

---

① 《南京工作会议记录——关于群众斗争、党的组织及军事工作》,中央档案馆档案,1930年1月11日。

批评了市委对龙潭水泥厂没有鼓动罢工,在和记工厂斗争中做了尾巴主义。要求市委扩大反军阀战争的宣传鼓动,组织同盟罢工(尤其是铁路、兵工厂)、政治罢工,将斗争引导到更高的阶段。①

1930年2月21日,中共江苏省委发出关于争自由运动的第十六号通告。指出:党的路线是组织政治罢工、同盟罢工,组织地方暴动,组织兵变,准备全国总暴动。在这个路线之下,党必须坚决地领导一切群众斗争,扩大深入而汇合成为反帝反国民党争自由的总的政治斗争。各城市都可以成立自由运动大同盟,在党的领导下,指导全城市的争自由运动,南京等中心城市必须特别注意这一工作。②

1930年2月下旬,中共南京晓庄师范支部派党员到和记工厂,在工人中进行宣传鼓动、募捐支持等工作,并邀请工人代表到校进行帝国主义残酷剥削工人的宣讲。③

为全面而具体地贯彻共产国际的指示精神,中共中央在1930年2月26日向全党发出了七十号通告。通告认为党的中心任务是反对帝国主义,武装保卫苏联,实行土地革命和反抗资本进攻,组织群众进行武装暴动。通告提出了要在集中力量进攻的总路线之下争取全国胜利,首先争取以武汉为中心的一省、数省革命胜利的计划。党的斗争策略是:在城市要组织工人举行总同盟政治罢工,在此基础上组织武装暴动。④

3月5日,中共江苏省委为接受中央第七十号通告——《目前政治形势与党的中心策略》而发出通告。指出:目前军阀战争继续爆发,反动统治日益削弱,革命浪潮日益开展。江苏党必须领导一切群众斗争使之汇合扩大深入,即举行政治罢工、同盟罢工,扩大游击战争,举行兵变,实现地方暴动,必须加紧反帝运动。⑤

---

① 中共江苏省委党史资料征集委员会、江苏省革命斗争史编纂委员会编:《江苏革命斗争史纪略(1919—1937)》,1982年版,第418页。
② 中共江苏省委党史资料征集委员会、江苏省革命斗争史编纂委员会编:《江苏革命斗争史纪略(1919—1937)》,1982年版,第423页。
③ 中共江苏省委党史资料征集委员会、江苏省革命斗争史编纂委员会编:《江苏革命斗争史纪略(1919—1937)》,1982年版,第424页。
④ 刘宋斌:《共产国际、联共(布)与李立三"左"倾冒险错误》,载《共产国际、联共(布)密档与中国革命史新论(第一集)》,中共党史出版社2004年版,第455页。
⑤ 中共江苏省委党史资料征集委员会、江苏省革命斗争史编纂委员会编:《江苏革命斗争史纪略(1919—1937)》,1982年版,第427页。

3月20日,中华全国总工会召集全国特派员会议,南京等地方特派员均出席。

在国内外政治形势的影响下,中共江苏省委要求南京市委积极展开工人运动。

1930年2月2日的中共南京市委报告对和记的工人运动有详细的意见,在这份报告中,指出最近两个月来工作中的缺点,"党领导薄弱,反改良主义不坚决,群众组织差,党组织发展不快"。意见中也提出了要关注失业工人的问题。

"战争扩大,物价腾贵,生活降低,大批失业,物价指数统计,铜圆而论自三千一百文跌至两千六百文,据市总工会统计,失业工会五十五个,估计失业总数约在二万人以上。""快到年底和记逐渐裁人,到阴历十二月中旬裁完,只剩二百多人的机器房工人,以及其他长工——这是惯例。"①

而关于和记洋行工人的斗争情形,该报告甚为详细,笔者以为江苏省委、南京市委关于发动和记工人举行政治运动的思路已经基本成型,即以和记失业工人打头,充分调动南京地区大中学校中的学生党员积极参加这次运动,进而达到产生重大政治影响的目的。

报告同时指出了和记党支部领导工人斗争中存在的一些策略上的问题:

和记半年以来的群众斗争全在市党部及黄色工会控制之下,支部不断地撕破他们的阴谋,并以我们的主张与之对抗,结果黄色工会均坍台下来,群众已不信仰他们,裁人开始了,支部就去领导要酒钱斗争。第一批裁减时,只有一个同志被裁,群众在厂门口领工钱时就提出要酒钱,此事策略上有二错误:(1)失业斗争未与工人联系起来,群众却不了解这一点;(2)领导群众的一个同志不坚决,厂方说你们去市党部交涉,这个同志答允了,并允许三天后答复,结果三天以后厂失业工人已散去一半以上,斗争失败。

中共南京市委也对和记洋行的革命工作进行了具体的指导,要求和记支部以更大胆的作为去发动群众斗争。

"特别是和记支部能经常开会,独立工作,领导斗争,表现了很大的进步。"关于支部生活,认为"和记支部是最健全的,最近发展六个新同志,组织罢工非常坚

---

① 《南京市委报告——关于政治形势与工作方针、职运、农运及组织、宣传工作》,1930年2月2日,载中共南京市委党史办编:《民主革命时期南京党史文献(1921—1933)》,中央文献出版社2013年版,第344页。

决",同时认为"赤色工会确有群众基础","和记群众非常接受反国民党的宣传"。①

透过文献,我们也可以更加深刻地理解,在1930年4月3日前,中国共产党南京市委制定了详细的革命纲领。

(1) 稳定赤色工会的基础,争取赤色工会的公开,赤色工会不应只是失业团,应包括厂内长工和女工,赤色工会的赤色纲领章程、会费,按期开会,分配工作等必须坚决做到;

(2) 建立工厂委员会;

(3) 不断地深入纲领的宣传,加紧罢工的宣传;

(4) 不断地激发群众的直接行动,包围、罢工、示威;

(5) 加紧政治口号宣传鼓动,不忽略反改良主义、反黄色工会的工作,推向反帝、反国民党、争自由的斗争;

(6) 开始纠察队的组织和训练。②

南京市委领导下的各支部活动也十分频繁,曾担任晓庄支部书记的刘季平在后来的回忆文章中指出:这些支部的组织活动都相当健全,一般都能保持每周或每两周开会一次,每次会议都有相当认真严肃的固定议程,多半是先由联系人报告政治形势,接着由支部汇报检查最近一段工作,然后商讨安排下一段工作。各个支部的同志基本上都能经常团结和联系一两个或两三个较可信赖的党外群众。他们除有时参加我们一些进步活动外,有的还能在某些方面给我们一些或大或小的支持和帮助。③

南京市委明确要求和记工人的斗争要加强,并利用经济斗争的机会积极转向政治斗争。

和记工会代表会通过以下具体增加待遇要求:

(1) 加薪最低十八元,童、女工最低十二元;

---

① 《南京市委报告——关于政治形势与工作方针、职运、农运及组织、宣传工作》,1930年2月2日,载中共南京市委党史办编:《民主革命时期南京党史文献(1921—1933)》,中央文献出版社2013年版,第355—361页。

② 《南京市委报告——关于政治形势与工作方针、职运、农运及组织、宣传工作》,1930年2月2日,载中共南京市委党史办编:《民主革命时期南京党史文献(1921—1933)》,中央文献出版社2013年版,第350页。

③ 刘季平:《一九二八——一九三〇年南京地下党工作的一些情况》,载《南京党史资料》第3辑,1983年版,第11页。

(2) 立刻开厂，反对工头任用私人；

(3) 一年两季六个月工资，一个月酒钱；

(4) 要工钱码改为洋码；

(5) 待遇改良，吃饭要桌子、板凳，要菜，外厂要雨衣、雨帽、皮鞋；

(6) 女工生产前后休息二个月，工资照给；

(7) 立刻承认外厂条件：①改发常年薪水，②路上有天灾人祸要负责任，③病假工资照给；

(8) 因公受伤或残，由厂方抚恤；

(9) 开办工人子弟学校；

(10) 驱逐陆拱之；

(11) 反对市党部工捐会仲裁调解；

(12) 工人组织自己工会；

(13) 联合南京各业工友；

(14) 打倒帝国主义。①

根据上级的指示，1930 年 2 月 9 日，和记支部党员邓定海秘密召开工人代表会商讨对策。2 月 10 日，和记工厂工人正式罢工。②

和记工人第二支部提出了要增加待遇的要求：

亲爱的工友们：我们整日替资本家做工，辛苦已到极点，然而穿的得不到一件粗布衣，吃的得不到一餐饱饭。现在是饥寒交迫的辰光，我们已经不能再忍受这种牛马生活，我们为着争最后一口气，我们要提出下面的条件，要资本家完全答复，如果这次得不到胜利，……工友们，起来，一致起来啊，资本家真可恶，任他的喜怒，将我们随意唤来使去，起来，大家起来，不达到后列的条件，誓不让步。③

其后由南京市社会局出面进行调解，经与工人多次协商，答应保释被捕工

---

① 《南京市委报告——关于政治形势与工作方针、职运、农运及组织、宣传工作》，1930 年 2 月 2 日，载中共南京市委党史办编：《民主革命时期南京党史文献(1921—1933)》，中央文献出版社 2013 年版，第 347—348 页。

② 姚彤、吴啸寒、余浚根据《中央档案馆江苏省委 1930 年卷南京工作会议记录》和《南京市文管会材料 1961 年卷》整理。南京分卷编辑委员会编著：《江苏人民革命斗争群英谱·南京分卷》，江苏人民出版社 2000 年版，第 134 页。

③ 《南京下关英商和记洋行工人要求增加工资掀起罢工运动经过情形》，中国第二历史档案馆档案，档案号：二-21058，1930 年 4 月 7 日。

友,同意工人要求,4月1日签订劳资协约,决定4月3日复工。

和记洋行英国大班虽然与工人签订了新的劳资协约,鉴于和记洋行工潮严重,要求工头重新换发上工证,工人上工要凭新证,而对工人中的积极分子不予发放上工牌,以达到分化工人的目的。

二、和记洋行外庄风潮

此时,和记洋行外庄工人中间也发生了风潮,这是因为"和记洋行大班改变原先由买办任命外庄庄首的做法"①。此后,外庄庄首由英国大班直接任命。英方也直接控制原料的来源,引发了外庄人员的强烈不满。

1930年2月,南京和记洋行大班马嘉德改变了外庄庄首、庄伙由买办指定的做法,改为庄首由和记洋行大班指派,庄伙则由各庄首先自行选定,并要求严格执行。

和记洋行外庄工会,即工会第一支部,集体表示严重反对。"开会议定决于昨日(二十一日下午八时)再做最后之决策,如果不能达到目的,即有激烈办法,而众坚决",推定张治平、谭环生等庄首代表,以及黄人杰、王铭皋、周玉卿等庄伙代表,率领外庄工人,前往厂内与买办陈仲良交涉,"要更前议,以顺舆情","无奈西大班以令出必行,坚不收回主张,以致该会趋于极端","致起争执,始尚互争口角,继竟动以武力,以求解决,该陈买办见势不佳,亦指挥其他厂内工友,出而抵御,一场武剧,形势甚为严重"。

南京第七分区警察局由柳鑫华亲率武装长警前往弹压,下关宪兵连多人也到临查看,"警所方面,亦派保安队、手枪队驰往该处,会同驱逐,始将武剧制止,计有工友方面张云山、陈印禄、王铭皋、易春如、潘仁山等五人,其已被殴成伤,轻重不等,遂一面将受伤各车送医院疗治……"

后经南京市社会局工人团体指导委员会睦光禄等出面调解:

此经各方出席人员,相继发表意见,讨论良久,再至下午七时有奇,议决下列数项办法:(1)庄伙虽由庄首派,但不得指派非会员;(2)庄首并不得引用亲属;(3)所有庄伙人选,概由支部保荐;(4)本届春季开庄,明日午后即由该支部召集干事会先行议决人选;(5)受伤人各自调洽,双方均表赞同,遂分别具结签字,

---

① 《下关和记洋行外庄职工昨发生风潮》,《中央日报》1930年2月22日,第2张第3版。

依照履行,此一场外庄工潮,于焉告终。①

和记洋行外庄发生风潮,更激化了劳资矛盾,一场革命运动随之而来。

三、严密的监控

国民党中央组织部党务调查科("中统"前身)在1929年冬得到上峰指令,派张国栋等多人实地"调查"。他们穿着工人服装,冒充该行工人,混杂在罢工的工人群众之间。张国栋等东打听、西观察,目的是要侦查出罢工风潮的领导人、幕后策划者及其内部情况,最重要的是要从中发现共产党的活动线索。②

和记洋行党支部邓定海等人的活动,引起了国民政府当局的严重关切,邓定海等人的行踪及其活动随时被关注和汇报。

1930年"四三"罢工之前,南京市政府下关办事处主任程秉智先向南京市工人团体指导委员会报告了邓定海等人的活动:

> 窃查和记三支部朱秀山、龚世洪、邓金海等约集工友二十余人于本日下午二时在下关同芳居秘密集会,显系别有图谋,职到彼处时已一哄而散,查该龚世洪等现侵吞公款,抗不交代,复敢有轨外之行动,实属不法已极……

> 据和记工厂工会第二支部干事向素兰、陈翠英、万素英来敝处报称现和记第三支部工友邓定海、崔正荣、周瞎子等联络二支部女工秘密开会并自称活动工会,每日以足球为开会目标,散布传单,每晚即在宝塔桥妇女补习所对门邓金海家内谈话,该邓金海自言至死也要活动,劝告各男女工,如厂方不允条件,即大家罢工,总要我们自己去干,政府、党部均不可靠,并有毁谤言行,以致无知工友受其愚弄者不少。

> 现厂方将要开工,若该邓金海等苛求条件,恐全厂工友受其影响,而与工运大有妨碍,即地方治安亦有重大关系,故请求惩治以救济工人呈计而免破坏团体等情,据此除职处严密复查外,特检同传单一份一并呈请鉴核。③

南京特别市总工会觉得事情严重,将有关情节报告给了国民党南京市党部:

---

① 《下关和记洋行外庄职工昨发生风潮》,《中央日报》1930年2月22日,第2张第3版。
② 杨颖奇著:《中统大特务:张国栋的传奇人生》,中国文史出版社2012年版,第53页。
③ 南京市肉联厂自中国第二历史档案馆复印的档案,无封面及标题,具体档案号待查证。

查有本会会员邓定海者,年方三十岁……久在和记工作,……在本厂入会已年余,传闻系因上海某司令部通缉逃回,考其平昔对会中建议恒多主动激烈,或唆使无识工人反复捣乱,疑点甚多,不胜枚举。前已由代表口头声据近察其行动,益逾常轨,……约同厂工崔正荣等数人在下关虹门口参加密会,又曾闻说伊有一秘密文件,前被同厂工会二支部干事女同志向素兰所得,执以要挟制服,未曾据举诸如此类疑似莫测,恐存共党混迹诱惑其他工友,属会尚在幼稚时代,何能容害群之马贻祸将来,……既未能证实,不得不据情详请钧部予以严密甄查,留意防范备案,将来代表等亦自当就近秘密监视,倘有发现,或得左据证实另速呈报,俾免嫌疑而维团结,是否有当,伏求训示指导遵循谨呈南京特别市总工会转呈市党部。

南京和记工厂工会第三支部出席代表
刘大鹏　朱秀松(押)、龚世洪(押)、张芸芳(押)①

1930年3月2日,南京特别市政府根据社会局的报告转呈国民政府内政部:

和记工潮工人邓定海等反动情形饬令仍随时注意严行防范,以免再滋事端……令行首都警察厅遵照严行防范。②

和记洋行黄色工会向素兰等多次汇报邓定海、崔正荣等准备罢工的活动,已经引起国民政府当局的高度重视!

四、洋行的风暴来了

江苏省委给南京市委的指示信认为,"和记目前调动群众的口号,应当是要求开厂,失业工人一律进厂,反对开除工人等","我们必须加紧反国民党反动黄色工会的宣传鼓动,号召群众热烈的行动,来和国民党黄色工会决裂。尤其要认识目前形势,每一个经济为基础的罢工,都不避免地进到严重的政治斗争和政治罢工,因此党在组织经济为基础的罢工的时候,必须同时提出政治口号,向群众

---

① 《呈为遵令严防和记工潮工人邓定海等反动情形等因除令行首都警察厅注意严行防范呈复袛请鉴核由》(附件),原件藏中国第二历史档案馆,1930年3月2日。
② 《呈为遵令严防和记工潮工人邓定海等反动情形等因除令行首都警察厅注意严行防范呈复袛请鉴核由》(附件),原件藏中国第二历史档案馆,1930年3月2日。

提出必须坚决反对国民党才能得到经济的胜利,而积极准备领导经济罢工到政治罢工,特别是要坚决准备反军阀战争的政治罢工"。①

南京市委认为和记支部的党员略多一些,支部书记邓定海同志在厂里有些威信,又兼任市委委员,能力较强,比较容易打开局面。② 在4月3日复工时,利用上工工人与未上工工人之间的矛盾,举行暴动。

3月29日,邓定海召集党员工人、积极分子三十多人在周汉卿家开会,讨论全体职工统一罢工计划,并提出复工条件。刘大鹏、王文炳等机器房工人代表不同意罢工,赵东来以斧断指表示决心,会终决定统一罢工。

赵东来同志,是个年轻的小伙子,是和邓定海一起的。有一次在外厂开会研究罢工问题,会议末了,他表示,那个不坚决就是这样,他是个木工,他把身上的斧头拿出来一下子砍掉自己几个手指头,表示他很坚定。后来叛徒告密了,罢工没有罢成,资本家主动地增加工资了,赵后来被害了。③

经过细心的准备,邓定海、宋如海等筹划了利用开工的时机展开反对资本家的斗争。

1930年3月下旬,日本第一水雷舰队各种舰只18艘,直入长江沿岸南京、安庆、汉口等处停泊,并准备将全部军舰集中舟山附近举行大规模演习,南京各界无不义愤填膺。④

4月3日,已经领好工牌的工人准备进厂工作,邓定海带领未领到工牌的工人进厂责问,刚到厂门口,即遭到手持大刀铁棍的流氓的痛打,工人们徒手进行搏斗,警察闻讯也赶来对工人殴打,随后风潮扩大,演成了轰动一时的"四三惨案"。

4月3日中午,蒋介石自上海返回南京。同一天,李立三给红四军前敌委员会书记发出一封信,这封信指示红四军沿赣江向沿江城市九江进发,并夺取它。

---

① 《江苏省委给南京市委的指示信(省字第四十三号 京字第七号)——党的中心策略、罢工、兵运、农运、工会工作、党的组织问题》,1930年2月16日,载中共南京市委党史办编:《民主革命时期南京党史文献(1921—1933)》,中央文献出版社2013年版,第373页。
② 刘季平:《一九二八——一九三〇年南京地下党工作的一些情况》,载《南京党史资料》第2辑,1982年版,第14—15页。
③ 南京市肉联厂座谈记录,1959年3月9日,南京市肉联厂藏。
④ 王琳:《晓庄师范学校史稿》,载中国人民政治协商会议江苏省委员会文史资料研究委员会编:《江苏文史资料选辑:第五辑》,江苏人民出版社1980年版,第130—132页。

第四节　青春赞歌：南京学生的声援运动

习近平总书记指出,共产主义远大理想激励了一代又一代共产党人英勇奋斗,成千上万的烈士为了这个理想献出了宝贵生命。"砍头不要紧,只要主义真","敌人只能砍下我们的头颅,决不能动摇我们的信仰",这些视死如归、大义凛然的誓言生动表达了共产党人对远大理想的坚贞。理想之光不灭,信念之光不灭。我们一定要铭记烈士们的遗愿,永志不忘他们为之流血牺牲的伟大理想。

翻开泛黄的历史书卷,打开过往的档案记录,和记洋行的红色故事跃然纸上,栩栩如生,是南京人民革命史的光辉篇章;工人与学生当年的战斗精神荡气回肠,可歌可泣,是雨花英烈精神的重要来源。

中共南京市委于和记洋行工人在邓定海等人的领导下组织暴动之后,立即组织群众基础较好的南京大中学校等进步青年进行声援。

金陵大学和陶行知先生创办的晓庄师范学校的党组织发挥了最重要的作用。1929 年江苏省委派来的陈云同志视察后认为,南京"争自由的斗争有七个学校有了群众,其中以晓庄为最好"[1]。

据当时担任晓庄党支部负责人的刘季平回忆,当时市委下属 18 个支部,有 117 名党员。[2]

刘季平认为,南京各支部组织活动都相当健全,一般都能保持每周或每两周开会一次,每次会议都有相当认真严肃的固定议程,多半是先由联系人报告政治形势,接着由支部汇报检查最近一段工作,然后商讨安排下一段工作。各个支部的同志基本上都能经常团结和联系一两个或两三个较可信赖的党外群众。[3]

"晓庄支部是在一九二八年夏成立的","这个支部成立后的第一件大事,是在中共南京市委的直接领导下,分析晓庄环境,商定工作方针。……我们这几个

---

[1] 中共南京市委党史工作办公室编:《南京党史八十年——中共南京地方简史读本》,江苏人民出版社 2001 年版,第 21 页。
[2] 《南京工作报告》,中央档案馆档案,1930 年 2 月。
[3] 刘季平:《一九二八——一九三〇年南京地下党工作的一些情况》,载《南京党史资料》第 2 辑,1982 年版,第 11 页。

共产党员虽然仍然只能处于地下,却比较可以无甚拘束地发表意见,进行活动。……这样市委就指示我们,现在不要反对陶先生改良主义,要利用晓庄的自由环境,打击反动势力,发展革命力量"。①

1930年1月,晓庄党支部即联络中央大学、金陵大学、东方中学、五卅中学等进步师生,发起组织了中国自由大同盟南京分部。中国自由大同盟南京分部正式成立后,就成为地下党的外围组织。②

"四三惨案"发生后,金陵大学青年学生陈景星,最先向南京各校指出了和记洋行发生了工人被屠杀的惨案。

我们看到了天津《益世报》的报道:

四日,金陵大学学生某氏,分投本市各校,谓和记洋行大班,于昨日无故枪杀我国工友六名,请即援助;旋又发函谓此次日本以帝国主义之威严,事先不通知我国当局,大批舰队驶入长江内地,现停泊下关,更目无法纪,随便登陆,竟殴毙华人六名,破坏国家主权,蔑视人道,有悖国际公法,应请急于驰援等情。③

这里所说的"某氏"即为金陵大学党支部的负责人陈景星。1929年加入中国共产党的陈景星为金陵大学支部的负责人,同时参与上述活动的还有石璞等中共党员。

根据《金陵大学史料集》透露的信息,"四三惨案"发生以后,南京市委决定利用当时的有利形势,发动全市除军警以外的党支部,成立"和记惨案后援会",声援支持和记洋行工人斗争,把运动推进为工人、市民、学生联合行动的政治斗争。陈景星接到任务后,立即全力以赴地行动起来。当时的金陵大学难以扩大组织,所以他主要到一些我党有基础的中学去,和同志们一起发动中学生参加斗争。经过他和其他党员的努力,东方公学300名师生参加了4月5日党领导组织的到下关游行、声援工人罢工的斗争。④

据有关回忆和调查,1930年"四三惨案"当晚,和记工人鞠士林⑤被派到东方

---

① 刘季平:《一九二八——一九三〇年南京地下党工作的一些情况》,载《南京党史资料》第2辑,1982年版,第6—7页。
② 王琳:《晓庄师范学校史稿》,载中国人民政治协商会议江苏省委员会文史资料研究委员会编:《江苏文史资料选辑:第五辑》,江苏人民出版社1980年版,第126页。
③ 《南京学生之自扰》,《益世报》1930年4月13日,第1张第3版。
④ 南京大学高教研究所:《金陵大学史料集》,南京大学出版社1989年版,308—309页。
⑤ 鞠士林,1902年生,宿迁人。1925年在和记工厂当工人,1929年加入中国共产党。

公学、钟南中学、钟英中学等学校发动学生声援和记工运。鞠士林每到一校,都以自己的亲身经历控诉英买办、大班、工头残酷剥削压迫工人的罪恶,揭露国民党军警镇压工人运动的罪恶,要求学生与工人联合起来,共同战斗。鞠士林的讲演,震撼着每一个与会者的心灵,会场群情愤激,"中国工人阶级不可侮!""誓为和记工人伸张正义!"的口号声此起彼伏。许多人当场捐出钱物,支援工人。① 中央大学方面,曾参加活动的窦止敬在回忆中也指出:

> 一九三〇年四月四日下午,我们在中大第四宿舍开支部大会,黄祥宾介绍了"四三惨案"情况,传达了市委指示,决定发动群众,游行示威,声援和记洋行的工人斗争。②

晓庄党支部联络了中央大学、金陵大学、东方公学、五卅中学等学校的200多人开展有关活动。晓庄的地下党员石俊、叶刚等带领同学赶到现场慰问受伤工人及死难家属,并请工人代表来学校报告事件经过。③

紧接着,南京市委又更进一步作出部署,发动城内外除军警以外的各支部,动员群众举行示威游行,刘季平为总指挥,石俊为副指挥,支持和记洋行工人的斗争。

据《益世报》的报道,当时首先接到要求声援文告的是钟南中学。4月4日晚,东方公学召开了全校师生大会,讨论如何声援和记工人的斗争,大家一致同意校长陆志衡的主张,立即举行请愿和游行。4月5日,陆志衡率师生四百余人先到国民党市党部请愿,游行队伍手执小旗,高呼"誓作和记工人的后盾"等口号,情绪高昂。市党部只派了一个民众训练委员会的秘书张元良出面调停。④

据刘季平回忆:

> 四五游行开始只有四五百有组织的学生参加,最后在下关解散时,已达十余

---

① 吴啸寒、余浚根据1930年6月江苏省高等法院讯问笔录、1961年闻金门回忆材料、1929—1930年中共南京市委有关文件整理。南京分卷编辑委员会编著:《江苏人民革命斗争群英谱·南京分卷》,江苏人民出版社2000年版,第136页。
② 窦止敬:《记得榴花初放时——回忆一九二八至一九三一年在中大的地下斗争》,载《南京党史资料》第2辑,1982年版,第31—32页。
③ 周毅、向明著:《陶行知传》,四川教育出版社2010年版,第115页。
④ 吴啸寒、余浚根据1930年4月《中央日报》《申报》《民国日报》《民生报》和江苏高等法院讯问笔录,以及闻金门回忆材料整理。南京分卷编辑委员会编著:《江苏人民革命斗争群英谱·南京分卷》,江苏人民出版社2000年版,第135页。

万人,这天并没有与反动派冲突,但为宣传起见,说有工人、学生被打伤了,我当时化名力华,是游行总指挥。①

又据贾祖珊的回忆:

当时晓庄党的主要领导人是石俊、刘季平等,参加这次革命斗争的除了党内胡尚志、叶刚、郭凤韶等同志……连晓庄小学的小朋友也参加了这一革命斗争。②

陈景星积极参加,带头高呼"反对英国资本家压迫工人""没收帝国主义在华一切企业"等口号,各国驻华公使也感到十分惊慌,纷纷要求国民政府加强保护。③

下关和记洋行是游行队伍的目的地。作为总指挥,刘季平详细复述了当时的情景:

国民政府下令关闭通往下关的挹江门,不许出城去。……因为他们把城门关闭了那么久,阻断了出入交通,弄得城内城外都拥挤了很多人,我们又在城内群众中做了些宣传动员,所以城门一打开,城内群众就跟在我们队伍后面涌了出去,从而又带动城外群众也一起跟在后面涌向下关,原先只有几百人的游行队伍就扩大成为万人以上的长龙。……这不仅国民党没想到,也出乎我们意料。我是这次游行的总指挥,简直不知道怎样办才好。只好接受部分同志的建议,先呼着口号,绕和记洋行游行一周,再把原先的队伍分成十多个小组,向在场群众进行宣传。没有想到我们的人数太少,一分散到人山人海的广场上去,就再也未能全部集中。最后,只勉强集中了一部分人,到江边去对着日本军舰呼了一阵口号,就各自分头回去了。④

中央大学窦止敬的文章也回忆了游行的经过:

次日清晨,中大(中央大学)、金大、晓庄师范,还有一些中学,共有几百人在中大第四宿舍广场上集合,公推市委刘焕宗(即刘季平)同志为总指挥,我们一路

---

① 刘季平回忆,1962年。
② 贾祖珊:《1930年前后晓庄师范党组织的活动情况》,南京市档案馆档案。
③ 南京大学高教研究所:《金陵大学史料集》,南京大学出版社1989年版,308—309页。
④ 刘季平:《一九二八——一九三〇年南京地下党工作的一些情况》,载《南京党史资料》第2辑,1982年版,第14—15页。

贴标语，喊口号，游行到挹江门，……这时，和记周围已密布武装警戒，要道口和制高点还架着机枪。游行大队在围着工厂游行宣传时，被分割成几片，我们这支队伍只剩下百人左右，到了工厂门口，厂门紧闭，冲不进去，有一位独眼的工人激昂慷慨地要大家下定决心，有棍子的拿棍子，没棍子的就用拳头。"冲进去！有胆量地跟我走！"他的话音刚落，军队已端着刺刀向我们步步逼来。人群散了，零零落落只剩我们二十多人，同大队又联系不上。约莫午后三四点钟光景，我们便从挹江门进城回到学校。①

在4月6日的《申报》中，可以查阅到有关学生声援和记洋行罢工工人的新闻报道。

五日警察局因各校学生赴下关援助和记失业工人，恐发生事变，特嘱第十、十一两局派员向学生劝导，下午二时半，有一部分学生行至兴中门时，巡官王佐临劝导无效，致起冲突，王当场被殴受伤，其时守城者因发生风潮，即将城门紧闭，旋第十局局长闻讯赶到，向学生多方解释后，始开城，各生亦整队向和记而去。②

5日上午，和记失业工人复至工厂附近聚集演说，向厂方示威，下午各校学生在和记前面空地分队演说，"厂方西人当以形势严峻，拟请日本水兵登陆保护，时警察十一分局闻讯，立派局员沈立群率警赶往调停，当请学生代表及社会局代表谈话，共谋正当解决办法"③。

第五节　国民党政权的严厉镇压

一、公布"真相"，缓和风潮

"四三惨案"及随后发生的学生"四五"游行震撼了国民政府当局，"而那时又

---

① 窦止敬：《记得榴花初放时——回忆一九二八至一九三一年在中大的地下斗争》，载《南京党史资料》第2辑，1982年版，第31、32页。
② 《下关和记厂工潮形势恶化》，《申报》1930年4月6日，第2张第8版。
③ 《下关和记厂工潮形势恶化》，《申报》1930年4月6日，第2张第8版。

正逢阎锡山、冯玉祥、汪精卫在北平召开反蒋的所谓扩大会议,国民党内部即将爆发新的军阀混战。蒋介石误以为这次示威游行是陶行知勾结阎、冯等人为破坏其后方秩序而搞起来的"。①

南京特别市政府认为,此次风潮一旦扩大,对于时局治安非常不利,严令要求"制止学生不良行动;工人不得再施武力,静候解决;风潮未决前不得开工;严惩惨案之首倡发起者"②。

1930年4月5日,南京国民政府在《中央日报》迅速公布了所谓的《下关和记工潮之详情》的调查报告,目的是要稳住阵脚,准备严厉的镇压行动。

下关宝塔桥英商和记洋行,于客岁冬季,因受浦口石部兵变影响,各埠外庄货物一时不能运送到京,宣告停工;直至上月中旬,始有定期复工之讯,各部分工友闻此消息,以为厂既开工,生计有着,乃月前鉴于生活程度过高,原定工资,殊觉不敷,与其开工后引起纠纷。何若开工前设法解决,遂一直要求厂方酌量增加。经市社会局暨工人团体指导委员会派员几度调节,始得厂方允可,和平解决。订期前日(三日)一律到厅工作。

该厂全厂工友,男女共分三部,第一支部系外庄职工,第二支部系厂内女工,第三支部系厂内男工,此次风潮虽与外庄无关,但二、三两部工友,共约一千余人,现厂方因时局不靖,不欲尽量开办,以免亏蚀,故仅需男工一百余人,女工七八十人,徐谋增雇,嘱由厂中工头鲍云卿制定一种纸牌子,分发第一批被雇工友入厂工作,其他所余工友,然后再陆续雇用。此项办法,原期兼筹并顾,两无妨碍。

岂知此讯一经传出,该第一批未经被雇工友,恐遭失业,大为恐慌,前晨开厂时,各已经领得纸牌子之工友均皆相继到厂,准备工作;惟工头鲍云卿,即领首分发工作纸牌子者,因为事先闻失业工友将有不利举动,藏匿煤炭港家中,未敢入厂,适为到厂工友彭玉珊、彭德山、施洪勋等所闻知,不禁气愤填膺,立即率同其他工友数十人,拟往煤炭港,迎护鲍云卿入厂领导,讵料甫经行至煤炭港车站之侧,恰遇失业工友邓定海、黄文宾等,亦率落雇工友宋如海等百余人,由老江口方面而来,声势汹汹,预备入厂觅工。两方相值,竟以细故启衅,发生械斗,各执刀

---

① 刘李平:《一九二八——一九三〇年南京地下党工作的一些情况》,载《南京党史资料》第2辑,1982年版,第14—15页。
② 《和记工厂发生绝大风潮详记》,《劳动》1930年第28期,第2页。

棍等件,揪扭殴打,混成一团,一时人声鼎沸,形势严重,交通几为断绝。幸经第十一警察局闻警,立派巡官郑庆祥、章昌炽,率同武装警士二十名,荷枪实弹,驰往该场弹压,而该管第七分驻所巡官柳鑫华,亦率警赶至,分头驱逐,始将武剧制止,并拘获为首工友,计失业方面,宋如海、王金山、庄洪发、徐云乐等四名,已雇方面,咸世海一名,双方均各有损伤,而尤以已雇方面工友彭玉珊为最重,伤痕斑斑,血流如注,恐有性命之虞,遂一面将受伤者彭玉珊、彭德山、施洪勋、卢守琳等四名,分送博爱、协和两医院延医诊治,一面则由柳巡官等,将该拘获工友宋如海等五名,解送大马路第十一局,报请楼局长,发交沈局员预加审讯。

据宋如海、王金山、庄洪发、徐云乐等四名先后供称,邓定海等率领我等失业工友,因闻和记开工,意欲进厂觅工,不料行至煤炭港地方,忽被彭玉珊等阻拦,不许我等进厂,以致互殴,我等均各受伤等语,旋质之咸世海一名,则称今日进厂做工,突被失业工友殴打,不知何故等语,供词各执,未能及时解决,嗣乃一并申解城内警察厅,以凭讯究,至昨日(四日)情势上午虽甚平静,但至下午二时许,仍有一部分失业工友,聚集煤炭港空地,意欲露天开会,筹商办法,幸经第七分所派警驱散,未致发生事端。①

就是这样的一份详情报告,有意识地缓和事件,将其归结为劳资矛盾以及工人复工冲突,极力将责任推卸给工人。

面对群情激奋的学生运动,国民党当局对各校进行严格控制,以所谓的"劝谕",禁止师生上街游行。

"(五日)午后四时,教育部及京市教育局为此次问题,特分别召集各校校长开紧急会议,希望各校当局,劝谕学生,勿为此种妄举云"②,对钟南中学、东方公学等普通参加游行的学生,予以解释,令其不要继续参加游行。③

4月6日,作为国民党官方喉舌的《中央日报》,以布告的形式要求学生不得集会妄动。

……现工人间互殴风潮,当已平息,乃竟发现钟南中学、东方公学等学校学生,误谓和记工厂工人,为英国水兵枪杀六人,特组织后援会,散发传单,组织演

---

① 《下关和记工潮之详情》,《中央日报》1930年4月5日,第2张第3版。
② 《和记工潮中学生请愿,当局会衔说明工潮经过,学生请愿经解释误会后始散》,《中央日报》1930年4月6日,第2张第3版。
③ 《南京市民训会,市社会局布告》,《时事新报》1930年4月7日。

讲队，分头宣传，殊与事实完全不合；又有多数学生结队，来会请愿援助，除由本会当将该案经过事实详细解说，并令即行解散，免滋事端，同时并由本会局分别派员，赴各该学校详述真相，并调查主动造谣者外，深恐外界不明实况，致酿事端，合亟将此次调查该案之结果，及工人互殴之真相，会衔布告周知，以免淆惑观听，致为反动所牵。切此布告。①

据《晓庄师范学校史稿》，教育部部长蒋梦麟随即偕同普教司长亲赴下关视察，回部后立即召集各大学校长谈话，除中央大学外，各大学校长均到。蒋梦麟面嘱各校长极力阻止学生校外行动，不得再结队游行示威，并命令市教育局召集公私中学校长作类似叮嘱。②

《申报》4月6日的报道认为，此次事件的导火线是厂方将复工证交由工头办理，"完全因厂方违背复工条款第一条所致，该条曾注明工厂所用工人，应由工会介绍，工厂发给工人证，亦应由工会经办，乃复工时，该厂竟将工作办法交工头转发，工头得操纵此会，致大多数工人失业互殴，惨祸即由此起"。

同时该报也指出事件的后续发展："一、请学生代表向工人学生开导，停止各种活动，静候社会局市党部与学生代表于六日向厂方进行谈判；二、各代表与厂方谈判，务宜办到工作证由工会发给目的，旋由学生代表将经向学生、工人报告，众咸认可，遂整队散，当各校学生行经江岸时，因见江中停泊大批日舰，群呼打倒日本帝国主义及驱逐日舰出境等口号，因沿途均有警察弹压，未生事变。"③

为了平息工潮，国民政府4月7日将和记洋行先前签订的劳资协议，全文刊载于《中央日报》：

和记工厂工会第二支部

（一）甲　工资　增加十分之四，并将钱码改为洋码，铜钱以三百枚为洋码一元；

乙　凡女工经厂方雇佣进厂，不论有无工作，亦以一天论；

---

① 《和记工潮中学生请愿，当局会衔说明工潮经过，学生请愿经解释误会后始散》，《中央日报》1930年4月6日，第2张第3版。
② 王琳：《晓庄师范学校史稿》，载中国人民政治协商会议江苏省委员会文史资料研究委员会编：《江苏文史资料选辑：第五辑》，江苏人民出版社1980年版，第130—132页。
③ 《下关和记厂工潮形势恶化》，《申报》1930年4月6日，第2张第8版。

第五章 信仰的力量:和记洋行"四三惨案"和雨花英烈精神

《南京和记洋行公布劳资解决条件如次》
来源:《中央日报》1930年4月7日

丙 论件女工,照件计工资。

(二)厂方与工人须互相合作,无故不得开除,但工人确有不守厂规行为,方能认为辞退之理由。

(三)由厂方指定房屋一所,以备女工在中膳食,抚育子女。

(四)改良女工饭堂设备,男女分食,不得混杂。

(五)对于女工工作罚款规则,由厂方规定通知工会,如工会认为不满之点,得请厂方修改。

(六)在厂工作凡满十个月之已婚女工,于分娩时,厂方另给半个月工资,以示优待。

（七）工会有介绍权（指会员言，会员名册交厂），但须得厂方大班或代表同意雇用，如辞退工会工友时，须通知工会。

南京特别市社会局局长　沈家杰
南京市工人团体指导委员会　眭光禄　顾百维　程秉智
和记洋行代表　赖安仁
和记工会第二支部常务干事　向素兰
中华民国十九年四月一日①

和记工厂工会第三支部

（一）工会有介绍工友权（指工会会员而言，工会名册应交厂方）。但须得厂方大班或代表同意雇用，如辞退工会工友时，须由厂方通知工会，但不得无故开除。

（二）全厂工友一律照原薪每月加二元。

（三）在厂工作一年以上者，另给酒资一个月（照一个月工资算）；六个月至一年者，另给酒资四分之三；四个月至六个月内，另给酒资三分之一；两个月至四个月内，另给酒资四分之一；两个月以下者，另给酒资五分之一。

此条适用短工。但遇年底时，厂方向来规定之红利，只限长工，短工不得兼有。

（四）童工改钱码为洋码，另加工资两元。

（五）雇用期间，最低以半个月计算。但工作不满一月而过半月者，工资照一个月付给。

（六）露天工作及饭堂布置，厂内卫生应由厂方尽量改良。

（七）因公受伤，由厂方送往医院诊治，工资照给，另给医药费。但超过两个月以上者，应由医生再证明。因公身故，厂方认给衣衿棺椁及安葬抚恤费共洋二百元（此条适用于全厂工友）。

（八）每天工作九小时，每多做二小时工作算半天，六小时算一天，计给工资。礼拜日及政府规定纪念日休息，但星期日如工人自愿工作者，照三小时算半天，六小时算一天计，此条适用短工，长工照向来旧例。

---

① 《南京和记洋行公布劳资解决条件如次》，《中央日报》1930年4月7日，第1张第3版。

（九）其他工人不在以上条例者,照原有工资加十分之一五。

南京特别市社会局局长　沈家杰
南京市工人团体指导委员会　眭光禄　顾百维　程秉智
和记洋行代表　赖安仁
和记第三支部常务干事　陆拱之

中华民国十九年四月一日①

刘纪文在给南京政府行政院的报告中指出劳资协议签订后警厅的反应:

现拟由本局将调解妥当情形呈复警厅,并请其明日早派警在该厂一带附近梭巡,保护工人复工及严防捣乱分子,同时本局布告张贴厂门,着该厂及工人各互遵条约,实行劳资协作。

据此,当将调解经过情形函复首都警察厅,并请于三日正式开工时多派警士前往和记工厂,保护开工,并严防捣乱;一面将调解该案纠纷经过情形及结果,布告张贴和记洋行门首,该案纠纷已完全解决。②

4月7日,南京特别市市长刘纪文向国民政府行政院就此事进行了详细的汇报:

当时职得闻此讯,即往市党部调查,目睹该学生等词峰尖利,满口激烈言辞,迨至中午接奉钧长电示消息,当即赴下关十一警局会同沈局员派警保护,同到和记查明该数校学生及工人包围工厂情形。当职甫抵下关煤炭港空地时(离工厂不远),遥望见有学生三百余人(后查系东方公学、钟南中学、晓庄学校、中央大学四校)、工人男女六七百人查和记工会工人向无确数、未知是否系完全工人团聚一处,正当高呼口号,随职到即有百余工人数十学生拦截路口,问何人系社会局代表,经职自认。问其来意并着其举派代表到该警局第七分所会谈,后有一人自称全班代表,名丁监民,中央大学政治系学生,发言质问何以英帝国主义违背劳资协约,政府绝不负责。当由职将日前解决经过情形详告,及反问其散发之传单

---

① 《版面广告》,《中央日报》1930年4月7日,第1张第3版。
② 《南京特别市市长刘纪文关于镇压南京英商和记洋行工人罢工要求改善待遇经过致行政院呈(1930年4月7日)》,载中国第二历史档案馆编:《中华民国史档案资料汇编:第五辑第一编　政治(三)》,江苏古籍出版社1994年版,第278—282页。

所载事实系根据某方面得来，何人负此责任。当时丁某即言，今日之来，一方面调查真相，一方面向外国人示威，甫经言论之际，忽有巡官走报，谓空地所聚之学生及工人，经议决行动，由学生包围军警，阻止武装卫护工厂，由工人分两路攻入工厂，与内部同党工人内外夹击。斯时职一闻报讯，即与沈局长及督查处各员会商，先将该代表丁某拘留，不能放其出外，同时由职向丁某称：今日所有学生及工人一切行动由你一人负责。丁某答曰：能尽个人之力制止并解散全部，随即派人同往空地，由丁某当众宣布各人可先行散去，同时厂内厂外军警戒备甚严，以防不测。（当时厂内保安队约百五十名，宪兵约三十名，厂外第七分所门口警察约四十名，另卫戍司令部督查处十余名，车站防军一排。）

迨隔十分钟之久，丁某返，称谓人均散，但请政府应令进厂工人一齐停工，再由厂方向工会完全介绍雇用，并须各方面共同组织，对付和记。①

根据这份汇报，刘纪文认为学生运动行为有过激以及学生不明白实际真相的问题，强调政府要调查事实真相，以尽快地平息工潮、学运。

《中央日报》4月9日即以"下关和记工潮已解决，已有七百余人进厂工作"为标题，认为和记工潮很快已告解决。

昨日该厂工友纷纷入场工作，而厂方同时亦将打蛋、包蛋、照蛋三厂一齐开放，雇佣工友较多……据云现在入厂工作者，男工方面已有三百余名，女工方面亦在四百人左右，所余外间尚未入厂之工友，为数亦不过一百余人，大约厂方于三五日内即可陆续雇用进厂，当不致再有问题发生……和记工潮，至此已告解决。②

二、白色恐怖，严密搜捕

经过严密的侦查，4月16日，南京特别市政府再次向行政院当局报告了他们认定的事件经过。

邓定海、周汉卿、崔正荣等近复勾结工人王金山、黄文宾、赵东来等趁和记将

---

① 《南京特别市市长刘纪文关于镇压南京英商和记洋行工人罢工要求改善待遇经过致行政院呈（1930年4月7日）》，载中国第二历史档案馆编：《中华民国史档案资料汇编·第五辑第一编　政治（三）》，江苏古籍出版社1994年版，第278—282页。

② 《下关和记工潮已解决，已有七百余人进厂工作》，《中央日报》1930年4月9日。

及开工之际,煽惑该支部及第二支部男女工人要求加薪等条件……当即同市社会局迭次向厂方交涉,结果双方认为满意,遂订本月三日入厂工作。

不料该邓定海等见加薪一事未能激起工潮,复唆使多数工人手持单刀铁尺等凶器,于三日晨在工人赴厂要路乘人无备,中途截击,致将工人彭玉珊、彭德山、施洪勋三人殴伤,于混乱之中并将其同伙宋如海打伤。经下关第十一警察局当场拘获凶手王金山、庄洪发二人连同凶器一并带局讯办,并经职部函请首都卫戍司令部迅将邓定海、崔正荣、周汉卿、黄文宾、赵东来等逮捕归案。

查邓定海等先后举动非以要求加薪为目的,实有其他比较重要之作用,竟于本月四日下午勾结中央大学、钟南中学、东方公学、五卅公学等校学生,召集多数工人在和记开会,乱呼口号,粘贴标语,虽经下关警局暨卫戍司令部下关分队并职会代表等前往制止,气势汹汹,毫无效果,并闻本日仍将开会。职会以在此叛逆未靖之际,该学生等竟敢诱惑工人开会图谋反动,足可引起国际交涉,并可扰乱地方治安,当即分请首都警察厅暨首都卫戍司令部严加逮捕。①

行政院高度重视,回复:

对于从中煽惑之工人、学生,自应严加取缔,已分令内政、工商、教育三部,分别制止防范,以维治安,并呈报国民政府鉴核。②

经过反复的侦查,反动当局深刻意识到了此次风潮并非普通的经济纠纷,其与共产党的组织活动有着密切的关联,必须对参与活动的工人、学生严加审讯。

蒋介石鉴于南京形势严峻,亲自对首都军警发表讲话,以稳定秩序:"首都的军警,格外要十分地努力奋斗,十分地整顿训练,才可以尽我们军警维持地方,保护政府的责任。……上官交代我们一个任务、一个命令下来,我们一定要照着上官的命令切实做到,务必要达到我们的任务,恪尽我们的职责,这才可以算得一个很忠实的官兵,也才可以算得首都模范的军警。"③

自4月9日起,南京实行戒严,"加强防范,维持治安"④。

驻南京的各国领事,"知悉此事后,感慨悒有戒心。公推英领许立德赴外交

---

① 《南京特别市政府呈行政院文》,1930年4月16日,《南京市肉联厂厂史征编资料》,江苏省档案馆藏,档案号:3116-1-7。
② 《下关和记工潮之真相》,《中央日报》1930年4月13日,第2张第3版。
③ 《蒋总司令昨向首都卫戍军警训话》,《中央日报》1930年4月7日,第1张第1版。
④ 《首都无形戒严》,《申报》1930年4月10日,第2张第4版。

部及警察厅,请求保护。首都卫戍司令部及首都警察厅,于仓猝间,即分派精干警兵,分头保护"①。

同时,还对应对不力的官员进行了问责:

> 江宁县党整会以某学校发生反动宣传,该处四区党部及四区一分部,事前既无防范,事后又无报告,殊属玩忽,已决定将四区党部及四区一分部执监委全体撤职,听候查办,并由组织部派员保管,及严密考察四区一分部全体党员。②

4月12日,蒋介石签署国民政府第699号指令,接着,国民政府行政院发出《第1588号训令》,"严令防范和记工潮和学生运动,逮捕邓定海等不良分子"③。

4月14日,南京市学整会呈请市党部,"将和记工潮解决经过通告各学校学生会","呈请教育部,通令全国各学校取消青年会"。④

"卫戍部布告,现值战事时期,反动分子试图乘机扰乱。兹为巩固首都,防遏乱萌起见,凡各团体学校机关集会结社,应即暂行停止,如有必要开会讨论时,将事由及时间、地点先行呈报本部,俟得许可,方能举行。"⑤

当日,国民政府撤换刘纪文,任命魏道明为南京特别市市长。

南京各校学潮暂时平息后,当局布下天罗地网,严密搜捕邓定海等共产党人。

同时,首都警察厅长吴思豫拟自4月份起,增加长警月薪,"拟先将各局警长警士,每月酌加饷银二元"⑥。

"首都军警当局因五月纪念日将届,为预防奸人扰乱起见,对市内戒备甚严,二十九晚并派兵在重要街道实行搜检行人。"⑦"警厅通令各局,严防五一日反动分子乘机纷扰。"⑧

5月12日,国民政府行政院令内政、工商、教育三部取缔从中煽惑之工人、

---

① 《南京学生之自扰》,《益世报》1930年4月10日,第1张第3版。
② 《江宁四区党委撤职》,《申报》1930年4月11日,第1张第7版。
③ 《雨花英雄画传》编委会编:《雨花英雄画传4》,南京出版社2015年版,第38页。
④ 《南京市学整会请教部取消各校青年会》,《中央日报》1930年4月15日,第3张第4版。
⑤ 《京卫戍部防遏乱萌》,《民国日报》1930年4月13日,第1张第3版。
⑥ 《首都长警月饷增二元》,《中央日报》1930年4月9日,第2张第3版。
⑦ 《首都戒备甚严》,《申报》1930年4月30日。
⑧ 《二十九日专电》,《申报》1930年4月30日。

学生,首都卫戍司令部亦布告取缔集会结社①;令南京特别市政府,"为令知事前据该市政府呈报下关和记工厂劳资纠纷调解情形云云,毋任再有滋扰……奉此除严密防范外,合日令仰该市政府知照"②。

"四三惨案"也直接导致了陶行知先生创办的晓庄师范学校被国民政府强行封闭。《中央日报》的报道认为:

> 照得晓庄师范学校,违背三民主义,散发反动传单,勾引反动军阀,企图破坏京沪交通。……该校有反动分子,煽动学生及非学生,入城散发反动传单,结队高呼口号,分往各校煽动罢课、罢工、罢市;……为治安计,惟有暂时停闭。③

4月12日,国民政府明令通缉晓庄师范学校校长陶行知,"晓庄师范学校校长陶行知勾结叛逆,阴谋不轨,查有密布党羽冀图暴动情事,仰京内外各军警、各机关一律严缉,务获究办,以彰法纪。此令"④。

陶行知随即发表了护校宣言,严正指出:

> 和记洋行是英帝国主义在首都实施经济侵略的机关,最近以高压手段打伤失业工人,并且两人因此失踪。这种惨无人道的情形,在革命政府之下,应当不应当纠正?中山先生遗嘱,是要我们废除不平等条约,但当局是一面喊着革命外交的口号,一面交换礼炮,允许日本舰队登岸,让侮辱中华民国的敌人去敬礼中山先生的陵墓,……这种侮辱主权的行为,在革命政府之下,应该不应该忍受?⑤

晓庄共产党员继续参加革命活动,从1930年6月到9月,被捕师生达三十多人,牺牲的有石俊、叶刚、郭凤韶、谢纬棨、袁咨桐、姚爱兰、汤藻、马名驹、沈云楼、胡尚志等。他们为了实现共产主义的美好理想,将年轻的鲜血,洒在了雨花台上。他们献身时,年龄最大的23岁,最小的袁咨桐年仅16岁。⑥

晓庄十烈士是"雨花烈士精神"的重要代表。

国民政府后查出金陵大学陈景星是认定的"造谣者":

---

① 《时事日志:中国之部(民国十九年四月一日至四月三十日)》,《东方杂志》1930年第27卷第12期,第120页。
② 《国民政府行政院训令》,中国第二历史档案馆档案,1930年4月,南京市肉联厂复印。
③ 《晓庄师范反动当局勒令解散》,《中央日报》1930年4月14日,第3张第1版。
④ 《政府下令通缉陶知行》,《益世报》1930年4月12日,第1张第3版。
⑤ 《护校宣言》,《京报》1930年5月17日。
⑥ 周毅、向明著:《陶行知传》,四川教育出版社2010年版,第123页。

和记工人要求加薪发生互殴,金大学生捕风捉影造谣惊人,谓和记与日本水兵枪杀我工友,钟南师生冒昧出发示威声援,警士被殴,外领恐慌,秩序紊乱。

系姓陈,但未知名,当局正式请金大交出此人,但金陵大学为外人所办,不能强行,该校迄不允交此人,而当局亦无法办理,此事至此始告完全平息。(四月七日)①

此后,陈景星②一直住在和记洋行工人宿舍里,1930年8月被捕,后就义于雨花台。金陵大学石璞也被捕牺牲,年仅17岁。

南京,一座具有光荣革命历史的城市;红色经典融入了城市的文化,铸就了伟大的精神,也矗立了不朽的丰碑。

袁咨桐烈士(1914—1930)　　　　陈景星烈士(1908—1930)
来源:中国南京红色在线　　　　来源:中国南京红色在线

第六节　"四三惨案"与革命道路的思考

在复杂的国内外背景下,1930年4月2日,李立三在中共中央机关刊物《布尔塞维克》上发表《怎样准备夺取一省与几省政权的胜利的条件》一文,提出"加紧准备夺取一省与几省政权,建立全国革命政权,已成为党的目前的总战略"。

---

① 《南京学生之自扰》,《益世报》1930年4月13日,第1张第3版。
② 陈景星(1908—1930),化名刘列,辽宁海城人。1929年考入金陵大学,同年10月加入中国共产党。1930年2月任中共金陵大学支部书记、南京市委宣传委员,同年夏被捕,9月牺牲于雨花台,年仅22岁。

"四三惨案"发生以后,江苏省委非常重视,号召工人阶级和社会各界支援南京和记工人的罢工斗争,向国民党、帝国主义发起全面的进攻。

中共江苏省委执行"左"倾路线,于1930年4月7日发表了关于南京"四三惨案"的通告:

> 现在国民党军阀斗争日益蔓延,国民党之压迫剥削愈加残酷……更要以无情的屠杀压迫来挽救其末路,……南京"四三惨案"及五日之大示威更有其特别伟大的政治意义。南京是国民党统治的中心地,在蒋介石直接的铁蹄下产生这一伟大的斗争,无疑地将要唤醒全国的工农受苦群众,更迅速地团结起来,勇敢向前做推翻帝国主义国民党的最后奋斗。
>
> 我们党要坚信,在目前阶级斗争尖锐的形势下,革命斗争中每一很小的事实,都有发生伟大的政治运动的可能,……何况"四三惨案"本身更已是极严重的政治斗争。如果以为党的主观力量还属薄弱,便怀疑到这种可能的形势而犹豫不去领导,便是极端的错误,这不仅要做尾巴主义者,而且必然陷入机会主义的泥坑。……首先要在南京扩大罢工、罢课,形成总的反国民党、反帝国主义的斗争,上海要立即发动罢工罢课,调动群众到马路上示威讲演,扩大成为总的斗争,使上海、南京配合而成为全国运动的中心动力;……发动方式首先要迅速地动员支部,经过支部与赤色工会等到厂内、学校内去做广大的煽动,号召厂内、校内群众大会立即成立南京"四三惨案"后援会,通过罢工、罢课,立即到街上演讲。在一个工厂或学校罢工罢课后,更应抓紧扩大罢工、罢课到全部,组织示威运动,发展成为总的斗争。①

事实说明,这份报告错估了形势。在城市暴动思想的指导下,中共南京党组织遭到严重的破坏。

据南京党史办网站公布的南京党史1930年大事年表记载:4月6日,南京市委决定组织全市学生到各工厂、学校、兵营中去宣传鼓动罢工、罢课、罢操;同时决定派代表去上海,要求上海人民声援。②

上海工人学生在租界以援助南京和记工潮为词谋集会,为租界巡捕所驱,工

---

① 《党、团江苏省委通告第十九号——援助南京四三惨案》,1930年4月7日,载中共南京市委党史办公室编:《民主革命时期南京党史文献(1921—1933)》,中央文献出版社2013年版,第380—381页。

② dsb.nanjing.gov.cn/xxcb/dsnb/201306/t20130628_2084270.html.

人刘义清被开枪击毙,是为"四八惨案"。①

上海江湾区委宣传部干事、吴淞区委宣传部部长左洪涛因指挥数千人在法租界的大世界门前举行声援南京和记蛋厂工人罢工斗争的游行示威,被捕入狱。②

上海《民国日报》对上海工人援助和记"四三惨案"有更为详细的报道:

> 自四月三日南京下关和记洋行发生殴伤工人之后,沪上共党即借此阴谋暴动,用自由运动大同盟、人道互济会、工会联合会等团体名义,以援助四三英人枪杀工人为借口,多方煽动。前日(七日)下午又有一部分共党在南京路一带散发传单,作试探计划。彼等原定计划,拟于八日晨十时,在宁波同乡会开会,如人数众多,则冲至跑马厅集会,并组有敢死队一百人,准备与巡捕冲突,藉以造成惨案,以利其暴动计划,此种计划,日前已被发觉。
>
> 昨日上午九时来有四五十工人学生,均拟冲入宁波同乡会,因该会已早有戒备,当由守候之包探以电话报告捕房,捕房立派西捕五名、华捕十六名前往解散,并捕获为首三人,而跑马厅方面亦有相当戒备,不能冲入。若辈乃转入北京路,其时人数已达一百至二百人,拟从北京大戏院集会,该店伙友林某出面阻止,致被殴伤,站在该处之华捕见有殴打情事,并见有散发共党传单者,当即上前捕获一人,正拟解往捕房,群众即一拥上前殴打巡捕,将警棍抢去,并图抢夺手枪,实行暴动。
>
> 该华捕乃拔枪实弹开放,以致当场击毙一人,闻系翻砂工人,弹从右下颊穿入,余众皆鸟兽散,嗣后捕房大队巡捕到来,又在贵州路捕获四人,宁波路捕获五人云。③

4月10日,王明在《劳动》杂志第28期上以兆雨笔名发表《南京四三惨案的意义与教训》一文,声援南京、上海工人学生的革命斗争,号召人民起来打倒帝国主义与国民党反动政权的统治,对于推动当时的群众运动,具有积极作用。可是,王明在这篇文章中,又仅仅根据南京"四三惨案"这个局部事件断言:"这表示

---

① 《时事日志:中国之部(民国十九年四月一日至四月三十日)》,《东方杂志》1930年第27卷第12期,第120页。
② 中共江苏省委党史工作办公室著:《中共江苏地方史:第一卷》,江苏人民出版社1996年版,第219页也有类似的记载。
③ 《昨日共产党希图扰乱未成》,《民国日报》1930年4月9日,第3张第1版。

国民党的统治已经根本破产","国民党的统治的末日已经来到了","这是表示革命高潮已经加快的到来了!"他坚决认为:"革命与反革命的肉搏血战的日子已经迫在目前了,我们应该加紧领导和联合农民兵士以武装暴动,打倒帝国主义国民党,建立工农兵代表会议!"①

中国革命互济会江苏省临时委员会、上海革命互济会、上海失业工人等团体也纷纷发出援助南京和记失业工人,打倒帝国主义、打倒国民政府的号召。

1930年4月初,周恩来前往苏联共产国际之前,李立三在中央政治局又提出要搞"南京暴动"。中央政治局将这个问题交给了当时的军委书记周恩来研究。据当时在中共中央秘书处工作的黄玠然同志的回忆,周恩来曾找来了南京市委管军事工作的同志和中央军委的同志一起开会,详细查问敌人的军事力量;党在敌军中的力量,党在工人、农民中的力量及党的工作等情况。周恩来还询问了暴动地点和周围各方面路程距离,一旦暴动,各方面是否能配合等等问题,一系列的材料证明,暴动成功是不可能的。周恩来激动地说:"暴动不是儿戏,暴动是不能儿戏的!"②

这时,实际主持中央工作的李立三对这种形势作了错误的估计,认为南京工人运动已经激烈到可以搞武装暴动的程度了,他认为南京的军队有共产党的影响,所以武装暴动是有可能的。

"四三惨案"以后,中共南京市委在不久以后也陷入了城市暴动路线错误当中,当时,江苏省委一再要求各地暴动。"四月二十五号以后提出要发展党员,计划要发展到一二百人,这在主席团就起了争论,认为不可能,但是支部联会第二次会上通过。这时候支部右倾最严重……"③

南京方面,尽管"四三"暴动最后很快失败,但南京市委积极响应李立三的错误路线,继续筹划城市暴动,也要求和记支部再次暴动。

实际上,南京再次举行暴动的条件是不具备的。但是7月13日,李立三在中央临时政治局会议上作了《关于南京问题与全国工作布置的报告》,在这个报告中他说:"南京问题,有决定全国胜负的意义的问题,中央必须有决心来动员全

---

① 戴茂林、曹仲彬著:《王明传》,中共党史出版社2008年版,第104页。
② 陆庆良:《关于一九三〇年"南京暴动"的情况》,载《南京党史资料》第7辑,1984年版,第77页。
③ 《南京市委工作报告——关于组织及各种工作情况》,1930年6月25日,载中共南京市委党史办编:《民主革命时期南京党史文献(1921—1933)》,中央文献出版社2013年版,第389页。

国,布置全国的任务……南京来一兵暴,确可发动全国反军阀战争的革命高潮,可以掀起全国反军阀战争的伟大战争。"要求南京兵暴以"占领南京为目的","建立苏维埃政权为中心",全江苏相互配合,并武断地提出,谁反对这一布置就是右倾逃跑主义,将给予党纪制裁。①

在由中共江苏省委党史工作办公室编著的《中共江苏地方史》一书中提道,要求南京的士兵暴动与上海的总同盟罢工同时并进,并要求江苏工作配合南京暴动。李立三的设想是"武汉暴动、南京暴动和上海总同盟罢工的爆发,将引起全国总暴动的发生,届时苏联和蒙古可以出兵,将'西伯利亚数十万中国工人迅速武装起来',支持中国革命。这样一来'日帝国主义必很迅速地向苏联进攻',引起世界大战,而中国革命就会在世界革命高潮中取得胜利"。②

正是在这种错误思想的指导下,中共南京市委对五一游行继续做了准备,重点还是针对和记洋行的工人罢工,认为:

"和记斗争本身经济要求主要部分已解决,目前主要的是开除工贼走狗,厂内军队仍未搬,并计划继续逮捕工人。女工近有二次胜利:(1)自早上进厂至午刻因蛋少未开工,没有工钱(现外庄已经斗争不收蛋故),经过鼓动遂停止工作,工头干涉。……女工后来包围写字间,外国人答复上半天开工,下半天给三角七分工钱。(2)因为蛋少,工头开除一部分女工。走前,女工集百余人,……打大工头,后来被捕六个女工,……市委的策略是加紧罢工,中心口号的宣传,加紧各部门小组斗争的发动,争取胜利,加紧巩固已溃散的群众,但组织须对着五一,但我们现在的估量五一的罢工希望是很少可能。"同时指出,"目前统治阶级检查很严,新增八百武装便衣侦探,学校却不停课,说共产党在五一要暴动,目前已有下关数千工人暴动的谣言,现在群众受一连以上的军队监视的有晓庄、和记、浦镇大厂",决定"二十八号在城内举行一次飞行集会做示威的演习"。③

1930年5月,毛泽东写作了《反对本本主义》,提出"没有调查,就没有发言权","中国革命斗争的胜利要靠中国同志了解中国情况"等著名的论断。

---

① 《曹瑛在南京的革命活动》,载中共南京市鼓楼区委党史工作办公室编:《黎明之光——南京鼓楼革命史话》,江苏人民出版社2008年版,第30页。
② 李维汉:《回忆与研究(上)》,中共党史资料出版社1986年版,第306页。
③ 《南京市行委对"五一"的布置情形向江苏总行委的报告》,1930年4月27日,载中共南京市委党史办编:《民主革命时期南京党史文献(1921—1933)》,中央文献出版社2013年版,第383页。

"四三惨案"后,和记工人宋如海(右图)在党组织安排下转移到上海养伤和学习,6月,受党组织派遣秘密回宁,担任南京下关区委交通员。不久,在一次执行任务时不幸被捕。烈火初心赴刑场,宋如海于7月18日下午3时就义于雨花台。次日《申报》刊载烈士就义时的英勇历史场景:

宋如海等高唱《国际歌》,大呼口号,神色自若,毫无怯形,沿途观者甚众,临刑时引颈而待,无畏缩之状。①

宋如海
来源:中国南京红色在线

从1925年的五卅运动到1930年的南京暴动,和记洋行深刻融入南京人民革命史,烙上近代南京的红色印记。南京优秀的共产党员、青年团员,前仆后继、英勇斗争,领导工人运动,肩负革命的重任。他们之中有的成长为革命路上的中坚力量,有的成为雨花英烈的重要代表。张闻天、宛希俨、萧楚女、恽代英、吴玉璋、林育英、王荷波、曹壮父、华克之、刘季平等曾在这里播下金陵的火种;邓定海、宋如海、陈景星、石璞、袁咨桐、郭凤韶等也在这里唱响英烈的赞歌。

2014年12月,习近平总书记在江苏调研期间指出,在雨花台留下姓名的烈士就有1 519名,他们的事迹展示了中国共产党人的崇高理想信念、高尚道德情操、为民牺牲的大无畏精神。要用好用活这些丰富的党史资源,使之成为激励人民不断开拓前进的强大精神力量。

革命烈士永垂不朽!

---

① 吴啸寒、余浚根据雨花台烈士纪念馆史料、1930年4月5日《中央日报》及同年8月20日《申报》整理。南京分卷编辑委员会编著:《江苏人民革命斗争群英谱·南京分卷》,江苏人民出版社2000年版,第137页。

第六章
南京和记洋行的历史落幕

1927年,北伐军占领南京,和记遭战火严重破坏,后虽恢复生产,营业已极为不振。1937年,南京沦陷,和记更是见证了近代南京城这一极为悲壮的一刻,1945年,中国抗战胜利,和记得以重新恢复,然而几年后,渡江战役爆发,屹立于江边的和记洋行更是见证了南京解放的一刻……

第一节 无可奈何花落去:和记洋行关厂歇业

1930年2月,南京和记洋行大班马嘉德改变了外庄庄首、庄伙由买办指定的做法,改为庄首由和记洋行大班指派,庄伙则由各庄自行选定,并要求严格执行。

消息传出后,代表外庄工人的工会第一支部表示严重反对。《中央日报》的报道指出:"开会议定决于昨日(二十一日下午八时)再做最后之决策,如果不能达到目的,即有激烈办法,而众坚决。"

和记工会推选张治平、谭环生等庄首代表,以及黄人杰、王铭皋、周玉卿等庄伙代表,率领外庄工人,前往厂内与买办陈仲良交涉,"要更前议,以顺舆情"。"无奈西大班以令出必行,坚不收回主张,以致该会趋于极端","致起争执,始尚互争口角,继竟动以武力,以求解决,该陈买办见势不佳,亦指挥其他厂内工友,出而抵御,一场武剧,形势甚为严重"。①

南京第七分区警察局柳鑫华亲率武装长警前往弹压,下关宪兵连多人也到

---

① 《下关和记洋行外庄职工昨发生风潮》,《中央日报》1930年2月22日。

临查看,"警所方面,亦派保安队、手枪队驰往该处,会同驱逐,始将武剧制止,计有工友方面张云山、陈印禄、王铭皋、易春如、潘仁山等五人,其已被殴成伤,轻重不等,遂一面将受伤各车送医院疗治"①。

南京市社会局工人团体指导委员会睦光禄等也出面调解,"此经各方出席人员,相继发表意见,讨论良久,再至下午七时有奇,议决下列数项办法":

（1）庄伙虽由庄首派,但不得指派非会员;

（2）庄首并不得引用亲属;

（3）所有庄伙人选,概由支部保荐;

（4）本届春季开庄,明日午后即由该支部召集干事会先行议决人选;

（5）受伤人各自调治,双方均表赞同,遂分别具结签字,依照履行,此一场外庄工潮,于焉告终。②

"四三惨案"后,南京和记洋行受政治影响,生产进一步萎缩,也影响到外庄工人的生计。

1931年1月,和记洋行将买办陈仲良撤职,由三买办殷鸣惊继任。此次和记洋行外庄风潮,南京本地报纸《民生报》予以了持续的关注和报道。江苏省哲学社会科学研究所历史研究室在1962年整理的南京肉联厂厂史资料中摘录了其中的部分报道,但一直没有找到原文。直到2019年春节期间,笔者在国家图书馆缩微文献阅览室终于找到了《民生报》的缩微文件,将相关的史料与抄录部分进行了核对。

根据《民生报》的报道:"殷（鸣惊）因嫉恨工友有工会组织,深恐对于自己职权不能任意施行,遂借口改革和记章程,否认劳资协约,减少工人薪资,由十六元减至十三元,工人等一致不允,遂将内庄男女工人约八百人悉数辞歇。"③殷鸣惊还要求外庄工人限期于前每人缴纳保证金三千元至七千元。《民生报》比较同情工人的处境,认为"若辈劳力之工人,什九均系贫苦出身,何来如此巨款,因之遂无形被革,现共计失业工人千余,均散处下关宝塔桥煤炭港一带,生活维艰,情形极为惨痛"④。

---

① 《下关和记洋行外庄职工昨发生风潮》,《中央日报》1930年2月22日。
② 《下关和记洋行外庄职工昨发生风潮》,《中央日报》1930年2月22日。
③ 《下关和记公司千余工人被革》,《民生报》1931年1月23日,第5版。
④ 《下关和记公司千余工人被革》,《民生报》1931年1月23日,第5版。

1月22日,"和记工会第一支部筹备委员召集各庄庄首四十余人,在下关升顺里会址开会,一致议决,对于此次公司买办殷鸣惊提出之种种苛刻条件坚决反对"①。工会代表陆拱之等连日呈报市党部及市政府,并与和记洋行大班严重交涉。"前日市民训会及社会局各派代表向殷交涉,亦未具体解决,市党部与市政府已决定召集仲裁会议裁判。"②

南京市党部、市政府进行了一个月的调解,没有获得满意的结果。殷鸣惊后央请同事李克福出面调停,"谓以前所有条件既行取消,英大班将更有苛刻之条件公布","请饬军警机关严办该工会筹备委员韩润泉等。因此外庄全部工人,对殷鸣惊感情愈趋恶劣,昨并呈文市党部、市政府,对和记工厂呈文,谓为妨害国权,恳予严加驳斥,以明正义云"。③

和记外庄筹备会2月27日为解决与厂方的劳资纠纷,发出通告,召集外庄会员来京。

南京和记外庄工会筹备会,昨为解决该会此次与厂方之劳资纠纷,特发出通告,召集外埠之会员来京,其通告略谓,本会劳资交涉,叠经呈请省政府机关,严重交涉。买办殷鸣惊自知理屈,从前苛刻举动暂行搁置,其意已知退职在即,现在外间传说,在二三日内,将有别人出任买办,本会暂取稳定态度。根据法律,绝不紊乱,惟各会员纷纷来宁者固不乏人,而遥留外埠者仍复不少,值此改组选举在即之时,又值资方开始营业之际,务请迅速来宁,万一因循腐化,抛弃生活前途,将来失业赋闲,勿生后悔云云。④

4月,由于和记洋行一再拖延工人要求取消的保证金一事,工人生活日渐困难。和记洋行工人王寿山、朱复林、徐玉亭、刘海清等四人,"乘殷买办由家至太古码头,搭自家小轮进厂之际,即要求殷买办发给红利以维生活,一语不合即起冲突,互相殴打",附近警察闻讯赶至处理,将工人解送警厅司法科。⑤

南京市社会局遂即派员前往该厂制止并劝导工人不得有越轨行为。⑥

---

① 《和记工厂工人请免缴保证金》,《民生报》1931年1月24日,第5版。
② 《和记外庄工人具呈市府请求解决缴纳保证金问题》,《民生报》1931年2月1日,第5版。
③ 《和记工厂纠纷》,《民生报》1931年2月23日,第5版。
④ 《和记外庄工会召集会员来京》,《民生报》1931年2月28日,第5版。
⑤ 《和记劳资纠纷尾声》,《民生报》1931年4月8日,第5版。
⑥ 《调查和记买办殷鸣惊与工人互殴情形》,《首都市政公报》1931年第84期,《南京市政府二十年四月份行政报告》第8页。

因该行主席人未能谅解,迄未解决,当由本府函请英领转向该行解释,以便早日解决,一面令社会局从速设法调解,以维工人生计,并函首都卫戍司令部及首都警察厅加以注意。①

外庄人员闹事后,殷鸣惊被撤职,和记洋行改设稽查。

1931年5月,国民党第三届中央第一次临时全会通过的《中华民国训政时期临时约法》规定:"劳资双方,应本着协调互利原则,发展生产事业。"会议将"劳资互助协调"定为"国民生计根本政策"之一,主张在这一原则下,通过法律保护,"谋求农村与城市劳资双方的共同利益"。②

6月,南京市社会局核准和记洋行解雇外庄工人发给救济金办法并与市民训会衔令知该厂工会知照。③

"本市和记工厂因改革外庄计划,影响押货工人失业,致起纠纷,经社会局派员调解,该厂以实施改革计划,不肯变更,于押货工人认为解雇交涉结果,资方现已承认津贴,解雇工友,救济金眼下正在征求劳方同意,当可解决。"④

7月2日,在南京市社会局调解劳资纠纷后,达成了协议。《南京社会特刊》指出,和记工厂因解雇工友陆拱之以致引起纠纷,经市社会局同市党部调解,劳方以劳资感情破裂,不愿复工,提出由资方发给在厂服务证及解雇津贴四百元,结果由资方同意和解。⑤

南京市社会局鉴于南京劳资冲突严重,催令各工人团体及雇主团体推选仲裁委员,正式成立劳资仲裁机关。⑥

和记洋行由于受到持续的工潮影响,生产受到严重影响。1932年5月16日,联合冷藏公司决定南京和记洋行停产,全部业务转至天津。

《申报》报道:"和记公司因商业萧条、工潮时作,决议将南京厂完全停闭,仅

---

① 《市政会议议决事项摘要》,《首都市政公报》1931年第84期,《南京市政府二十年四月份行政报告》第5页。
② 荣孟源主编:《中国国民党历次代表大会及中央全会资料》(下),光明日报出版社1985年版,第946、958页。
③ 《市政会议议决事项摘要》,《首都市政公报》1931年第86期,《南京市政府二十年五月份行政报告》第3页。
④ 《继续调解和记工厂劳资纠纷》,《首都市政公报》1931年第86期,《南京市政府二十年五月份行政报告》第6页。
⑤ 《调解劳资纠纷经过》,《南京社会特刊》1932年4月,第86—87页。
⑥ 《劳资仲裁机关即将成立》,《首都市政公报》1931年第88期,《本府每周工作纪要》第3页。

留职员数人保管产业,闻天津、汉口之分厂将来亦拟缩小范围。"①

天津《大公报》报道:"南京十六日路透电,中国最重要外国商行之一和记洋行,近因营业萧条,且因工潮事,决定将此间公司完全停业,仅留二三办事员照料财产,津汉两分公司亦将大加缩减。"②

一波未平,一波又起。和记决定关厂后,又要辞退工人。

工人要求该行发给预告金及解雇费,市党部及社会局派员调解,先后谈判六次,该行不接受工人要求,三日上午七时,该厂留厂工人五十余人,同情被截工人,罢工援助。该行除令巡捕戒严外,并要求英舰队水兵上岸预备,本市党政军警各机关,即时派员驰往调解,并向英领事交涉。英领亦以该行处置失当,四日申刻亲临市府,表示调解,并请社会局劝导工人先期上工,以免意外,市府询英领事请,即派员与和记工会交涉,先期上工,结果工会已允通告在场工人,先期上工静候解决。③

7月24日,南京市社会局召集劳资双方复议,决定签订条件,"外庄工友一百二十九人中,除了押货工人及其他二人补发外,每人发给津贴金十六元,此次被截厂内工人依照工厂法规定,发给解雇费,一场风波,遂告平息"④。

时任南京市市长的马超俊⑤在他后来写作的《中国劳工运动史》一书中也专门记录了这次事件:

南京下关英商和记洋行,自1932年5月宣布停厂及裁撤工人后,工人要求该行发给预告金及解雇费,发生劳资纠纷。南京市党部及社会局派员调解,先后谈判六次,资方毫无诚意,绝不接受工人要求。至6月3日,该行留厂工人五十余人,基于同情,对被裁工人,罢工援助,但秩序甚好,无吵闹等事发生。而该行自相惊扰,却如临大敌,除由该行巡捕戒严外,并鸣警及有要求英舰水兵上岸之预备,形势颇为紧张。南京市党政军警各机关,除即派员驰往调解外,均以按过去情形,该行实不可理喻,非向英领交涉不可。英领得讯,亦以该行处理失当,殊

---

① 《南京和记公司停闭》,《申报》1932年5月27日,第2张第6版。
② 《和记洋行南京行完全停业,津汉行亦将缩减》,《大公报》1932年5月18日,第2张第6版。
③ 《国内劳工消息》,《劳工月刊》1932年第1卷第3期。
④ 《国内劳工消息》,《劳工月刊》1932年第1卷第4期。
⑤ 马超俊(1885—1977),1927年归国后,任国民政府劳工局长兼"劳工立法起草委员会"主任委员。1931年5月1日,马超俊任欧美各国劳工考察专员,11月任南京市市长。

为不满,乃于 6 月 4 日,亲至市政府表示愿负责调停,并请社会局劝导工人先期复工,静候解决。结果英领事对于厂内被裁工人,允依工厂法第二十七、二十八、二十九三条规定,发给工人解雇预告期内之工资。至登记在京守候开厂之外庄庄友一百二十九人,内有押货工人三十四名,以曾经前任英领调解给资遣散,故不允再给津贴。其余九十三人,均允每人发津贴金十六元,工潮乃告解决。①

然而,英文《大陆报》却以"Nanking Loses Ground As Egg Industry Center"为标题,推卸关闭工厂的英方责任。该报认为 1932 年 5 月和记暂停生产给南京口岸带来巨大的损失。一方面是因为持续不断的罢工,另一方面是因为上游的新蛋直接运往上海,南京和记来货困难。报道进一步指出在和记生产运行的时期,蛋行遍布城内,由于和记停产,蛋行的消费群体主要是客栈及饭店,蛋业不得不削价来维持。该报还指出,1930 年南京的出口蛋品达到了 145 379 担。由于工运和接下来持续的劳工谈判,停产前和记也只有少量的物品出口。报道最后得出结论认为,因和记的停产,南京口岸也彻底失去了 1913 年以来的蛋业出口基地的地位。②

第二节　江边的"避难所":和记洋行与南京大屠杀

1937 年 12 月 13 日,南京沦陷期。此时,自南京城内无序撤离的士兵和逃难的平民百姓涌往江边,遭遇日本进城部队和逆江而上的日舰攻击。位于江边的和记洋行成为主要的避难所,但即使其为英国资本背景也无法阻拦日军的暴行,被强行从这里拉出来的士兵、电厂工人和难民大多被集体屠杀于附近的煤炭港。

在南京大屠杀史料中,有很多具体的材料记录了当时的情景,也有若干具体的口述与回忆讲述了这里遭遇的灾难。

历史到了 1936 年,联合冷藏公司筹备重新开启南京和记洋行;到了 1937 年

---

① 《南京英商和记洋行解雇风潮的解决(民国二十一年)》,载马超俊著:《中国劳工运动史》,商务印书馆 1942 年版,第 1101 页。

② Nanking loses ground as egg indusry center: once flouring trade replaced by drop in business. The China Press,1935-11-19.

春,将天津和记洋行的希尔兹(Philip Robert Shields)、何醒愚派到南京筹备生产。

卢沟桥事变爆发,和记洋行的生产无法正常恢复。何醒愚口述:

> 南京形势顿趋紧张,日本飞机时常来侦察轰炸,和记为避免遭到战争损失,即把办公室搬到英国领事馆内,把货物机器用怡和轮船送往汉口,大班与英籍职员乘军舰逃往上海,部分职员与工人或逃往汉口,或到江中怡和趸船上避难,厂里只留门警看门,生产全部停顿。①

一、英国人撤离和记洋行

南京保卫战之前,日军战机对南京轮番进行无差别轰炸。即使是当时在南京的外国资产也不能避免,从江北的浦口车站到江南的和记洋行,均遭炸弹袭击,破坏严重。

希尔兹给英国领事的报告中,详细汇报了和记洋行遭空袭的情形。

普里多·布龙②阁下:

> 正如口头向您汇报的那样,我们确认在本月22日下午,我们的一座钢质船桥被日本空军投掷的一枚炸弹击中而沉没。它所起的作用是支撑从码头到我们的主浮力桥的桥梁,锚定在我们位于下关的工厂外面。船桥被击沉,两座桥梁也严重受损。这次爆炸炸死一名中国船桥服务员,炸伤另外一名。邻近的一座大桥的一侧被炸出很多洞并开始进水,如果不是在轰炸后尽快采取紧急措施堵住进水口,这座船桥也会沉没。

> 工厂的大铁门和围墙被榴霰弹炸出很多小洞。在同一时间投下另一枚炸弹,就在我们港口伸出的小河湾那里,毁坏了工地东南角长达40英尺的围墙。

> 我们附上一张图表明相关的船桥和桥梁被轰炸时的情形。这一情形给我们的生意造成了极大的不便。鉴于当时的故事,我们不能对损坏的地方做全面的检查。附上的每一个细节我们做了大体的估计。

> 我们除了在一座主要建筑物上悬挂了英国国旗外,在其他所有建筑物的屋顶上都画上了巨大的英国国旗,应当非常显眼,在空中是很容易辨认的。

---

① 和记买办何醒愚访问记录,1962年。
② 普里多·布龙下文又译作"普里多·布鲁恩"。

今天下午,我们雇佣的临时工作人员又报告说,日军飞机又往江里投掷了一枚炸弹,离我们的大船桥约30英尺,幸运的是没有造成损失。

如果您将这份抗议书和损失的大体估算转寄给适当的部门,我们将非常感激。这样我们损失的最后索赔才会被接受。一旦可以的话,我们就会将索赔报告呈递给您。

南京国际出口有限公司(江苏)
希尔兹(P. R. Shields)(签名)
敬上
1937 年 9 月 26 日①

随后,我们也看到了英国代办公使豪尔致上海日本大使馆就南京和记洋行的损失进行索赔的报告:

1937 年 9 月 22 日下午,日军飞机投掷的两枚炸弹,导致位于南京下关江边的国际出口有限公司(江苏)遭受以下损失:一条钢制的平底船沉没,另一条平底船及两座桥梁严重受损,一扇钢门受损,40 英尺的波浪形铁栅栏被毁。公司遭受损失数额估计达到 29 458.15 元。……

我根据这份指示对这一给英方公司财产带来上述损失的行动表示抗议,同时通知阁下,英国政府保留在合适的时候向日本政府提出正式索赔的权利。

英国代办公使豪尔　南京
1937 年 11 月 18 日②

淞沪会战后,日军发布公报,要求在南京的外国公民撤离:

南京市内及其周边地区日中两军在进行激烈、大规模的交战。鉴于目前被直接卷入战斗的危险,日本军队衷心希望现在还留在南京的所有外国人立刻从该城避难出去,远离战斗区域。殷切希望将这一点转达给有关外交代表。③

《东京日日新闻》也在 1937 年 12 月 9 日要求欧美国家侨民立即撤离南京,

---

① 张宪文主编:《南京大屠杀史料集》第 31 册《英国使领馆文书》,江苏人民出版社 2014 年版,第217 页。
② 张宪文主编:《南京大屠杀史料集》第 31 册《英国使领馆文书》,江苏人民出版社 2014 年版,第215 页。
③ 《日军警告在南京的外国人避难》,载张生等编:《英美文书·安全区文书·自治委员会文书》,江苏人民出版社 2006 年版,第 60 页。

还威胁道:"若无视我军的劝告,那么十分遗憾,其后果我军概不负责。"①

日军逼近南京,留在南京的20多名国际友人成立了"南京安全区国际委员会",和记洋行希尔兹即为安全区国际委员会委员。陆束屏教授认为,他是在其公司的敦促下,于1937年12月8日撤离南京的。②

希尔兹撤离南京的时间,在其他资料中也有不同的说法。

1937年11月29日美国驻华大使约翰逊致国务卿的一封信函里,提到了英国撤侨的有关问题。

> 我的英国同僚刚刚给我下面这封信来自南京英国领事馆(原注:H. I. 普里多·布鲁恩,驻南京的英国领事及英国驻华大使馆中文秘书):
>
> "我将把英国臣民撤出去,希望明天就开始,除了陆军武官和我本人,我们目前仍将留在大使馆。有21名英国臣民,其中5人住在炮艇里,其余在怡和洋行的平底船上。"③

《迪克森给德国外交部的报告》中也提到了撤侨轮船遭日军炮击的情形:

> 12月8日,他们也离开南京,登上了英国公司停泊在港口专为紧急撤离的"霍尔克"号轮船上。12月11日,大使馆成员转移到了同一家公司的"黄埔"号轮船上。这艘船及多艘英国的和美国的其他轮船停泊在长江南京上游3海里的地方。这些船突然在11日受到了炮击后,随即继续向上游驶去,炮火在它们后面追击,最后停靠在南京的上游约15海里处。④

希尔兹离开南京时,与贝德士正好同乘一船,贝德士日记中记录了希尔兹离开南京前后的情形:

> 国际出口有限公司在南京的英国经理希尔兹(P. R. Shields)是"圣甲虫"号上的一位乘客。南京陷落的时候他还在南京,直到12月23日;三月份未经日本

---

① 《向外国人发出避难劝告》,载张宪文主编:《南京大屠杀史料集》第59册《〈东京朝日新闻〉与〈读卖新闻〉报道》,江苏人民出版社2014年版,第155页。
② 陆束屏编著:《英国外交官和英美海军军官的记载——日军大屠杀与浩劫后的南京城》,南京出版社2013年版,第18页。
③ 杨夏鸣编著:《美国外交文件》,江苏人民出版社2010年版,第145页。
④ 《迪克森给德国外交部的报告》,载张生编:《外国媒体报道与德国使馆报告》,江苏人民出版社2005年版,第312页。

人许可就返回了南京。商人还未被允许返回。他的到来和离去都是绝密的。①

笔者查阅张宪文主编的《南京大屠杀史料集》第30册《德国使领馆文书》第58页《在南京的西方国家人员名单(1937年12月16日)》,以及第69册《耶鲁文献(上)》第339—340页《日本人侵入时留在南京的西方人士名单》,希尔兹没有在这些名单内。

根据《德国使领馆文书》第62页《沙尔芬贝格:在南京历险的日子(1937年12月27日)》一文可以看出,1937年12月12日,英国炮舰"圣甲虫"号与"蟋蟀"号曾开炮护卫太古公司的仓库船即从汉口驶来撤侨的一艘英国轮船。据《英国使领馆文书》第1页《下三山上游及南京地区英国船只受袭(1937年12月12日)》可知"'蜜蜂'号舰队于12月12日13时30分、14时30分和16时30分受到空袭,'蟋蟀'号和'圣甲虫'号开火还击"。至于南京沦陷时希尔兹身在南京何处,是否停留在和记洋行或者英国大使馆抑或江面上的英国海军巡洋舰上还是如前文所说已于12月12日南京沦陷前乘美国船舰撤离,笔者目前不得而知。

但是根据《德国使领馆文书》第128页《南京1937年12月8日至1938年1月13日大事报告》,"日军禁止所有欧洲人离开南京,他们只有在日本宪兵的陪同下才准许在城里走动";以及《英国使领馆文书》第105页《对英国公民撤离南京和长江事件的报道》中"12月10日,皇家军舰'圣甲虫'号立刻驶往南京上游4英里的英国船队集中区,国际出口公司的商船也集中在那里……我们已经将有关安置英国公民和其他国家难民的船只在此地集结的情况正式通知日本政府,后者毫无异议地接受了这项通知":南京沦陷时期希尔兹可能一直停留在英国船只上,并先是向长江上游芜湖方向行驶,遭到日军袭击后返回南京,一直到12月23日才离开南京。

作为国际安全区委员,希尔兹本应该留在南京,像拉贝、魏特琳等人利用和记洋行的地理空间保护难民;他的离开是因为和记洋行未被划入国际安全区而他对此严重不满,这是他离开南京的主要原因。这位英国人在灾难面前没有勇敢地承担历史的责任。

在轮船上,他与贝德士有一段交流,留在了贝德士著名的报告中:

---

① 朱成山主编:《海外南京大屠杀史料集》,南京出版社2007年版,第86页。

希尔兹认为日本已经是强弩之末。日本在一段时间内变成了对世界潜在的威胁,所有的人都已经在等待出手,现在机会来了。中国人的仇怨与外国人的金钱相结合,最终将会大获全胜。

沦陷以后,希尔兹向他的 200 名左右员工寄出明信片,关心他们的情况。35 名动力室的雇员在他的地产上避难,日本人来抓住他们之后就把他们押出去枪决——这是沦陷后几天发生的事。而在同一时间,另一群日本人正在城里的另一个地方搜寻着他们,想让他们开动发电机。

另一群形形色色的大约 200 名中国人也在这里被抓走,他们在仓库里被关了一会儿,然后被押出去枪决了。他们有两种选择,要么在岸上被枪决,要么跳进江中被机枪扫射。一些人游泳逃过一劫。①

通过上述资料,我们基本可以认为:希尔兹正式离开南京可能是在 12 月 23 日,即南京沦陷十天以后。他在南京大屠杀过后回到了南京和记洋行,但其中的细节不甚清晰,需要新资料的出现。

希尔兹对安全区的设立有不同的意见,也没有实质性参与国际救援工作。但他在离开后,也牵挂自己厂内的职工,对遇难的首都电厂工人表达了对日本的愤慨,并认为最后的胜利一定属于中国。

二、日本侵略者追到了江边

淞沪会战打响后,国民政府即组织南京保卫战并修筑防御工事。和记洋行由于其位于下关江边,成为战略要地。

当时参与南京保卫战的刘井民的回忆道:

在工事构筑过程中,我军预料日军会在下关登陆,必定先占领下关英商和记公司大楼,与我狮子山相对峙,作为侵占南京的桥头堡。上级指示必须破坏和记公司,并构筑抵抗江中之敌的掩体工事阵地。

我与熊新民团长一起去与该公司交涉。一位该公司的管事(中国人)对我们说:"你们要做防御工事,拿中国政府外交部公函来。"不要说破坏和记公司大楼,就连中

---

① 朱成山主编:《海外南京大屠杀史料集》,南京出版社 2007 年版,第 86 页。

国人在自己的土地上设防都不可能。我们怕惹出外交麻烦,因此放弃了这个计划。①

1937年12月13日,南京沦陷,数万军队和众多逃难的百姓蜂拥至挹江门外下关,试图渡江逃离南京。

无任务之部队,12日晚11时开始移动,至和记洋行附近集合,归一〇八旅刘英旅长指挥;各部队概由金川门出城,不准经过挹江门。我率师司令部人员及直属部队于是晚12时到达和记洋行附近,当觅得小汽艇两艘、民船15只,即开始渡江。第一次渡江后,派人将船押回江南续运,但是聚集下关之其他部队均向和记洋行附近拥挤,三十六师的部队多被冲乱,有些船亦被他们强渡去了。至13日晨8时止,本师渡江到了浦口的约为3 000人,未能渡江者占半数以上。②

此时,日军十六师团第三十三联队和第三十八联队在轻型装甲车的配合下,从太平门外沿玄武湖急进至南京城北的下关江边,以截断中国军队的退路。下午,当第三十三、第三十八联队进至下关时,长江边有大批准备渡江的中国军人,江面上也有许多正在渡江的中国军人。

和记洋行是江边重要的避难所,学者研究认为:

城北和记洋行(英属)难民收容所的难民数量缺乏准确的资料,但从南京大屠杀幸存者朱红生、赵家文、张月英、徐廷梁、徐瑞、万秀英、沈文君、窦祥厚、仇秀英、刘荣玲等人的证言来看,仅12月14日从这里被日军搜捕,押往江边屠杀的难民达数千人。从和记洋行占地600余亩及其该洋行庞大的建筑群来看,这里收容的难民人数应不少于万名。③

早期进行南京大屠杀史研究的南京大学历史系日本史小组,在1962年写成了《日本帝国主义在南京的大屠杀》一书认为:

据宝塔桥人民警察派出所同志及前国际委员会委员许传音谈,南京沦陷时,

---

① 刘井民:《血染挹江门》,载全国政协文史和学习委员会编:《南京保卫战:原国民党将领抗日战争亲历记》第2版,中国文史出版社2015年版,第267页。
② 全国政协文史资料委员会编:《抗日战争的正面战场》,2000年,第130页。
③ 朱成山、颜玉凡:《南京大屠杀期间国际安全区遇难者的考证——南京大屠杀70周年祭》,《南京社会科学》2007年第8期,第65—72页;也有的研究者认为有2万人左右,见徐康英、夏蓓:《南京大屠杀期间侵华日军在南京下关地区罪行研究》,《民国档案》2008年第2期,第135—140页。

有成万的难民躲到该公司里,被日寇发觉,分批绑出,全部杀害。①

尹集钧在《1937,南京大救援——西方人士和国际安全区》一书中也记载了,"当时下关英商和记洋行的难民有七千人"②。

和记洋行难民营似乎是个自发形成的难民营,并没有人(不论是英国人还是中国人)在这里主持救济工作。当时这里的确涌来了很多难民,但后来的结果如何人们并不知道,国际安全区委员会也没有向这里发放粮食的记录。③

由于和记面积很大,空旷的场地和仓库很多,又有围墙四下环抱,加上代表"国际出口公司"的希尔兹先生的支持,和记在日军未下南京前,已开始接受少数外乡逃京的难民住入,并由南京红十字会在和记和江边设立粥厂施粥,救济穷人。

12月上旬,安全区国际委员会还同意,由南京市政府拨给安全区难民营用的大米两万袋中,交给南京红十字会下关救济站六百袋提单,让该会就地向下关的四号货栈取粮。④

该书还描绘了许传音曾亲自将一斤大米交给"和记"粥厂。⑤

和记洋行成为江边的一处重要避难所,大致有以下的原因:

(1)当大量的溃散部队和难民来到江边,在几乎无船可过江的情况下,需要寻找可临时避难的场所。他们看到和记洋行占地广阔,冷库和厂房坚固高大,能躲避空袭,也有一定的食品储备。

(2)和记洋行英国资产的属性导致很多人以为日军可能不会进来这里,抱有一丝侥幸的心理。

三、首都电厂死难工人的考证

南京下关,中山码头外,已改建为首都电厂旧址公园;对面,是原民国首都电厂厂区,曾经那150米高耸的烟囱是老下关的回忆。厂区里还隐藏着一处"死难

---

① 南京大学历史系编:《日本帝国主义在南京的大屠杀》,南京大学出版社1979年版,第16页。
② [美]尹集钧著:《1937,南京大救援——西方人士和国际安全区》,文汇出版社1997年版,第252页。
③ [美]尹集钧著:《1937,南京大救援——西方人士和国家安全区》,文汇出版社1997年版,第254页。
④ [美]尹集钧:《1937,南京大救援——西方人士和国家安全区》,文汇出版社1997年版,第252—253页。
⑤ [美]尹集钧:《1937,南京大救援——西方人士和国家安全区》,文汇出版社1997年版,第254页。

工人纪念碑",这里,呈现给后人的是关于南京大屠杀的一段铁证,讲述的是躲藏于和记洋行的电厂工人被集体屠杀的惨痛记忆。

1937年11月12日,上海沦陷。日军直扑南京,并轮番进行无差别轰炸。5天后,国民政府撤离南京,同时组织以唐生智为司令的南京保卫战,萧山令奉命兼任战时南京市长。

记忆回到那个历史节点。兵士在前拼命地厮杀,城里还留下数十万民众,此时,保证城市的基本需求就成了第二战场,也是又一道抵御残暴日军特殊的内在防线。

1. 留守首都电厂。

保障城市供电是其中极为重要的战略任务。当时,中山码头附近的首都电厂下关发电所由副工程师徐士英,和数十名电厂工人日夜坚守生产岗位,维系的是城市的运转,点亮的是抗战的光明。

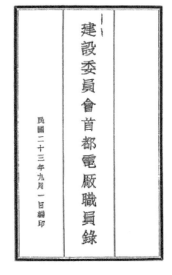

原民国首都电厂史料
来源:国家图书馆

笔者依据《建设委员会首都电厂职员录》提供的信息:副工程师徐士英,江苏吴县人,到厂时为民国十七年(1928年)5月1日,1937年时年37岁。[①]

12月13日,日军破城,城市秩序已严重混乱。难民携家带口往下关方向逃命,前线士兵也无序地往江北方向撤退,梦魇也由此开始!

徐英士和工人们在发电岗位上坚持到了最后一刻!我们可以想象出来,他们那天沿着中山码头,夹杂人群中,沿路找寻过江船只;因唐生智的错误决策,无舟船可渡,陷入绝境。

2. 避险和记洋行。

新中国成立后,下关电厂根据厂史调查,大致为我们叙说了徐英士等人如何落入日军魔爪,以及随之而来的惨遇。

当时徐士英考虑到工人的安全,下令熄火、停机,并关上厂房大门,带领工人离开发电所,到江边煤码头一看,哪知事先准备好的船已被撤退的败兵开走,弄

---

① 建设委员会首都电厂编:《建设委员会首都电厂职员录》,1934年,第9页。

得大家走投无路,只好随着人流向北撤退,涌进了挂着英国国旗由英商开办的和记洋行蛋厂暂时躲避,认为那里比较保险。……徐士英查点人数只有53人,途中被冲散31人。①

这里所说的"和记洋行蛋厂",即南京和记洋行,建厂于辛亥革命前后,1916年在香港注册,主要以加工出口冷冻禽蛋和肉类制品为主。该厂在"一战"期间获利丰厚,不断扩展生产规模,占地六百多亩,生产工人最多时有上万人。五卅运动后,生产规模萎缩,成为南京工人运动的主要策源地之一。1937年南京沦陷前,其英方经理希尔兹是安全区国际委员会委员。12月13日,厂内英国人已撤离,只留下少数人看护资产。因为是英国的工厂,跑至江边的电厂工人"认为那里比较保险"。

和记洋行哪里是什么避难所？日军当然不会顾及这里是什么英国的工厂,杀到这里的时候,发现了大批的难民。他们也肯定必然有很多脱下军服的士兵藏匿其中。12月14日,日军直接闯入和记洋行,搜捕非工厂人员,将3 000多名难民和首都电厂的53名员工全部驱至煤炭港拘禁。按照陆法曾的说法,是"因事前曾与该厂预约并得该厂管理人员之同意,故到达时即被收留。后敌军到达下关并到和记厂内搜查,亦已安然无事。惟于敌军退出和记厂不久,重又进厂搜查,因渠道等有报告,故二次检查时特别严厉,除有文件证明身份确为和记公司雇员外,余均被拘捕围禁于煤炭港下游之江边"②。

就在这时,日军发现蛋厂有两辆汽车,想开但无钥匙,蛋厂一位领班叫朱名宏,是徐士英的朋友,向日军介绍徐会配钥匙和修理汽车,徐因而被放进蛋厂得救。锻工曹阿荣因曾在上海日本人开办的丰田纱厂做过工,会说几句简单的日本话,被看守日军叫去做饭。曹为了营救发电所工人,借口烧饭人手不够,趁机在人群中喊出了周根荣、薛和福、孙有发和李金山4人,还想再喊,被日军喝令阻止。③

费吴生的日记中写道：日本人要人时,问是否所有这些混杂的人都是和记

---

① 下关发电厂工人运动史编审委员会编:《下关职工运动史(1909—1990)》,1994年,第15页。
② 《陆法曾陈述日军集体屠杀首都电厂职工的结语》,1945年10月25日,中国第二历史档案馆藏,档案号:五九三—24。
③ 下关发电厂工人运动史编审委员会编:《下关职工运动史(1909—1990)》,1994年,第15页。

洋行的工人,负责人说有54个工人。他们说:"那是政府部门,得枪毙他们。"①

3. 罹难煤炭港。

寒风凛冽,江水浸红,煤炭港成了炼狱,江边遭遇到国殇。15日子夜,日军将难民分批用机枪轮番扫射,使数千名难民全部倒在血泊之中。日军在煤炭港江边集体屠杀的无辜难民中,有下关发电所47名工人,内有崔省福和一名船工中弹装死而死里逃生。电厂工人金义宝等宁死不屈,高呼:"打倒日本帝国主义!"被日军屠杀的电厂工人共45人,他们是:

胡学仁	张义士	沈坤林	姜洪才	许颂香
陈金和	凤听贤	宋梅根	金义宝	张炳荣
全小宝	王麒麟	王剑英	朱福钜	姚锡璋
高延才	孙国义	刘鸿举	朱茂忠	杨寿根
李春江	刘建文	周孝贵	王剑隐	张伯顺
王世农	刘英根	窦义方	徐京生	孙长富
袁得胜	陆礼康	张阿龙	俞磐生	王世忠
朱贵才	郭永生	毛春生	王升根	刘浩成
徐根才	尹阿大	赵东来	周雨泉	李宝松

四十五位死难工人姓名
来源:南京党史网

侵华日军南京大屠杀煤炭港遇难同胞纪念碑位于方家营与老江口交叉口南,纪念碑右边是当年日军抓捕关押放下武器的中国士兵及平民的仓库遗址。碑文镌刻着这些沉重的文字:

> 煤炭港系侵华日军南京大屠杀主要遗址之一。一九三七年十二月十七日,日军从各处搜捕我已解除武装之士兵及平民三千余人,拘禁于煤炭港下游江边,以机枪射杀,其伤而未死者,悉被押入附近茅屋,纵火活焚致死。内有首都电厂职工四十五人,即死于

侵华日军南京大屠杀煤炭港遇难同胞纪念碑
来源:自摄

---

① 章开沅著:《从耶鲁到东京:为南京大屠杀取证》,广东人民出版社2003年版,第295页。

此难。兹值中国人民抗日战争胜利四十周年,特立此碑,悼念死者,永诫后人,铭念历史,振兴中华。

日军屠城后,日军军官想起要恢复城市电力供应,竟要求安全区国际委员会主席拉贝代他们找到发电厂的工人。拉贝在他的日记中不无愤慨地写道:

我已经答应日本人,在寻找电厂工人方面提供帮助,同时我向日本人指出,下关那儿有54名发电厂工人曾经被安置在和记洋行。我们现在确认,他们当中有43人在三四天前被捆绑着带到了江边,用机枪枪毙了,据说他们曾经是中国国有企业的员工(其实发电厂是一家地地道道的私营企业)。将这次处决的消息传递过来的是一个同时被处决的工人,处决时前面有两个人挡住了他,因此他在没有受伤的情况下跳到江里,才幸免于难。①

电厂工人被害一事,很快就流传开来,约翰·马吉在其12月22日的日记中也有相似的记述:

几天前几个日本官员和一名技术工人要我们委员会找一些熟悉电灯公司的人,因此拉贝先生和其他一些人找了54名工人,这些人开始在电灯公司工作,住在国际出口公司。昨天日本兵杀死了其中的43人,没有杀死其他人的唯一原因是出口公司看门的锡克族印度人认识他们,说他们以前就在这里工作。②

《曼彻斯特卫报》记者田伯烈在《外人目睹中之日军暴行》中,引用了一位目睹日军暴行的外侨日记:

下关电灯厂的工程师吴君向我们讲起一件非常耐人寻味的事情,该厂共有五十四个职工,都勇于服务,直到南京失陷前的最后一天,才停止工作,避入英商(在江边)和记洋行。日军借口该厂属于国营(其实是民营的),便把其中四十三人拖出枪决。日方每天派人到我办公处来缠扰,要找寻那些职工去恢复电力的供给。我听了吴君的消息后,可以这样告诉日方,他们的军人已经把该厂的大多数职工杀死了。③

历史不可忘却,正义终将到来,首都电厂工人遇害是南京大屠杀的铁证。

---

① [德]维克特著;周娅、谭蕾译:《拉贝日记》,新世界出版社2009年版,第172页。
② 朱成山主编:《侵华日军南京大屠杀外籍人士证言集》,江苏人民出版社1998年版,第117页。
③ [英]田伯烈:《外人目睹中之日军暴行》,(汉口)国民出版社1938年版,第31、32页。

1945年10月25日,首都电厂经理陆法曾对该厂遇害同胞进行了实地调查。

发电所员工51人,除有2人中途失散未曾到达和记厂内外,余均被禁。在拘禁之时,副工程师徐士英赢得和记厂友人之介绍,为敌军配置汽车电钥而得免难。另有铁匠曹阿荣,因曾在沪敌纱厂内工作,稍能作敌语,得与敌兵谈话而被释出,为敌军煮饭。

另有工人2名,又因曹阿荣之要求助理工作而被释。该被释2人,正在设法营救其同仁之时,江边围禁多人忽被全部杀害,起初以机枪扫射,继即将各被害人驱入邻近茅屋内禁闭,再集薪油之类堆积茅屋四周放火燃烧,致被害人一部分系被烧死者。

在枪杀群内,有电厂木工2人,虽已中枪而未致命,待敌兵离去,仍得逃回和记厂内,而得更生。至电厂退出中途失散之2人,其中一人避在友人之家未被害,尚有一人则独自向下游行走,在老虎上江边遇敌兵亦被枪杀。故发电厂全部员工51人中,除工人6人及副工程师1人得免于难外,其余许江生(可能是"徐京生"之误,由孙宅巍先生考证)等44人全体殉难于是役。①

另外,"首都电厂三汊河配电所电匠一人,在配电室内被敌兵枪杀"②,最终确认的遇难人数是45人。

根据陆法曾结文提供的报告,南京审判战犯军事法庭认定:"民国二十六年(1937年)十二月十四日至十七日在煤炭港英商和记公司内,将首都电厂工人许江生等四十五人,捕禁于煤炭港下游之江边,初以机枪扫射,继集薪油之类,堆积茅屋四周,放火燃烧,致被害人一部分有烧死者。"③

其后,此案也作为南京大屠杀的重要铁证提交远东国际战犯法庭,成为南京大屠杀这段不容抹杀的人类惨剧的铁证。

南京发电厂的54名员工在"和记"(Ho-Gee)国际进出口公司避难。日军一支小分队12月15日或16日来到该公司,要求查清这里是否有不属于这家公司的中国人暂住在这里。他们被告知,确有54名电厂的前员工在这里,其中11人

---

① 《陆法曾陈述日军集体屠杀首都电厂职工的结文》,1945年10月25日,中国第二历史档案馆藏,档案号:五九三—24。
② 《陆法曾陈述日军集体屠杀首都电厂职工的结文》,1945年10月25日,中国第二历史档案馆藏,档案号:五九三—24。
③ 《军事法庭对战犯谷寿夫的判决书及附件》,中国第二历史档案馆藏,档案号:五九三—870。

被公司雇用做零工。日本人于是带走其余的43名前电厂员工,并说因为他们曾受雇于中国政府,因而必须被枪毙。据美国侨民透露,在日军枪毙这些工人的同时,日本官员却不断地向国际委员会打听,到哪里才能弄到有经验的公用事业方面的电工和工人,以便全城的供电和照明设施得以恢复。①

4. 抗战胜利,国民政府还都。

1946年9月,扬子电气有限公司总经理潘铭新决定,为纪念罹难工友,在下关发电所大门花圃处,建造"殉难工友纪念碑"。该纪念物上部为高耸之旗杆,底部是作为旗杆基座的石砌。1947年4月17日,"殉难工友纪念碑"落成,文中略陈45名工人之遇难经过及建碑原委,以悼死者,以志不忘。纪念碑于1947年4月17日首都电厂厂庆19周年时落成。时任南京市市长的沈怡亲临揭幕。碑上刻有45名死难工人的姓名和首都电厂厂长陆法曾撰写的碑文。

中华民国二十六年八月,沪战爆发,十一月终,首都濒危撤退,本厂奉命维持供电,员工自愿留守者逾百人。迨十二月十三日凌晨一时,日军已攻破光华门发电所,留守人员因环境危急,不得不停止送电。翌晨六时,率领工友往煤炭港英商和记洋行避难。翌日敌军驰至搜查,乃被驱至江边拘禁,同时被逮捕者已达数千人,既遭风霜之威胁,又忍饥渴之痛苦,历二昼夜,本厂得救者仅五人。迨十五日夜,敌用机枪扫射而死,我工友殉难者四十五人,受伤而未致命者二人。

总经理潘铭新文命建纪念旗杆,并勒碑石,将殉难工友之姓名铸列于上,以志不忘。爰为文记。

首都电厂厂长　陆法曾

这是南京建立的第一座南京大屠杀死难者纪念设施。

新中国成立后,首都电厂更名为下关发电厂。为纪念这段惨痛的历史,1951年6月15日,该厂将"殉职工友纪念碑"迁移到工厂生活区大门口,同时增列了在国民党飞机轰炸中殉职的两名工人的姓名,其牺牲经过一并列于碑文之中,由时任中共南京市委书记、南京市人民政府市长柯庆施题写"死难工人纪念碑"碑铭。2000年7月,由于厂区改造,该纪念碑经重新设计,由生活区大门口迁至厂区大门附近。

---

① 《起诉方摘要宣读阿利森致美国大使的信》,杨夏鸣编:《东京审判》,江苏人民出版社2005年版,第177页。

1951年所建"死难工人纪念碑"　　　　2000年迁建的"死难工人纪念碑"

来源：孙宅巍：《南京电厂死难工人纪念碑的变迁》，《档案与建设》2008年第12期

随着下关电厂的搬迁，这里也被纳入南京市鼓楼区滨江开发区建设，"死难工人纪念碑"是南京大屠杀的铁证，也是煤炭港集体屠杀事件的主要实证，"昭昭前事，惕后人"，我们既要铭记历史，也要加强纪念设施的保护，因为这里呈现的是民族惨痛的历史记忆。

矗立在江边的和记洋行，是这段历史的重要见证！

第三节　和记洋行离开了中国

1941年太平洋战争爆发以后，南京和记洋行被日本军队接管，并将英方管理人员押往集中营，厂房被作为堆放军用器械、被服、粮食的仓库。

日本外务省外交史料档案馆记载了接收和记洋行的具体账单：

和记公司（下关宝塔桥三九号）（陆军接收）

西工厂　事务所一栋、干卵粉制造工场一栋、发电所一栋、卵冷冻贮藏库一栋、修缮工场兼仓库一栋、旧冷藏库一栋、便所一栋、仓库七栋、制罐工场一栋、炊事场一栋、屑烧场一栋、纸箱工厂一栋、佣人宿舍一栋

东工厂　宿舍一栋、仓库一栋，计二十一栋外埠头，小蒸汽船一只，合计三十三栋，小蒸汽船一只。[①]

[①] 《英国权益和记公司接收簿》，日本外务省外交史料馆馆藏档案，档案号：B02032850100。

日本占领南京八年,和记洋行处于停业状态,厂内英国人被日军作为俘虏;生产的机器也大多被拆卸,十二个锅炉被拆得一个不剩。

抗战胜利后,和记洋行的厂房也被国民政府征用,用来安置军人及储存军用物资。

"本市沦陷期间,原有屋宇横遭敌寇摧毁,复原以来赁屋极难,此次复原青年军过境官兵动辄数千,宿址大成问题","幸筹备时间较早,得能与事先租定英商和记洋行行址,以供宿行,……总计招待人数为12 000人"。①

联合冷藏公司将原天津和记大班马歇尔调来南京,同时又从伦敦调来怀特和原南京和记大班希尔兹等人具体负责战后的恢复工作。

梁福达和林福德通过上海机器制冰厂的黄有福等人找到了原南京和记洋行买办何醒愚,何醒愚回到南京以后继续担任和记洋行买办。

和记洋行所属的利寰蛋厂,位于浦口。据1935年的资料,"此厂在浦口小河南永生洲,厂地八十七亩,资本四十万元,有工人二百七十四人,经理为杨坤山"②。抗战时期,被三井洋行占据,改为石炭码头。

战后,和记洋行派人前往查看,其时被第五十八师一百七十三团占用。该团离开以后,"该厂仅存厂屋大小二所,屋顶完好,内部楼板窗门间壁等项皆破坏无余"。

和记洋行呈请南京特别市市长沈怡,希望准予派工整理。③

1947年2月3日,交通部在南京主持召开了南京市港务会议,由航运、航政、铁路、政府机关、海陆军司令部等部门派代表参加,商讨码头的分配使用问题。和记洋行码头拟收回,代管权暂时保留。④

1946年国民政府颁布新公司法,明确规定外商企业可以在华注册,笔者在台北"中央研究院"近代史研究所档案馆馆藏经济部档案中找到了汉口、天津和记洋行,上海机器制冰厂以及哈尔滨滨江物产出口公司的注册资料,但是没有查到南京和记洋行的注册资料,即南京和记一直没有放弃其香港公司的身份。

南京和记洋行的注册名称为"江苏国际出口有限公司","和记洋行"为其在

---

① 《战后协助办理军事复原》,南京市档案馆藏,档案号:1003-1-1757。
② 《南京主要商办工厂卫生设备状况》,《卫生半月刊》1935年第2卷第3期,第5—33页。
③ 《英商和记洋行请修利寰蛋厂》,南京市档案馆藏档案,档案号:1003-1-144。
④ 吕华清主编:《南京港史》,人民交通出版社1989年版,第214页。

中国的通俗称呼,由于联合冷藏公司在中国有汉口、南京、天津三家以"和记"冠名的关联企业,国民政府实业部以不符合企业注册规则不允许其注册。

和记认为,"在中国使用天津和记洋行名称经营业务,已有久远之历史,且与南京和记有限公司及汉口和记有限公司系兄弟公司,若一旦变更,不仅对于呈具人本身有影响,且对于南京及汉口两公司亦蒙受损害",建议继续使用"和记"字样,但加以地名,以示区别。①

实业部认为,南京和记洋行与汉口和记洋行"系属一家","应即将中文名称所冠地名(如南京、汉口字样)删除合并",然后依照《公司法》第三百五十六条申请分公司登记。

南京和记洋行系在香港设立及登记,故不能合并。

实业部意见,南京与汉口和记洋行在中国境内代理人相同,且相互间有密切关系,"两公司间彼此同意取同样公司名称,冠以所在地名,以作分别",要求其"应即取具其他和记公司同意使用同名之证件"。②

台北"中央研究院"近代史研究所档案馆存有经济部商业司的公司登记资料,其正式的中文备案名称为"英商和记公司南京分公司"③。

1947年初,南京和记洋行开始恢复收购鸡蛋业务,上海美商班达洋行在伦敦以40万美金出售给和记,改为腾越路厂,归南京和记领导。1948年春秋两季共包装鸡蛋3 205吨。④

南京和记洋行此时也恢复了一部分地区的外庄收购业务:

1947年蚌埠庄下设徐州、宿县、滕县、六安、正阳关、田家庵等支庄,滕县蛋运徐州,由徐州直接运上海,其他地区收购鸡蛋集中蚌埠转运上海。⑤

此时,和记厂内从事生产业务的工人仅有数十人。

1946年12月31日,淞沪警备司令部汤恩伯为借用南京下关和记洋行第一

---

① 《英商天津和记公司》,台北"中央研究院"近代史研究所档案馆馆藏经济部档案,档案号:18-23-01-74-18-055。
② 《英商天津和记公司》,台北"中央研究院"近代史研究所档案馆馆藏经济部档案,档案号:18-23-01-74-18-055。
③ 《英商和记公司南京分公司》,台北"中央研究院"近代史研究所档案馆馆藏经济部档案,档案号:18-23-01-74-31-013。
④ International Export Company(Kiangsu), LTD. History of company. 南京市肉联厂资料。
⑤ 和记职员张永安的访问,1962年。

幢空房嘱其副官与和记洋行驻沪代表交涉：

宣司令铁吾兄：密查南京下关和记洋行第一幢空房，本部因需要暂拟借用，请即向上海南京路一五三号上海机器冰厂英商代表兰格佛德处交涉。盼复为荷。①

1948年10月20日，南京下关英商和记洋行无故开除工人五十四名，引起全体工人不满，曾派代表请求收回成命，但无结果，故于20日宣告罢工。当局为防止事态恶化，已派宪兵在和记洋行实行戒备。②

宁波《时事公报》也有类似的报道："英商和记洋行无故开除工人五十四名，引起全体工人不满，曾派代表请求收回成命，但无结果。今日宣告罢工，宪警当局为防止事态恶化，已在和记实行戒备。"③

1948年，南京英商和记洋行的具体对外贸易数额为：

1948年进口结汇81 428英镑，出口结汇980 754英镑，计贸易差额899 326英镑；输入羊毛、马口铁、纺织机及配件计101 517磅，输出冰蛋、干蛋白、湿蛋黄、冻鸡计980 754磅。④

1949年7月2日的《进出口厂商登记说明书》显示，此时南京和记洋行的主要职员为担任监理工程师的希尔兹、担任董事兼总经理的梁福达（J. E. Lanford）、担任经理的潘雷（P. S. Purry）和林福德（J. Linford）。⑤

战后，和记洋行向日本索赔，在得到赔款后，却无意继续投资主业。联合冷藏公司将这笔赔款用于购买最新的毛纺机，安装在其位于英国兰开夏的工厂。同时，该公司决定在南京建设毛纺厂，计划安装五千锭，将兰开夏工厂拆除的旧

---

① 《淞沪警备司令部副官关于汤恩伯为借用南京下关和记洋行第一幢空房嘱与洋行驻沪代表交涉案》，上海市档案馆馆藏档案，档案号：Q127-8-111。
② 《首都工潮》，《大公报》1948年10月21日，第2版。
③ 《英商和记洋行无故开除工人》，《时事公报》1948年10月21日，第2版。
④ 南京外侨处：《南京市外侨工商业个别企业介绍——英商和记有限公司》，1949年12月，载《南京市肉联厂厂史征编资料》，江苏省档案馆藏，档案号：3116-1-7。
⑤ 《进出口厂商登记说明书》，1949年7月22日，南京市肉联厂档案。1949年公司主要职员及董事希尔兹，英国人，担任监理工程师，住南京下关宝塔桥和记有限公司；潘雷，英国人，任经理，住汉口和记有限公司；梁福达，英国人，董事兼经理，住上海华山路400号51室；林福德，英国人，经理，住南京下关宝塔桥和记有限公司。

毛纺机运到南京,并利用原利寰蛋厂的地块筹建毛纺厂。①

根据联合冷藏公司的安排,汉口和记洋行也负责推销毛纺厂的产品。②

中华人民共和国成立后,和记洋行毛纺厂被改造为南京市毛纺厂,我们至今在南京江北新区弘阳广场附近还能找到"毛纺厂路"的地名。

1949年4月21日,中国人民解放军在千里长江上发动渡江战役,4月23日南京解放,5月27日,解放军进入上海。

新民主主义革命推翻了帝国主义和国民党反动派的统治,作为帝国主义在华势力重要代表的外国洋行,历史也随之终结。

新生的人民政权采取的是谈判的方法,逐步地将和记洋行收归国有。

从英国在中国的经济利益,尤其是香港的前途来看,英国各界认为应该寻求同中共合作,而不应该与之对立。正如英国外交部远东司官员邓宁在为内阁起草的备忘录中指出的那样:英国在华利益比其他国家大很多;继续承认国民党无助于英国的利益;英国的商业利益只有通过尽早正式承认中共政府才能得到保护等。③

经贸易部批准,中国蛋品公司与英商和记公司、怡和洋行及茂昌股份有限公司签订冰蛋加工合同,合同规定本年由中国蛋品公司供给3家公司鲜蛋原料,由其生产冰蛋两万吨,并负责出口。

1951年,又与中国食品公司签订合同,代加工蛋品9 000吨。

中华人民共和国成立以后,南京和记洋行于1949年10月30日成立了工会筹委会,南京市总工会筹委会、公安局宝塔桥派出所、第七区国民学校等单位的代表参加会议。

在组织新工会的会议上,也通过一定的思想政治工作的方式解决了一些老工人的思想顾虑,提出了几项工会筹委会筹委的当选条件,并推举老工人余永庆为主席,选举丁绍先、陶英琥、王明福、王梅琴、陈金林五人为筹委。

全体职工一致推选老工人余永庆为主席,他激动地说:

---

① 笔者曾经采访原南京毛纺厂老职工,也证实了这种说法。
② 湖北省商业厅主编:《湖北省商业简志·第十册·汉口蛋厂志》,1987年版,第36页。
③ Memorandum by Foreign Office. 1949-10-20. CAB 129/37, C. P. (49) 214, P. R. O., London. 转引自陈谦平:《上海解放前后英国对中共的政策》,《南京大学学报(哲学·人文科学·社会科学)2000年第2期,第15—21页。

过去我们连气都不敢吭一声,哪个还敢说组织工会,几次流血斗争,都被反动派镇压下来,现在我们有了自己的工会,才是真翻了身啊!市总工会筹委会委员金子明同志号召大家要好好学习,努力生产,团结起来办好自己的工会。

《新华日报》还以和记新工会的成立发文指出:

新中国诞生了,中国人民站起来了。和记工人以高度的热情,在这块曾经被压迫与被侮辱的土地上,组织起自己的工会。该厂工人更计划着,在正式工会成立会上,他们将以隆重的礼仪纪念为组织工会斗争而死去的先烈。①

曾经破坏和记洋行工人正义斗争的工头李松山,在镇压反革命运动中被抓捕。经人民法庭审判,后被执行枪决。

1952年为中国代加工蛋品谈判未达成协议,公司生产不景气,欠下中国大笔税款无力偿还,生产全部停顿,英籍公司经理离华返英,公司交由华人买办何醒愚代理。1953年,公司英籍职工全部回国。②

1954年,联合冷藏公司通知南京和记代理人,表示将与中国政府接洽转让。

根据伦敦总公司指示,英商和记有限公司董事会决议,授权其上海机器制冰厂经理贝礼士将其全部在华财产转让与中国大华企业公司。经过一年多艰苦谈判,该公司在华代理人何醒愚将全部财产清理造册后,经双方代表多次协商,厂房、设备、物资、家具等,折价估算,抵销在华所欠税,移交给中国政府。

人民政府与和记洋行开展了接收的谈判。1956年2月20日正式签订了英商和记有限公司转让、大华企业公司承认财产契约,并经上海市第一公证处公证后生效。契约规定:

英商和记有限公司自愿将其在华之全部财产,包括全部厂房、仓库、冷藏库、办公处所、住宅和其他一切建筑,以及全部机器设备、交通运输工具、存货、物料等,转让与大华企业公司。大华企业公司同意承担和记公司积欠的营业税、所得税、房地产税、罚金、滞纳金,应偿还之冰蛋款和利息,以及在职职工之各项义务。③

1956年2月24日,由上海外事处通知南京市人民委员会以大华企业公司名义接收。1956年3月1日,由南京市房地产管理局主办进行接收和记公司在

---

① 《多年愿望今实现:记英商和记洋行工会筹委会胜利组成经过》,《新华日报》1949年11月3日。
② 和记洋行会计师马屺怀访问记录,1962年。
③ 南京市肉联厂档案。

南京全部财产,除全部房地产外,接收了各项家具物资及毛纺厂、蛋厂全部设备,原和记公司内职工132人也一并接收。[①] 据南京市房管部门估计,其房屋总折旧率为50%左右,其价值约值600余万元。[②]

1956年2月24日,以大华企业公司名义的中方代表和英商南京和记公司代表何醒愚于上海在协约上签字,40多年的南京和记洋行,结束了它的历史。

3月1日,南京市房地产管理局主办接收了和记在南京移交给中国的全部财产。

4月,商业部王兴让副部长偕同苏联专家来宁实地察看,根据江苏生猪、蛋品资源情况,同省市负责同志共同商量研究,决定利用和记原有设备基础,恢复建设一座规模较大的肉类蛋品联合加工企业,由商业部投资1 000万元,利用和记洋行旧址,筹建南京肉类联合加工厂。

1956年8月1日开工生产,食品加工部分由国家投资重建。[③]

1957年7月1日提前一年投入生产,定名为南京肉类联合加工厂,南京市市长彭冲到厂祝贺,并出席开工典礼剪彩。1958年,南京肉类联合加工厂在苏联专家拉宾斯基等人的帮助下,在和记洋行原址重建三座大冷库,总冷藏量为2.2万吨,占当时全国总冷藏量的三分之二,曾被誉为"南京的北极,冰冻的世界"。[④]

2003年,南京市肉联厂被改制为南京天环食品有限公司。

和记洋行旧址也被列入了中国近代工业遗产保护目录。

[①] 南京市房地产管理局编:《外人房地产产权情况调查表》,南京市肉联厂档案。
[②] 江苏省商业厅编:《和记洋行简介》,1956年5月。
[③] 南京市档案馆编:《南京大事记(1949—1984)》,1984年版,第85页。
[④] 蒋永才、狄树之主编:《南京之最》,南京出版社1991年版,第295、296页。

结　语

南京鼓楼滨江,见证了中国近代史的沧桑,从1842年《南京条约》的签订,到1949年南京解放,这里发生了很多决定中国历史命运的重大事件。南京和记洋行的办公楼、宿舍楼、冷库房等建筑仿佛是矗立在江边的一座座历史摄影机,将辛亥革命之后中国近代史的一幕幕存储在它的胶片中。当我们去发掘当年的"胶片",重新放映当年的"影像",发现当年这些"胶片"有的已经损毁,有的流散多处。在前人工作的基础上,本书正是要将这些流散的老"胶片"一帧一帧地恢复,并加以"旁白",这样可以大致重现当年一幕幕的历史影像了。

美国历史学家史景迁在《追寻现代中国》一书中认为:

了解中国并没有终南捷径,就像没有捷径了解任何文化,甚或是我们自己。但这还是值得去努力,因为中国的故事总是令人惊异,且能使人颇获教益。……我们可以从任何一点切入历史记载,带着萦绕于心的问题,找寻到那些看似能折射现状的事件、人物和历史氛围。①

本书以和记洋行为主线,切换到不同时代的背景,走入百年南京,以理解近代中国。

我们从中看到了在国际局势的影响下,借助不平等条约的特权,南京和记洋行生产业务繁忙,蓝烟囱的大轮船载着中国的冻蛋、牛肉、猪肉等运往欧洲,获得了超额的利润,也加速了英国韦思典资本集团的扩张。

和记洋行一时生产的盛况,为濒临长江的下关地区带来了深刻的影响。我于2010年第一次来到这里的时候,还能嗅到一些在历史资料中才能感受的历史

---

① [美]史景迁著；黄纯艳译：《追寻现代中国：1600—1921年的中国历史》,上海远东出版社2005年版,前言。

结　语

现场的味道。比如建厂征地史料中提到的水塘，已经缩减为一个水池；附近低矮的平房让我联想到当年和记工人的聚居；附近老人们还依稀记得保国庵的事情；肉联厂的老职工还能讲出当年发生在这里的故事。那些百年的冷库依旧散发出机器的轰鸣，那座列为省级文保单位的办公楼愈发显出历史的厚重与现实的沧桑，宝塔桥对岸的那栋别致的和记洋行宿舍楼此时已变身为铁路局招待所，透过大门，还能依然感受到当年的景象。

和记洋行的历史写在了一页页的档案上，记录到一本本的资料中，也留在了亲历者的深刻记忆里。通过比较严谨的实证研究，浸入历史的现场，我们认为，和记洋行不仅是近代南京城市历史的重要组成，也是读懂南京红色文化、传承革命精神的深刻案例。

和记洋行诉说着南京的历史记忆。自辛亥前后在下关宝塔桥周围圈地建厂，这里见证了近代的许多重大事件。辛亥革命、五卅运动、北伐战争、南京暴动、南京大屠杀、渡江战役等改变了近代历史，也载入了洋行记忆。

今天，我们从桥北搭乘公交车，在南京长江大桥的右前方远眺和记洋行旧址，总能浮现一幅幅生动的画面，也回想起了这里发生的一件件深刻的往事。

百年前，和记洋行在南京江边的这片土地上，搭乘超国民待遇的"顺风车"，赶上"一战"期间食品业务的窗口期，迎来了生产业务的"黄金年代"。但，每当我们翻开这"辉煌一页"的背面，看到的则是底层民众在此处艰辛劳作的血泪，打上了近代南京的沧桑印痕。

现在，我们从浦口码头乘坐轮渡，在滔滔江水中感悟时光的故事；对岸的和记洋行建筑凝固成一段段红色的故事，是重温南京百年党史的生动教材。

追寻历史的现场，理解革命的初心；解开尘封的档案，懂得信仰的力量。本书以主要的篇幅实证研究了和记洋行轰轰烈烈的工人运动，讲述了感人至深的共产党人的英雄事迹，懂得了黎明之前的奋斗牺牲。

长夜群星，璀璨天地。在雨花台烈士陵园，我凝视着邓定海烈士遗照，追忆革命年代的洋行风暴；走到烈士殉难处，瞻仰宋如海烈士墓碑，重温刑场上那震撼的国际歌；前往江边煤炭港，缅怀南京大屠杀遇难同胞，铭记民族的苦难经历。

追寻和记洋行的历史脉络，雨花台纪念馆里的陈景星、石璞、袁咨桐、郭凤韶等烈士的事迹也深深地融入了和记洋行的红色记忆。

我在观看《悬崖之上》这部电影的时候，那句"活着的去找孩子"，让我联想到邓定海烈士牺牲时年仅三岁的邓桂兰；"活着，看到天亮"，1949年4月23日，南京解放！

当我来到邓桂兰老人的家中，深刻感受到了烈士遗孤那坎坷的人生经历，更加懂得了雨花英烈的革命初心，也记录了一份珍贵的口述历史，知晓了那些档案中无法记录的真实细节。

近代历史资料，一半在大陆，一半在台湾。在本书写作过程中，参考并利用了大量我国台湾地区研究机构保管的史料。两岸档案与文献合二为一，才是一部完整的中国近代史。

和记洋行曾经给南京留下很多的记忆，也深深地打上了这座城市近代以来的烙印。历史不应该被忘记。

附录 1
近代实业家韩永清的几段史实考证

韩永清(1884—1948),字世昌,湖北汉南人,曾担任南京和记洋行买办。他的一生从买办到国会议员,后专心慈善,名字被列入《中华今代名人传》,名重一时。这篇附录粗略地记叙了他一生中鲜为人知的几段往事。

韩永清,1884年4月26日生于湖北汉南乌金山。幼年家贫,少年丧父,随慈母迁居汉口。他,少年励志,发奋读书,15岁到汉口永兴洋行牛皮厂帮工。① 韩永清人生中的"伯乐",是大名鼎鼎的湖广总督张之洞。后韩永清担任巡警道署翻译。这样,他的人生逐渐发生了重要的转变。

1907年,英国联合冷藏公司在九省通衢的汉口成立了汉口和记洋行,将主要从中国内地乡村收购的鸡蛋、牛肉、猪肉等农副产品加工,并冷冻起来,运回英国等欧洲国家,赚取暴利。

韩永清经汉口和记洋行买办杨坤山推荐,执掌长沙外庄,成绩显著。后韩永清又深得汉口和记洋行大班纪尔的信任,担任洋行稽查。不久,联合冷藏公司委派韩永清等人寻址办新厂,开始看中的是芜湖弋矶山江边一带。因与日清轮船公司的租地权益问题引起交涉,久拖不决。韩永清建议,南京比芜湖更具有办厂优势,也得到纪尔等人的认可。随后,他和副手罗步洲来到南京考察,选定下关滨江宝塔桥为适合办厂的地址。

南京和记洋行筹建过程中,也发生了引发外事交涉的征地事件,笔者对此有撰文考证,此不赘。②

1912年到1913年,中国发生巨变。南京和记洋行的框架矗立在江边,1916

---

① 董玉梅:《从华景街到华清街》,《武汉文史资料》2006年第2期,第49页。
② 有关和记洋行芜湖和南京建厂征地与交涉等问题的考证,详见本书第二章。

年在香港注册,正式名称为 International Export Company (Kaingsu)。韩永清升任南京和记洋行买办,名重一时。

一、这幅"博爱"不简单

韩永清长子韩安荆曾经讲过一段往事:

一九一一年初,在南洋活动的胡汉民专程委人带信,将孙中山先生之意愿转告先父,并要求先父在财政上给予支援,此时先父正任外商和记洋行总经理,又兼营多处全国性金融企业。先父出于对孙中山先生在海外之处境的同情,利用外商结汇之便利,捐助了一笔巨款,作为他对革命的一点援助。①

作者文楚在20世纪90年代还专访了韩安荆、韩安州,亲见孙中山手书"博爱"横幅,落款为"永清先生属"。

孙中山赠韩永清横幅

来源:文楚:《韩世昌:从洋行买办到慈善家》,《世纪》1997年第5期,第44—46页。

韩安荆也曾于政协文史资料撰文说明:

先父与孙中山先生会面时,孙先生对先父资助辛亥革命之事一再表示谢忱,特书此"博爱"横幅相赠。先父言:孙先生大同博爱之精神为举世称颂,孙先生毕生为国为民,可以一"公"字概括。吾与孙先生虽交往无多,然其为人之谦恭俭廉,已深铭在心。其实为人中之豪杰也。先父又言:此博爱横幅,一为激励后辈之奋发图强,又为吾与孙先生友谊之佐证耳。②

中华民国南京临时政府时期,孙中山委任韩永清为总统府顾问。

---

① 文楚:《韩世昌:从洋行买办到慈善家》,《世纪》1997年第5期,第44—46页。
② 中国人民政治协商会议全国委员会文史资料研究委员会编:《文史资料选辑》第30辑,1980年版,第100、101页。

二、"性好慈济"的韩善人

1914年,第一次世界大战爆发,保障需求剧增。南京和记洋行不断扩大生产规模,供应英国等协约国,同时也获利颇丰。

作为买办,韩永清也得到了可观的红利。他并没有将其用于享受,而是做了大量的慈善工作。

例如,由他出资在南京下关创办了两所小学,专收贫苦子弟;

来源:作者个人收藏

出巨资修整下关马路;各省若有水灾、火灾、瘟疫,韩也首先解囊捐助,毫不吝惜;对于亲戚故旧,同乡好友,凡有生活困苦者便大力周济。1920年,南京出现瘟疫,死亡人数日益增多。韩永清目睹此惨状,慷慨解囊设立贫民医院6所,为贫苦人家义务施诊施药,救治者不可计数。南京人称其为"韩善人"。

民国初年,政局动荡,南京城更是迭遭战乱。

1917年,张勋复辟帝制的闹剧收场后,张的余党吴捷臣以6个团的兵力盘踞浦口,与江苏督军冯国璋的重兵隔江对峙。吴得知冯已联络皖军将对其进行夹击,因此打算孤注一掷,炮轰南京城。[1]

就在此时,韩永清挺身而出,只身前往浦口吴营陈说厉害,并晓以大义、许以重金。在韩永清的劝说下,吴捷臣最终接受了冯国璋的改编,南京城也因此得以免除兵灾。

世人评价韩永清"韩某既出巨资,又亲临战场,南京城得以保全,万家生佛,舍韩某旷世无人"[2]。

南京和记洋行的工人大多住在工厂四周草棚中,时有火灾发生,如1929年4月12日,下关宝塔桥火灾烧毁千余住宅,灾情重大。[3] 韩组成"和记同仁慈善会"和"救火会",无论厂内工人或附近居民出现火警,他都带头前去抢救。

---

[1] 徐明庭:《华清街与韩永清》,《武汉文史资料》2000年第3期,第46页。
[2] 文楚:《韩世昌:从洋行买办到慈善家》,《世纪》1997年第5期,第44—46页。
[3] 《捐助下关被火女工案》,《首都市政公报》1929年第34期,第97页。

韩永清迁居上海后,一心从事慈善事业,被推举为"旅沪湖北同乡会"会长,加入国际慈善机构红卍字会组织,担任东南主会总办事处监理,后又兼任上海红十字会会长,代表总会前往苏、鲁、闽、浙、赣、湘各省视察会务,在长沙创设新道院等等。1931年8月,武汉水灾严重,韩永清等被聘为水灾急赈会驻沪办事处委员。汉南乌金山由韩永清捐款兴办国民义务小学有两个班,学生80人。①

1924年由上海传记出版公司出版了美国人布尔特(A. R. Burt)、鲍威尔(J. B. Powell)、克罗(Carl Crow)编著的《中华今代名人传》。该书对当时中国政治、经济、军事等领域的名流逐一评点,其中对韩永清的评价是:

性好慈济,应中外慈善团体之请,捐费逾十万金,从不转募于人。②

韩永清还与当时的社会贤达保持良好的关系。1921年韩母朱氏逝世后,蔡元培亲自题写墓志铭,对韩母以极大的褒扬,也对韩永清的善举予以高度的褒扬。

洎世昌立业,声誉逮重洋,缙绅争相倾慕,家业勃兴,……不惜捐甘脂之资,开学校,助善举,不十年捐资逾十万,中外见称,其他以故求者不在此数也。道敝俗浇,世禄之家争蹈侈糜,……而有以慈善事请者,则又视之甚难,不名一钱,其重其所轻,轻其所重,类皆若此。苏省士大夫重其行为,请于大总统,特予专案褒扬。③

三、国会议员韩世昌

韩永清因其杰出的个人声望,相继被黎元洪、冯国璋以及苏、皖、鄂等省长官礼聘为顾问,并荣膺二等大绶宝光嘉禾勋章、二等文虎章,后晋升一等大绶宝光嘉禾勋章。④ 他还被推选为北京民国大学副董。⑤ 该校总董历来由大总统兼任,各省军政长官列为董事,韩非军非政却得此殊荣,实属不易。

1918年,韩永清以江苏省代表资格当选为北洋政府参议院议员。《申报》

---

① 杨先鹏主编:《汉南史话》,武汉出版社2004年版,第182页。
② 文楚:《韩世昌:从洋行买办到慈善家》,《世纪》1997年第5期,第44—46页。
③ 《韩母朱太恭人墓志铭》,载《韩氏宗谱》第2卷,1934年版。
④ 中国人民政治协商会议武汉市汉南区委员会文史资料委员会编:《汉南文史·第一辑》,1992年,第144页。
⑤ 1916年北京民国大学创建,1931年更名为私立北平民国学院。

1918年8月7日报道,"下关和记洋行买办韩世昌已入京就新参议员职,副买办罗光瀛现已经李督聘为军事顾问"①。

韩永清在国会就南北问题发表意见,极力提倡南北必须统一,主张先决国事,然后选举总统,并提出弹劾徐世昌案,引起全场轰动。

北洋政府的混乱令韩永清对于政治很快心灰意冷。

1918年10月7日,韩永清即宣布辞任,并在《申报》发表《参议院议员韩世昌敬告江苏父老辞职意见书》,其中说到辞职的缘由:

> 故于八月二十八日参院开讨论委员会规则会议时,适有某君动议,盖以组织总统选举会,为急不可缓之事,以昌之愚,窃有未敢赞同者,因即动议曰:世昌商人也,素昧政治,未习法律,本良心上之主张,……以为我国南北战争,各趋极端,人民生命财产损失已达极点,而强邻环伺,乘机侵凌,长此以往,势将不国。故欲挽救危亡,应先解决时局而后选举,以上意见系属由衷之论,亦即昌平日之所主张,如能议有办法,则纠纷问题可以迎刃而解,无如解决时局之助,且无以负同胞责望之殷,抚我初衷,实多内疚。凤闻陈力就列之训,岂忘不可则止之?

韩永清还提到了要致力于公益慈善事业,"慈善、教育早经举办,实乐工艺有待振兴。公益所关,悉为世昌效力于社会之事"。

《申报》

四、改名风波的由来

民国以来,著名昆曲表演艺术家韩世昌与韩永清(字世昌)重名。

《益世报》突然刊发出了一则韩永清要求韩世昌改名的来信,竟引发了一场风波。

经笔者查阅该报,找到了这份来信。

---

① 《南京快信》,《申报》1918年8月7日,第7版。

> 世昌我鉴：天下之最为痛痒相关者，莫如我之于我，故自古有我以来，我之待我有近，而无远有亲，而无疏有厚，而无薄今。一旦我之与我忽分彼此焉，纵彼之我以我混我，而此之我终不敢视我如我，盖以此之我为圣神议员之我，彼之我为下贱优伶之我。如以我混我，是敢以优伶上辱乎，议视我如我，是甘以议员下齐，于优伶纵我不顾忌讳，而我实觉得难堪也，故我谨致书于我，祈将我取销，独让我为我，在我固不为辱，而我实大有光荣焉，我世昌谨白。①

《益世报》所刊发的这封来信或为时人故意为之，借以调侃社会名流、哗众取宠而已，却给当事人造成了误会。以至于新中国成立以后，韩世昌也以此事为例，意在说明旧社会伶人的处境：

> 我个人经受种种迫害，连名字都得改，不让你有姓名的自由。韩永清入都不到两年光景，有一次在国会中就提出，他堂堂议员叫韩世昌，我一个伶人也叫韩世昌，似乎玷污了他的人格，提出来说我应该改名字。这种话传出来以后，社会上有很多人为我打抱不平，社会上议论纷纷。这位韩世昌议员迫于舆论，也就没有正式地直接地向我提出一定要怎样。②

就在该文发表后不久，韩永清之子韩安荆、韩安州写文章道出了其中原委：

> 曾记我们在少年时代，先父韩世昌在平日教导曾谈到此事。先是国会中有人论及北昆韩老与先父同名同姓，似乎不妥，提出要韩老改名之事，先父知道后立即劝阻。先父言：凡人各有姓氏、姓名雷同者，天下知凡几，不可为。然绝非国会中提出，乃相识者私下之议论。但此私议不胫而走，文中竟说成是先父在国会中提出要韩老改名，实非事实。回忆我们在少年时代，先父曾多次举北昆韩老同名一例告诫晚辈：为人乃不可仗势压人，又说，己所不欲，勿施于人。一九八三年五月。③

五、时代变局下的人生际遇

1921年，联合冷藏公司解除了纪尔在南京的职务。韩永清与继任大班关系

---

① 《议员韩世昌致优伶韩丗昌书》，《益世报》1918年8月29日，第3张第10版。
② 韩世昌口述：《我的昆曲艺术生活》，《北京文史资料》第14辑，第105—106页。
③ 韩安荆、韩安州：《韩世昌未压迫韩世昌改名》，《北京文史资料》第22辑，258页。

失和,遂辞去买办职务,并回到汉口。

1923年,韩永清的外甥被人抢劫杀害,"镇埠警局昨接扬州地保电话报告云,南京和记洋行买办韩世昌之外甥在宁被人将项挂金链取去,并将其甥抛塘身故"①。

1924年,大革命兴起,打倒列强、除军阀,依附于帝国主义的买办阶级自然成为被政治打倒的对象。1925年,中国国民党中央执行委员会汪精卫临时动议:

请注意特别新兴工业,并不许现任买办充行政官吏及各社会团董事一案,经决议通过,并函请国民政府检查。②

随之,韩永清便被人登报攻击,缘由竟是造谣他向外人借款,并谋取下关商务督办。

近来苏省财政异常支绌,当局深以为忧。闻下关某洋行买办某君,乃欲趁此时机,大施运动,冀达其做官发财之目的。其预定计划,乃在下关商埠督办一席,盖某买办乃以贩卖下关地皮致富者,故此席深为彼所注意也。现闻某已向某方面谈判多次,预定三项条件:一、向上海某洋商息借巨款若干,即以下关商埠作抵,其名称为下关埠务借款,并闻已有某洋商来宁磋商数次,极为秘密,外人莫悉内容,但闻条件商妥即正式订约;二、请准开拆仪凤门城垣,即以所拆之城土填筑惠民桥河,所有新填地址,位置极优,分等售价,即比照下关西炮台例,借款一往充作军政费用;三、上两项筹款方法,究属急切难得,某买办情愿先行报效现金三十万元。③

韩永清不得不作出回应,列出事实,反击谣言的诋毁。

不佞忝列商界二十余年,自前年辞办和记职务,完全为休息起见,对于政商两界事务绝不与闻,徒以社会慈善事业为唯一任务,讵有运动商埠督办而自相矛盾之理。下关商埠督办一职前王省长瑚掌苏时,曾经切举与劝,不佞已当面谢绝,为政界所深知并深谅者也。至如不佞礼谒军民两长尚未谈及下关商埠事务,

---

① 《迎提图财害命嫌疑人》,《申报》1923年8月9日,第10版。
② 《不许买办充官吏及社会董事》,(广州)《民国日报》1925年7月29日。
③ 《将发现下关商端口借欸消息》,《申报》1924年1月4日,第11版。

而允外人借款一事，尤属子虚，不佞向抱不借外债主义，以损我国主权，如遇借款，……在国内各银团借之有余，岂有与外人接洽之理。总之，此种捏造事实，制造空气，别有作用，不佞绝不与闻。……特恐传闻失实，用特登报声明，以释各界误会。①

1925年六七月，南京和记洋行受到了五卅风潮的严重影响，发生了劫持买办罗步洲案、"七三一惨案"等系列严重的冲突。五卅运动后，和记工厂虽恢复上工，但厂内劳资矛盾严重，又由于原料短缺等原因，生产一落千丈。1927年，北伐军占领了南京和记洋行。

英国联合冷藏公司由于南京和记洋行厂房和生产设施在战争期间被严重破坏以及原料价格上涨、军阀混战导致的外庄收购困难等因素而决意关厂。韩永清积极说服英方不要关闭和记洋行。和记工友此时也盼望韩永清回来主持和记业务。

1928年3月19日，南京英商和记洋行重新恢复生产。韩永清回到和记洋行。但是，韩永清已无力恢复和记洋行往日的辉煌，生产业务已严重滑坡。

1929年，韩永清再辞南京和记洋行买办。②

1929年3月28日，和记洋行翻译胡书亭向江苏高等法院具状告发韩永清反革命各款，罪名一是"以买办阶级引狼入室，吸吾脂膏"，二是"勾结军阀，促起战事，反抗革命，危害党国"。因"讵该逆畏罪情虚，竟敢携眷潜逃，抗传不到"，"已由中央命令交由各省市政府负责处理"。③

笔者在《首都市政公报》中查到了扣押其财产的公报：

英商和记洋行买办韩永清，前以勾结军阀，压迫农工，依仗外势，盗卖国土，种种反革命行为，被其同乡胡书亭检举，业经江苏高等法院依法受理，三次出票传讯，韩均畏罪避匿，抗令不到，一面并向各方大肆运动，冀图免于法办，以致此案发生后，迄已数月，尚未有所解决。④

南京特别市市长刘纪文命令该市财政局将韩永清财产予以查封，要求江苏

---

① 《韩世昌启事》，《申报》1924年1月10日，第1张第1版。
② 原和记洋行会计师马屺怀的访问，1962年。
③ 《胡书亭控诉韩永清反革命犯罪案》，《首都市政公报》1929年第40期，《纪事》第66、67页。
④ 《扣押韩永清财产》，《首都市政公报》1929年第40期，《纪事》第3页。

高等法院予以裁判,即使韩将其名下财产抵押或永租绝卖于外商,也要暂行扣押或查封,以"除反动之根株,奠党国于磐石"。①

笔者查阅《申报》,也找到了有关此事的报道:

> 市民胡书亭日前具呈本府,罗列下关和记洋行买办韩永清反革命罪状,并将韩之在京财产完全调查清单附呈,请即查封变卖,以充市政建设之需而为一般反革命者戒。
>
> 刘市长核其所呈各节,颇具理由,当于前月批令照准,令行财政、土地两局先予假扣押,俾防其乘机变卖、携款潜逃;一面并咨请苏州江苏高等法院依法确定,得早结束。
>
> 金财政局长、杨土地局长奉令后,已于日前会商妥协,分别派员,将其在京所有动产及不动产悉予遵令办理。上插木标根,注明假扣押字迹,使众周知。②

国民政府的裁判,已让韩永清在南京无立足之地。

韩永清回到了汉口,继续慈善事业。抗战时期,他退隐在家,陈公博等多次派专人邀请其出任伪湖北省省长,均遭拒绝。

韩永清于1948年在上海因病去世。他的两个儿子韩安荆、韩安州于20世纪90年代发表了一些关于韩永清的文章和口述回忆。

---

① 《扣押韩永清财产》,《首都市政公报》1929年第40期,《纪事》第3页。
② 《财政土地两局奉令假扣押韩永清财产,市民呈请充市政建设经费,已咨请高等法院依法确定》,《申报》1929年7月15日,第19页。

附录 2

经济调查:《南京和记洋行之一瞥》

《新闻报》1922年5月1日,第5张第1版

南京和记洋行系英人创设,专做出口货物,前清末年,行设下关仪凤门外,房屋卑陋,规模狭小;今则设于煤炭港,场屋宏敞,颇极轮奂之美。地临长江,对面即浦口,凡旅客乘汽车将抵南京时,遥见烟囱矗立,黑烟环绕,层楼接衢,高屋攀星,即此行也,今将行中设备及内容述之如下:

大班室:大班一人,副班一人,总揽全行事务。

写字间:大写一人,二写一人,写字西人一人,打字女西人三四人,华打字员二人。

报单部:中国写字六七人,专司厂中牛猪鸡鸭等报单;总账部五六人,专记银钱。

机器部二人,管理厂中工作及工作钟点,以便发给工资钱。

经理部九人,专记各庄收进之货。

报关部二人,专司报关事。

中外账房,司汇银发薪事。

买办室:正副各一人,写字员二十余人,专司翻译文件等事。

打样室:西人工程师一人,写字员三四人,专管打样造图事。

以上各员,每日九时进行办,下午六时出行。

厂之分部如下:

炉子间:共有炉子七只。炉大于火车头,每炉有火夫三人司之,烧煤于炉,不停片刻。火夫虽当冬令,仍裸裎上身,汗下如雨,其热可知。火夫每月不过二十元,闻每致不寿,以烈火熏逼,销铄形骸太甚。予尝见彼等频频饮以冷水,汗即冷水之代价也。一炉每小时烧煤三篓,每篓净重(去篓十二斤)八十斤,计洋两

元。冬令各厂齐开,七炉齐烧,一日(二十四小时)须烧煤四万零三百二十斤,合洋一千元,殊可惊骇。内火夫及秤煤之磅秤者,每月三班,每八小时,烧尽之煤灰,亦须过磅,其灰或用以填路。

引擎(机器)间:

内铜匠、电灯匠、机器匠等共二三十人,专管扇冷气于冰房及磨电等事,机器间轮轴长年转动,机轮大于圆桌面数倍,发电机日夜磨电,轧轧之声,震动耳鼓,无时或停。

冷气间:

长年如隆冬,寒暑表常在结冰点以下,予入其室,顿觉寒气袭人,冷气入骨,若进至扇风机关处之各货物房内(房口仅可容身,宛如狗洞,工人负货须府身而入),不及十分钟,人必同为冰货,盖已冻毙矣。以是负货进室时,必先扭停其机关。室中上面,遍设铁管,管上附雪三寸许。室内均有阿摩尼亚之味,颇为难闻。

货物房共有百余家,式老夫数人,另居一子室,火腿房在冷气间,专做火腿,先腌以盐,后渍以糖,阅数星期,乃装入木箱,每箱重五百余磅。内工人数十,常在内搬运货物,或从甲房内将已冰二三日之货物移至乙房内。货物总量,常在三四千吨左右(每吨二千二百四十磅)。

杀牛厂:

杀牛最多之日,需杀四百余头。内西人二人,式老夫数人,工人二三十人,其杀牛也,先将牛自一小门牵于一活动之大铁板上。一工人手持铁椎,向牛头上猛击二三下,牛即晕倒(此工人专铁椎击牛头,击过一只再击第二只,接续不停。此人每日至少须用全力击牛一千下,将完时,已筋疲力尽,甚有击以四五下者。杀一牛连剥皮解剖洗净,不及二分钟,神速异常)。一人以铁板向外一侧,牛跌于地,一人急用钩索将牛之一足,用机器吊上,用铁辘轳稍前之又一工人。彼即用长尖刀直刺其头,流血片时,又滚至前数工人,先剥其皮,后截其角,割其首,于是破肚矣。挖肠者,冲洗者,锯为两片者,霎时已毕事。牛血滴于沟内,流入长江,其皮洗净后,腌以盐,层垒于厂中。

杀猪厂:

杀猪最多之日,需杀三千余头,一分钟可杀七八只(连去毛洗净)。西人、式老夫工人与牛厂略同。杀猪用机器,先将猪一一倒悬于铁辘轳上,其机器乃巨大之木轮,轮上装以尖刀,轮微微转动,杀猪者推猪于木轮旁,轮刀即刺入猪头,复拉至外,滴去其血,如是连连将猪推上,轮刀即连连杀猪,叹为极观。已杀之猪,即络绎推入热水大桶内,桶内贮一滚毛机器,一黑猪推入,阅数秒钟;一木板推一白猪上矣(毛已滚去)。复将猪一一吊起,于是割首者专割首(亦有不割者,仅去其肠肺等,原只送去冰房),开肚者专开肚,去肠者专去肠,以及解为两片用水冲洗者,皆各司其事,乃由小工将猪推入冰房(猪倒悬于铁钩,钩上有小轮,着于上之大铁条,小工只需用手推之),原只者包以麻袋,冰于冷气房,做火腿者则送入火腿房,猪血承以大筐,大半皆本地人收取。

杀羊厂:

牧羊甚多,故不常杀。

杀鸡厂:

每日约杀四五千。先将鸡均倒悬于铁索上。工人右手持一小钩刀,左手持鸡首,钩断舌根(不去舌,且不杀颈。询之,则曰西人不食杀颈者),如是连续而钩,血涔涔下,滴入沟内。一排杀完,再将鸡悬上。已杀之鸡,由小工用木板负至剥毛厂,每板十二只。

杀鸭厂:

同杀鸡厂。

杀鹅厂:

与杀鸭厂同。惟杀鹅甚少。

野味厂:

将收进之野鸡、野鸭、野兔、鹌鹑等物,连毛装入木箱,送至冰房。

剥毛厂:

式老夫二人。女工数百人,专拔去鸡鸭之毛。均干拔,不用水。剥就后,由工人送去装箱房。

牛肠厂:

将牛肚内肠、腰子等物。洗净后装入本箱,肝与肺,送至出卖部,牛头送入熬油厂。

猪肠厂:

同牛肠厂。其肺、肝、猪耳、猪爪等,均送入出卖部,猪头亦送入熬油厂。

熬油厂:

内贮极大之机器,轮轴皮带,转动声甚巨。一入其间,臭气触鼻,令人作三日呕。有时在厂外亦嗅闻之。其味恰似烧臭咸肉。油锅系铜质,径约八尺,高约十四尺。锅有二:一熬牛油,凡牛头肠油牛油等,均置于锅内;一熬猪油,凡死猪猪头猪油板油等,均置诸锅中。熬出之油,装入木桶,桶为长圆形,宛如人家之花鼓凳,但较大耳,每桶贮油二百余磅,熬油之油渣,亦有人收去,用以作肥料。

出卖部:

各厂送来之牛肺、牛肝、猪耳、猪爪、肺肝,及活乌骨鸡(西人不食故选出)、坏蛋等物,有包买者购去,以是下关鲜鱼巷老江口等处,常有摆猪肝、猪肺、鸡壳子等堆者,皆和记行卖出之物也。行中大班大写写字员及工人向出卖部购牛肉、野鸡、冰牛油等物,亦需出钱,但稍便宜耳。每至夏间,向此部购冰者甚多,每百磅仅一元。

猪鬃毛厂:

内式老夫一人。女工数十人,有时百余人。将猪厂送来之鬃毛,用水蒸热,然后由女工拣选,经三次手续,乃扎成圆形之大帚,装入箱内。

煎盐厂:

南京之盐,均杂泥土,色灰黑,颇不洁。行中收来之盐,必须重煎。内有盐灶多处,将盐先用水溶化,澄清后,去其污泽。然后倾入铁镬。煎干后,色白如雪,极似三盆细糖,乃用篮扛至制火腿房。

木桶厂:

用以贮牛油猪油者,初仅为长方之板,经工人造成木桶,外围以铁箍,桶而开一小孔,以便牛猪油流入。

粮食房:

内贮米谷豆麦糠酒等物。用以饲牛、猪、鸡鸭。

木箱厂:

专造木箱。大小不等。大者装火腿。小者装鸡鸭及装蛋听子之木箱等。

篓子厂:

厂内专造蛋篓鸡篓及修补篓子,均用毛竹做成。

听子厂:

用洋铁由机器造成。形如洋油箱,以便装蛋黄蛋白。

洗蛋厂:

厂设最下第一层。内女工数百人,将各庄收来之鸡蛋,由女工洗涤,装于木匣,送至照蛋厂。每日约洗数百大篓。

照蛋厂：

厂设第二层。在洗蛋厂之上，内女工数百人。厂内上面之窗，均用绿玻璃。照时将窗阖下。铁门亦闭，使光不得入，宛如白画演影戏，颇黑暗。女工每人一桌椅，如小学堂学生之桌，椅与桌连。前各挂一电灯，灯围以洋铁，仅留一线之光，故仍黑暗，否则有许之电灯，宜亮若白画矣。女工均就灯前照蛋。分如好蛋、坏蛋及有斑点者。每日约照一千木匣（有时五六百匣），重三万余斤，每木匣重三十余斤，照后送至打蛋厂。

打蛋厂：

设于三层楼，即照蛋厂之上。内女工数百人，将照过之蛋，逐一打破（每日打出蛋黄白数十箱），分出黄白，倾入铅管内，由机器调匀。黄与白各分流入洋铁听子内。外用锡密封，送入冰房。

烘蛋厂：

设于第四层。在打蛋厂之上。内男工十余人。外室装一机器，喷出热度。隔室即烘蛋之所，小室内炎热如焚，与冰房适成一反比例。热度在一百三四十度左右，四面围以洋铁皮，中设一小洋铁房。予登极视之，四面有无数小洋铁枪（细如麦柴管）排列于房中。由机器将下屋打蛋厂已调和之蛋（部分黄白者）吸之而上。贮于一大桶内，复由机器扇入小洋铁枪内。蛋如细雨喷出，经室中最高温度之烘。落下均成蛋粉，细腻异常，味颇可口，且一入此厂，芳味扑鼻，心鼻顿开，非若熬油厂、杀猪厂等须掩鼻而过也。

上述之厂，均已备载，他如养鸡、鸭、牛、猪等厂，不再多述。但予曾见一养牛场内，畜牛至三四千头，其他可知矣。各厂均用水门汀及铁条造成，蛋厂最高。每层有五十余级。惟冷气间均用木造，墙壁用两面木砌成，中实砻糠。每厂均有西人、中国式老夫及第一工头、第二工头、小工等。每日七时进厂（冬季须天黑起身）晚六时出厂。星期天下午休息半天，较写字间为苦。惟机器间常年不停工，行中夏间甚暇，秋冬各厂齐开，无人不忙，无时或停。和记洋行在兖州、济宁府、六合、临淮关、镇阳关等处，设立和记分庄，专收各种货物，运至浦口。由和记小轮托至行前，外洋轮船来装货时，船中华人甚多，即泊于行之码头前。日夜由小工负债至小船上。用小船四五只，并行排列，上铺木板，靠于轮船，由轮船上辘轳装货桅，将货吊入船舱，约三四日装毕，须装至二千吨左右（合中国三百三十六万斤）然后开行。外洋船约半年来二三次。欧战时期有自英来宁之船数艘，被德国鱼雷击沉云。

附录 3
孙正佛先生的口述采访

采访时间：2014 年 11 月 13 日上午
采访人：朱翔　南京铁道职业技术学院
联系人：谭立威　澳大利亚华人，航空抗战史研究学者
被采访人：孙正佛，1935—1941 年就职于南京和记洋行，"两航"起义的重要历史人物。

问：孙老，您好，十分感谢您接受我的访问，请您简要地回忆一下您的早年经历。

答：朱先生你好，我叫孙正佛，今年 93 岁了，听力有些不灵敏，我下面一边说您一边录下来。你过一段时间就"嗯"一声，提示我继续讲下去。

我出生在江苏省南京市，祖母给我起名叫孙正发。早年父母双亡，在我 8 岁那年父亲就去世了，9 岁那年母亲又去世了，是祖母把我抚养到 15 岁。我的娘娘（南京话姑妈的意思——笔者注）每人给五块钱，而当时光房租就三块五，所以我小时候的生活是蛮苦的。母亲过世后，祖母和我一起都住到三姑父家。早先父亲看病需要钱，就把船作价卖了一半给三姑父，并由他经营。父亲病故后的丧葬费用，以及后来我和母亲的生活费，主要是靠这半条船的收入。母亲病故后，整条船就都落在三姑父的名下，而我和祖母的生活费用，从此都由三姑父姑母承担。

问：孙老，请您回忆一下您是如何进入和记洋行工作的。

答：我 13 岁从兴中门小学毕业，然后就去找工作了。朱湘吾是我小姑的一个女朋友的丈夫，当时担任和记洋行的工程师。和记洋行在中国主要收购鸡、鸭、兔，还有猪和牛等肉类以及禽蛋类。经过加工包装和冷冻，然后出口到英国。

这个洋行在中国各地均设有分行和加工场。而设在南京的加工场就在下关宝塔桥附近。时隔30年之后,我出差到南京,故地重游,见到它仍然坐落在长江边上,然而,已经改为南京肉类食品加工厂了。

当时的和记洋行里面有屠宰厂、鸡鸭厂、照蛋厂等,另外和记洋行还有自己的发电厂,有修理工厂、有冷气厂等。南京的和记洋行很大,英商同时还在沈阳、天津、汉口等处设有分厂。

我是1935年进厂的,我初进加工场,是在冷冻车间的办公室学徒,每天的工资是两角五分。每天的工作,除了传递文件外,每天的上下午,还都要查看一次所有冷库各处的温度,并且要求留下记录用来做报表。由于大部分时间是在冷库内,因此不论春夏秋冬,我总是穿着一件棉大衣。如果没有文件需要向外传递,除了中午去吃饭时可以晒晒太阳,其余的时间便一直见不到阳光。所以,我特别希望有文件向外传递,这样,一来可以出去晒太阳,二来可以借机出去跑一跑,逛一逛。十几岁的孩子怎么能耐得住寂寞,何况还是整天被关在冷库里呢。

和记洋行因为发电厂大修,需要我过去帮忙,因此有另外的人代我查温度。我后来又去修机器了,和工厂里的老师傅在一起工作。因为我工作灵活,因此很受厂里工人的欢迎。

以后我又调到朱湘吾的办公室打扫卫生,那时和记已经有手摇电话了,我在洋行内当 office boy,总经理需要送条子就找到我,office boy 就是负责在洋行内各个办公室之间来回传递文件的人,这个工作一般都是由机灵、腿勤的小男孩来做。

问:孙老,请您再回忆一下当年和记洋行其他工作方面的有关情况。

答:我后来被调到洋行大班希尔兹先生的办公室,负责传递特急文件和通知。除此之外,还要负责办公室内的清洁卫生。这时的工作环境要比在冷库时好得多了。由于整天和洋人打交道,总是接触英文文件,耳闻目睹时间长了,慢慢地,我也能够认识一些英文了。平时没有文件要传递时,我就坐在希尔兹先生的男秘书朱湘吾先生的办公室内,等候传唤。朱先生是我小娘娘的一位翁姓的朋友的丈夫,我叫她翁娘娘。他们夫妻二人见我家境贫寒,这么早就失去父母双亲,成为孤儿,所以对我非常关心和爱护。

我当时的工资是一个月七块五,一天两毛五。希尔兹先生的办公室里,总放着用来招待客人的名牌香烟,有555香烟,有水手牌香烟。我有时就顺手拿几根存着,当有机会去车间时,就把那些香烟送给老师傅们吸。每当我把这些香烟送给老师傅们吸的时候,他们个个都特别高兴。大家都非常欢迎我去,如果我几天不去,他们还真想念我,我成了他们最欢迎的人。

洋行里面设有食堂,中午免费吃饭。大米饭随便吃,但是菜很简单,一年四季不变的黄豆芽汤随便喝,在食堂木桶中自己捞,大部分员工都自己带一些自家做的小菜到饭堂吃午饭。

我记得每到中午开饭时,饭堂门口总是坐着一位头上包着红布的印度人,大伙都叫他红头阿三,他专门负责在饭卡上(lunch ticket)打钩,并防止员工把饭带走。只要有饭吃,别的我也没有什么花钱的地方,每个月七块五的工资我基本不动,记得在我第一次拿到七块五的工资时,心里别提有多高兴了。我特意买了两只南京鸭子,去酬谢翁娘娘和她的丈夫朱湘吾先生,又买了松子糖和绿豆糕孝敬我的祖母,并把剩下来的五块钱全部都给了祖母。

大约是1936年底,洋行里安装了一台20门的人工电话交换机,而我则成为第一位接线生。从此,除了传递文件,就很少再跑路传递通知和用于交换的字条了。后来在机器房里又安排了一位女孩子,由她专门值早晚班。我除了担任白天的接线工作外,仍然要做办公室的清洁工作。

问:请您想一想当年和记洋行生产方面的有关情况。

答:英国人设立和记洋行主要的目的就是要对中国进行掠夺,他们在外地设有很多外庄,原来有的从很远的地方运来。小鸡子、小鸭子从苏北的宿迁来的。赶鸭子,你听说过吧?一路赶,从宿迁赶到南京,经过田地里,先赶到浦口,然后从浦口往南京赶,路上赶鸭子很辛苦,白天一大早起来赶鸭子。鸭子赶了三个月就长大了。赶到浦口的时候,用民船把鸭子装到笼子里运到燕子矶、宝塔桥,然后卖给了和记洋行。

和记洋行的冷藏库在水沟两边,东边是鸡鸭厂,在鸡鸭厂里养半个月,长肥了以后根据情况屠宰加工,放在冷藏库里。和记洋行当年还有照蛋厂,里面的蛋都是很好的、完整的,在打蛋厂里,五加仑一桶,用煤油桶装,然后放到冷藏库里。等到和记洋行的生产完成后就会来英国大海轮把和记的所有产品运到国外去。

问:请您再回忆一下1937年前后和记洋行的有关情形。

答:1937年,战争越来越紧张了,我们当时生活也很困难,也没有办法逃离南京,英国长江舰队轮船常靠和记码头,由和记供应食品。我当时因为生活困难,暂时没有离开南京。和记洋行英国的酒牌间卖啤酒,后来我被调到酒牌间当经理,工作了快一年。在鸡鸭厂那里有一个足球场。英国兵没事就来喝酒,踢足球。

朱湘吾是希尔兹的秘书,在他家里找了一个大师傅来烤鸡、烤肉,然后拿到酒牌间去卖,我们从中也得到了一些利润,一天可以赚到一元钱。

1937年,抗日战争(全面)爆发了。局势动荡,人心惶惶,街谈巷议都是关于日本军队侵略中国,到处烧杀抢掠、无恶不作的话题。8月13号,日本军队在上海打了仗。日本军队的飞机,也开始经常飞到南京上空,南京的形势也一天天吃紧。

在离洋行不远的地方,有一个供驳船转运货物用的水陆码头仓库。当时那里聚集着好多军队,日本飞机来空袭时,他们还向天上发射迫击炮,企图阻止空袭。我曾亲眼看到了空战的场面,也亲眼看见日本飞机尾巴冒着烟,栽向地面。

因为和记洋行是英国商人的,洋行就在厂房顶上和四周的围墙上,涂了许多米字旗的图案,企图保护财产,免遭袭击。洋人大班希尔兹也搬到挹江门的英国大使馆内工作和居住了,我也随着他在那里待了大约半个月。

形势越来越紧,人们开始纷纷逃离南京。我的祖母不放心留下我一个人,要我和她一起去江北逃难。因为当时我三姑父的船,正好在江北瓜埠六合一带装船,祖母要我和她一起去找自家的船,说是死也要死在一块儿。我只好告长假,随祖母一起去逃难。

我已经记不清是哪天离开南京的了,只记得当时已是初冬,南京江边码头秩序混乱,成千上万的难民,扶老携幼,肩挑背扛地向码头涌去。目睹逃难大军中,老的哭、小的叫的悲惨情景,我幼小的心灵里,留下了深刻的印象。我背着一个包着衣服的大包裹,还扛着一个被褥卷和祖母互相搀扶着,随着人群向码头走。一路上我不停地问自己,这到底是怎么一回事? 这到底是为什么?

挤在逃难的人群里,我和祖母乘船到了江北岸,在浦口码头上了岸。上岸之后,去六合的路途,就全靠步行了。到了夜晚,就借宿在老乡家,实在比乞讨要饭好不了多少。风声越来越紧,传言也越来越多,都是不好的消息。终于有一天夜晚,听到了大炮声。我们紧张得一夜没敢合眼,天刚亮就急急忙忙上路了。找船就得沿着河边走,还真巧,碰上了一位驾船的熟人。他告诉我们,在六合见到过我三姑父的船,估计现在还没有离开。这是我们一路上听到的第一个好消息,真是喜人,我和祖母加快了步伐,一路不停地向六合走去。经他指点,第二天我们就顺利地找到了自己家的船。一家人终于团聚了。

形势这样紧张,三姑父的船也不敢回南京了,一家人就住在船上。没过几天,终于传来南京失守的惊人消息。更为令人震惊发指的是,日本鬼子占领南京后,兽性大发,展开了疯狂的、惨绝人寰的大屠杀。南京城里尸堆成山,血流成河。这就是震惊世界的南京大屠杀惨案。

我们全家在六合停泊的船上避难,不知不觉到了春节。这个春节,死气沉沉,没有鞭炮,没有欢笑,有的只是怨声和哭泣。而我们只能是暗自庆幸躲过了这场灾难,可谁知出路又在哪里呢?全家人吃住都在船上已经三个多月了,幸好船上装了满满一船准备驳运到南京的年货。在这段时间里,全靠以货易货,换来粮食和蔬菜,以及烧柴等,有时也卖一些换点现钱,总算没有受冻挨饿。但也遭到了地头蛇一而再的勒索,强行拿走不少东西,在那动乱的日子里,也只能是当作破财免灾了。

几个月过去了,形势渐渐稳定下来,我一直惦记着洋行的那份工作,实在在船上待不住了,就向祖母提出要回南京看看,打听消息。祖母开始不放心,经过我再三要求,我祖母她也想回和记洋行,终于同意了。

姑父托人先把我送到长江北岸一个叫卸甲甸的地方,那里有小划子可以送人过江。那天,我是下午上的小划子,划到江中心,遇到了顶风,天也渐渐黑了下来,老船工决定不过江了,就留在江中心的八卦洲过夜。他把我安排在一户好似地主的人家中过夜。晚饭后,我早早地就躺下了。可是,因为人生地不熟,心里不踏实,怎么也睡不着,借着昏暗的灯光,我看见房东正侧卧在床上,吞云吐雾地吸食着大烟。

不知道是什么时候,迷迷糊糊睡着了。第二天清晨,老船工来叫我,我给房东留下点儿钱,就又随老船工上了小划子。没用多少时间,就到了江南岸。我当年从八卦洲来到了燕子矶,然后往和记洋行的方向走,你知道吧,中间有一个地方叫做一线天,蛮好玩的。

日本人占领南京后,工厂关闭,留下印度人看门,维护、保护工厂。上岸后,我向西走了好长时间,远远地就看到了洋行养鸭场围墙上涂的英国米字旗图案。又往西走了不远,就过了宝塔桥,沿着洋行的围墙走了一会儿,就看到对着小桥的洋行大门了。还好一路上没有碰到日本兵,我这颗提着的心,才咽到了肚里。

门口把守大门的两个红头阿三认识我,从他们那里得知,介绍我进洋行的朱先生和翁娘娘以及他们的孩子,一家三口,都平安地住在洋行的办公楼里。朱湘吾一直住在和记洋行保护工厂,洋行的东边是养殖场,英国人希尔兹住在东边。

当我找到他们的时候,大家激动得像什么似的,真是格外亲切,简直胜似久别的亲人又团聚了。朱先生把我留住在他们家中,等着见希尔兹先生。原来日本兵攻打南京时,生产停顿,洋行收留了一些工头和他们的家属在场区内避难,就住在洋行养鸭场内几排较好的房子里。此时希尔兹先生也已经搬回洋行的一座小洋楼中了。后来,我又见到了希尔兹先生,就算恢复了工作。我也在靠朱先生住地附近的养鸭场找了一个空房间,安置好我的床位。好在这个房间好久没有养鸭了,气味不是特别大。我的奶奶由于局势稳定后回到南京,住在三汊河。

我的工作还是和原来一样,由于生产停顿了,所以轻松了一阵子。但是,没过多久,就把我调去做管理酒吧间的工作了。

问:孙老,请您再回忆一下后来的情况。

答:有一天,我领取了良民证,下关煤炭港有日本人站岗,我住在和记洋行里也不大出门,差不多有两年到三年我住在鸡鸭棚里自学英文,英华字典是我读得最多的东西。

1939年,欧战爆发了,有些英国水兵都随舰队调防,先后离开了南京。我们酒吧间的生意也不那么红火了。洋行决定关闭这间酒吧间。我听到这个消息后,就开始为自己找出路。正巧,我们认识的一位朋友,在舰船上负责机务,他告诉我们,舰船上需要烧火工,我们当即就决定上船去应征。我怕不够年龄,就多报了两岁,这样才拿到了应征表,被聘为英国军舰上的烧火工。

我在的英国军舰,是一条双层甲板的炮舰。舰上一共雇用了20多个华人,分别担任水手、厨师、洗衣工等职务,大约占全舰人数的四分之一,大家都住在一个大统舱内。

1939年的7月初,炮舰终于起锚了,离开了育我养我的故乡南京。

参考文献

一 党史文献

[1] 中共江苏省委党史资料征集委员会,江苏省革命斗争史编纂委员会.江苏革命斗争史纪略(1919—1937)[M].1982.

[2] 南京雨花台烈士陵园管理处史料室.雨花台革命烈士故事[M].南京:江苏人民出版社,1983.

[3] 中共南京市委组织部,等.历史的启迪[M].1984.

[4] 中共南京市委党史资料征集编研委员会办公室.南京革命史大事记(1919—1949)[M].1986.

[5] 中共江苏省委党史工作委员会.中共江苏党史大事记:1919—1949[M].北京:中共党史出版社,1990.

[6] 南京市总工会.南京工人运动大事记(1865—1987)[M].1990.

[7] 南京市下关区教育局.挹江风云[M].1990.

[8] 中共南京市委党史办公室.南京人民革命史[M].南京:南京出版社,1991.

[9] 中共南京市委党史办公室.南京人民革命史简述[M].1991.

[10] 中共组织史资料江苏省编纂组.中共江苏省组织发展史纲要[M].南京:南京出版社,1993.

[11] 中共江苏省委组织部.江苏党史之最[M].北京:中共党史出版社,2002.

[12] 中共南京市下关区委党史工作办公室.世纪回眸——下关百年百事[M].2001.

[13] 中共南京市委党史工作办公室.南京党史八十年:中共南京地方简史读本[M].南京:江苏人民出版社,2001.

[14] 中共南京市委党史工作办公室,南京市档案局(馆).民主革命时期南京党史文献(1921—1933)[M].北京:中央文献出版社,2013.

二 资料汇编

[1] 杨大金.现代中国实业志[M].长沙：商务印书馆,1938.

[2] 严中平.中国近代经济史统计资料选编[G].北京：科学出版社,1955.

[3] 孙毓棠.中国近代工业史资料：第一辑[G].北京：科学出版社,1957.

[4] 汪敬虞.中国近代工业史资料：第二辑[G].北京：科学出版社,1957.

[5] 李文治.中国近代农业史资料(第一辑)[G].北京：生活·读书·新知三联书店,1957.

[6] 章有义.中国近代农业史资料(第二辑)[G].北京：生活·读书·新知三联书店,1957.

[7] 王铁崖.中外旧约章汇编[G].北京：生活·读书·新知三联书店,1957.

[8] 陈真.中国近代工业史资料：第四辑[G].北京：生活·读书·新知三联书店,1961.

[9] 姚贤镐.中国近代对外贸易史资料：1840—1895[G].北京：中华书局,1962.

[10] 中华民国史事纪要编辑委员会.中华民国史事纪要(初稿)[G].台北：中华民国史料研究中心,1971.

[11] 上海社会科学院历史研究所.五卅运动史料：第一卷[M].上海：上海人民出版社,1981.

[12] 中国社会科学院近代史研究所翻译室.近代来华外国人名辞典[Z].北京：中国社会科学出版社,1981.

[13] 许道夫.中国近代农业生产及贸易统计资料[M].上海：上海人民出版社,1983.

[14] 中国人民政治协商会议上海市委员会文史资料工作委员会.旧上海的外商与买办[M].上海：上海人民出版社,1987.

[15] 沈家五.张謇农商总长任期经济资料选编[G].南京：南京大学出版社,1987.

[16] 中国第二历史档案馆.中华民国金融法规选编：上册[M].北京：中国档案出版社,1989.

[17] 南京大学高教研究所.金陵大学史料集[M].南京：南京大学出版社,1989.

[18] 江苏省商业厅,中国第二历史档案馆.中华民国商业档案资料汇编：第一卷(1912—1928)上、下册[M].北京：中国商业出版社,1991.

[19] 中国第二历史档案馆.中华民国史档案资料汇编[M].南京：江苏古籍出版社,1994.

[20] 戴鞍钢,黄苇.中国地方志经济资料汇编[M].上海：汉语大词典出版社,1999.

[21] 清末民初外国在华商号洋行档案汇编[G].北京：国家图书馆文献缩微复制中心,2008.

[22] 中国社会科学院近代史研究所中华民国史研究室.中华民国史：人物传(全8册)[M].北京：中华书局,2011.

[23] 张宪文.南京大屠杀史料集(72册)[M].南京：江苏人民出版社,2014.

三 著作类

[1] 马克思恩格斯全集(第四卷)[M].北京：人民出版社,1962.

[2] 中共中央马克思恩格斯列宁斯大林著作编译局.资本论(节选本)[M].北京：人民出版社,1998.

[3] 毛泽东.毛泽东选集(第3卷)[M].北京：人民出版社,1991.

[4] 沙为楷.中国之买办制[M].上海：商务印书馆,1927.

[5] 束世澂.中英外交史[M].上海：商务印书馆,1931.

[6] 魏胥之.英国在中国的经济侵略史[M].重庆：新民印书馆,1945.

[7] 蒋乃镛.英国经济的回顾与展望[M].上海：世界书局,1947.

[8] 马超俊.中国劳工运动史[M].重庆：商务印书馆,1942.

[9] 魏子初.英国在华企业及其利润[M].北京：人民出版社,1951.

[10] 吴承明.帝国主义在旧中国的投资[M].北京：人民出版社,1955.

[11] 蒋孟引.第二次鸦片战争[M].北京：生活·读书·新知三联书店,2009.

[12] 张仲礼,陈曾年.沙逊集团在旧中国[M].北京：人民出版社,1985.

[13] 张仲礼,陈曾年,姚欣荣.太古集团在旧中国[M].上海：上海人民出版社,1991.

[14] 汪敬虞.十九世纪西方资本主义对中国的经济侵略[M].北京：人民出版社,1983.

[15] 陈瀚笙.帝国主义工业资本与中国农民[M].上海：复旦大学出版社,1984.

[16] 茅家琦,等.横看成岭侧成峰：长江下游城市近代化的轨迹[M].南京：江苏人民出版社,1993.

[17] 王觉非.英国政治经济和社会现代化[M].南京：南京大学出版社,1989.

[18] 钱乘旦,陈晓律,陈祖洲,等.日落斜阳：20世纪英国[M].上海：华东师范大学出版社,1999.

[19] 张洪祥.近代中国通商口岸与租界[M].天津：天津人民出版社,1993.

[20] 曹均伟.中国近代利用外资思想[M].上海：立信会计出版社,1996.

[21] 唐文起,马俊亚,汤可可.江苏近代企业和企业家研究[M].哈尔滨：黑龙江人民出版社,2003.

[22] 王云骏.民国南京城市社会管理[M].南京：江苏古籍出版社,2001.

[23] 朱英.辛亥革命与近代中国社会变迁[M].武汉：华中师范大学出版社,2001.

[24] 陈谦平.抗战前后之中英西藏交涉(1935—1947)[M].北京：生活·读书·新知三联书店,2003.

[25] 邱嘉昌.上海冷藏史[M].上海：同济大学出版社,2006.

[26] 李玉.北洋政府时期企业制度结构史论[M].北京：社会科学文献出版社,2007.

[27] 茅家琦.实证功夫与思辨精神[M].南京：南京大学出版社,2008.

[28] 曹英.不平等条约与晚清中英贸易冲突[M].长沙：湖南人民出版社,2010.

[29] 侯风云.传统、机遇与变迁：南京城市现代化研究(1912—1937)[M].北京：人民出版社,2010.

[30] 陈谦平.民国对外关系史论[M].北京：生活·读书·新知三联书店,2013.

[31] 蒋赞初.南京史话[M].南京：南京出版社,1995.

[32] 南京市人民政府研究室.南京经济史(上)[M].北京：中国农业科技出版社,1996.

[33] 卢海鸣,杨新华.南京民国建筑[M].南京：南京大学出版社,2001.

[34] 朱信泉.孙中山与民国元勋[M].北京：团结出版社,2011.

[35] 周毅,向明.陶行知传[M].成都：四川教育出版社,2010.

[36] 杨颖奇.中统大特务：张国栋的传奇人生[M].北京：中国文史出版社,2012.

[37] 刘诗平.洋行之王：怡和与它的商业帝国[M].北京：中信出版社,2010.

[38] 经盛鸿.南京沦陷八年史：一九三七年十二月十三日至一九四五年九月九日[M].2版.北京：社会科学文献出版社,2013.

[39] 冯邦彦.香港英资财团：一八四一年至一九九六年[M].香港：三联书店,1996.

[40] 吴翎君.美孚石油公司在中国：1870—1933[M].台北：稻乡出版社,2001.

[41] 李仕德.英国与中国的外交关系(1929—1937)[M].台北："国史馆",2001.

[42] 季南.英国对华外交：1880—1885[M].北京：商务印书馆,1984.

[43] 杨国伦.英国对华政策：1895—1902[M].刘存宽,张俊义,译.北京：中国社会科学出版社,1991.

[44] 克拉潘.现代英国经济史(下卷)[M].北京：商务印书馆,2009.

[45] 孟.英国得自对外贸易的财富[M].袁南宇,译.北京：商务印书馆,2009.

[46] 韦伯,温克尔曼.经济与社会(下卷)[M].林荣远,译.北京：商务印书馆,1997.

[47] 白吉尔.中国资产阶级的黄金时代：1911—1937年[M].上海：上海人民出版社,1998.

[48] 谢艾伦.被监押的帝国主义：英法在华企业的命运[M].张平,等译.北京：中国社会科学出版社,2004.

[49] 雷麦.外人在华投资论[M].北京：商务印书馆,1959.

[50] 巴兰.垄断资本[M].北京：商务印书馆,1977.

[51] 刘广京.英美航运势力在华的竞争：1862—1874[M].上海：上海社会科学院出版社,1988.

[52] 高家龙.中国的大企业：烟草工业中的中外竞争(1890—1930)[M].北京：商务印书馆,2001.

[53] 高家龙.大公司与关系网：中国境内的西方、日本和华商大企业(1880—1937)[M].上海：上海社会科学院出版社,2002.

[54] 马士.中华帝国对外关系史[M].张汇文,等译.上海:上海书店出版社,2006.

[55] 郝延平.十九世纪的中国买办:东西间桥梁[M].李荣昌,沈祖炜,杜恂诚,译.上海:上海社会科学院出版社,1988.

[56] 罗威廉.汉口:一个中国城市的商业和社会(1796—1889)[M].北京:中国人民大学出版社,2005.

[57] 裴宜理.上海罢工:中国工人政治研究[M].南京:江苏人民出版社,2012.

[58] 滨下武志.近代中国的国际契机:朝贡贸易体系与近代亚洲经济圈[M].朱荫贵,欧阳菲,译.北京:中国社会科学出版社,1999.

[59] 城山智子.大萧条时期的中国:市场、国家与世界经济[M].孟凡礼,尚国敏,译.南京:江苏人民出版社,2010.

[60] 门多萨.中华大帝国史[M].孙家堃,译.南京:译林出版社,2014.

四 学术论文类

[1] 唐文起.南京和记洋行[J].史学月刊,1983(03):95-97.

[2] 殷乐鸣.巴金与和记洋行[J].档案春秋,2015(02):63.

[3] 王跃.雨花英烈精神的时代价值[J].群众,2016(07):18-19.

[4] 赵一心.雨花英烈精神何以震撼人心[J].群众,2019(14):11-13.

[5] 李蕉,熊成帅.五卅运动中的青年学生与青年团:兼论早期中国共产主义青年团的青年工作[J].理论学刊,2020(05):149-159.

[6] 郑雪健."五卅"运动时期的工人救济研究(1925—1926)[J].淮海工学院学报(人文社会科学版),2019(09):10-13.

[7] 马思宇.五卅运动前后中国共产党对反帝话语的宣传及其影响[J].马克思主义理论学科研究,2019,5(02):135-142.

[8] 姚军,陈乃鹏."五卅"运动中的青年学生[J].中国青年研究,2008(09):70-73.

[9] 王恒亮.雨花英烈精神融入高校思想政治教育实践研究:以南京晓庄学院为例[J].南京晓庄学院学报,2018,34(05):103-107.

[10] 朱敏."晓庄十英烈"精神的功能拓展与价值提升[J].南京晓庄学院学报,2019,35(05):89-91.

[11] 黄郁萱,孙倩.血洒南京雨花台的陈景星、石璞烈士[J].档案与建设,2020(07):87-88.

[12] 黄逸峰.关于旧中国买办阶级的研究[J].历史研究,1964(03):89-116.

[13] 聂宝璋.十九世纪中叶在华洋行势力的扩张与暴力掠夺[J].近代史研究,1981(02):94-126.

[14] 张仲礼,陈曾年.沙逊集团在华两次发展高潮的资金来源[J].上海经济研究,1986(02):48-54.

[15] 林庆元,黄国盛.鸦片战争前广州英商洋行的起源与演变[J].中国社会经济史研究,1993(01):56-65.

[16] 崔海霞.近代外资在华企业经营策略初探[J].新疆社科论坛,2002(05):17-20.

[17] 李玉.中国近代企业史研究概述[J].史学月刊,2004(04):110-117.

[18] 王强.近代外国在华企业研究的回顾与思考[J].中国矿业大学学报(社会科学版),2011,13(02):76-83.

[19] 王强.近代蛋品出口贸易与蛋业发展[J].史林,2014(05):81-90.

[20] 朱冠楠.市场拓展与政府缺位:全球贸易体系中的中国近代蛋粉业[J].清华大学学报(哲学社会科学版),2020,35(01):189-200.

[21] 张侃.建国初期在华外资企业改造初探(1949—1962):以上海为例[J].中国经济史研究,2004(01):99-106.

[22] 张连红.中日两国南京大屠杀研究的回顾与思考[J].南京大学学报(哲学·人文科学·社会科学版),2007(01):95-109.

[23] 陈谦平.民国初期英国在华企业制度的建立:以企业注册和英商公会为例[C]//中国社会科学院近代史研究所."1910年代的中国"国际学术研讨会论文集.中国社会科学院近代史研究所,2006:261-274.

[24] 陈谦平.上海解放前后英国对中共的政策[J].南京大学学报(哲学·人文科学·社会科学版),2000(02):15-21.

[25] 罗玲.试论南京城市近代化的特征[J].东南文化,1998(02):93-96.

[26] 王云骏.民国南京城市社会管理问题的历史考察[J].江苏社会科学,2000(03):151-157.

[27] 俞明.论下关开埠对南京政治经济地位与城市发展的影响:纪念南京下关开埠10周年[J].南京社会科学,1999(04):43-47.

[28] 聂宝璋.1870年至1895年在华洋行势力的扩张[J].历史研究,1987(01):145-161.

[29] 聂宝璋.《外国在华工商企业辞典》读后[J].中国经济史研究,1997(03):157-160.

[30] 高海燕.近代外国在华洋行、银行与中国钱庄[J].社会科学辑刊,2003(02):148-153.

[31] 张秀莉.19世纪上海外商企业中的华董[J].史林,2004(04):12-30.

[32] 崔美明.八十二年的盛衰史:评《太古集团在旧中国》[J].近代中国,1993(01):256-263.

[33] 张忠民.近代上海工人阶层的工资与生活:以20世纪30年代调查为中心的分析[J].中国经济史研究,2011(02):3-16.

[34] 张忠民.思路与方法:中国近代企业制度研究的再思考[J].贵州社会科学,2018(06):28-35.

[35] 方立新,夏仕洋,孙逊.工业遗产建筑南京和记洋行化验楼的结构加固设计[J].中外建筑,2017(12):119-120.

后　记

本书在我的博士论文《南京英商和记洋行研究》的基础上，删改了原文中的部分内容，增加了陆续发现的史料，也开展了口述历史的访谈，形成了现在的文本。

在本书出版之际，我又想起了本课题研究过程中一些重要的经历。十多年前，我在南京师范大学社会发展学院攻读硕士研究生，其间曾多次奔波于江苏省档案馆、南京市档案馆、南京图书馆等处为相关论文的写作查阅资料。有一次，我在南京图书馆文献阅览室无意中翻到了一期《江苏革命史料选辑》，其中摘录的数条五卅运动时期和记洋行的史料，给我留下了比较深刻的印象。

2010年，我考取了南京师范大学历史系的博士研究生。在选择博士论文选题的时候，我也曾有意将硕士论文继续深入做下去，于是继续在档案馆收集一些史料，也认真思考了有关理论的问题。

在档案馆翻阅档案目录的时候，无意中发现了一份名为"南京英商和记洋行档案史料汇编"的档案，我这时候想起了之前在南京图书馆看到了一些和记洋行的资料，感到非常兴奋，于是和工作人员协商，填写调档函。这份形成于1962年的档案由江苏省哲学社会科学院历史研究室驻厂调查形成，保存了当时搜集的一些和记洋行的资料，最为重要的是其中保存了当时形成的重要口述史料，我觉得以这些史料为基础，认真查找有关档案的线索，或许可以进行博士课题的研究。

在博士论文的写作阶段，最主要的困难还是相关史料的缺失。当时，我能够掌握的史料主要是和记洋行革命历史资料，以及一部分在20世纪60年代形成的口述历史。由于和记洋行的原始材料在1927年和1937年因为战争等原因大多被毁，而我在当时也几无可能前往海外收集档案，所以，能够完成课题的写作，

时时感到忧虑和不安！

我的博士生导师张连红教授一直鼓励我认真寻找史料的各种线索，多次与我交流论文的进展情况，帮我树立了克服困难的信心。2011年12月16日，博士论文开题报告那天，我最终以"南京英商和记洋行研究"作为我博士论文的选题，并得到了参加开题报告的各位专家的认可，慈鸿飞教授提点我进一步查询档案的方法与途径！

其后，我以电子邮件的方式向海外的一些机构及个人去信询问史料的问题，未获有效的答复。

2012年年初我在浏览台北"中央研究院"近代史研究所网站的时候，点击"郭廷以图书馆"网页，当时有几个数据库正在提供免费使用服务，其中包括《英国卫报》及《镜报》的历史回溯数据，我尝试输入与和记洋行有关的几个英文关键词，竟得到若干条有关的历史新闻。

2012年春节前后，我在旧书网发现有一个卖家正在出售一份原南京肉联厂的信函。我打开网站的聊天功能向其询问是否还有肉联厂的其他资料，她和我说以前似乎看到过，答应帮我找找看，几天后来电，表示发现了一份肉联厂编的二十几页厂史资料。我花了一百元买了这份资料，收到后里面的内容是有关和记五卅运动的；她说以后若发现别的资料第一时间告诉我。一个月后，她再次告诉我又发现另一份资料，寄给我后，这份资料是关于"四三惨案"的一些描述。她还顺便问了我一句，一个小小的肉联厂，有什么好研究的呢？我也问她是从哪里得到这些资料的，她说是从废品收购站得到的，论斤称。

紧接着，2012年3月下旬，我习惯性地浏览台北"中央研究院"近代史研究所网站，发现了一则通告，告知研究者他们已将馆藏的清末至民国时期所有外交部及经济部档案进行了数字化，并提供网络免费下载服务。

我打开了这个网站，进入"近史所档案馆馆藏检索系统"，注册了一个账号，下载了阅览软件，第二天得到确认后，输入"和记"等关键词，竟出现了若干条篇目，且全部可以提供全文免费下载，而这些档案正好可以弥补和记发展历史的空白。当晚，我几乎兴奋得难以入眠。

连续几天，我几乎整天在这个网站上下载资料，并用截图软件将选好的资料保存下来，准备仔细地整理和研究。正是有了台北"中央研究院"近代史研究所档案馆的这批从晚清到北洋时期的外交和经济方面的档案，我隐约地感觉到这个课题大致可以完成!

经过几次沟通,南京天环食品厂的领导也积极支持我查阅他们保管的部分档案和历史资料,进一步丰富了本课题研究的资料基础。

在南京图书馆民国文献阅览室及金陵图书馆南京地方文献阅览室,我从众多的报刊、资料中寻找和记洋行的线索。和记洋行的两次工人运动在《申报》《益世报》《民国日报》《中央日报》等民国时期的主要报刊中有很多相关的报道,我多次前往这两处图书馆,将有关资料一一录入电脑。在论文的写作过程中,我也曾多次前往下关宝塔桥和记洋行旧址考察,记得我第一次坐车前往,找错了地方,竟然到了江北;第二次经过反复打听,乘坐12路公交车到宝塔桥下,来到了南京天环食品有限公司,即和记洋行的旧址;当我第一次跨进该厂的大门的时候,一座座高大的冷藏库展现在我眼前,我的思绪一下子回到了当年和记洋行热闹生产的情景;其后,我又多次前往该厂,反复寻找当年的历史遗迹,并对附近的居民进行了询问;后来在厂内抄录资料,有幸进入那座建于1913年的二层办公楼,里面依旧留下了当年的很多遗迹,包括1949年国民党飞机轰炸的痕迹。

2013年8月,我来到南京铁道职业技术学院,工作之外,继续关注课题的研究。2014年上半年,凭借着这项研究的文稿,我有幸入选了《环球时报》公益基金会第二届"希望英才"青年学者培养计划。在参加会议的现场,北京大学乔秀岩教授和我进行了深入的交流,也积极鼓励我将这项研究深入进行下去。

近年来,我也陆续从国内外一些收藏者那里购买到和记洋行不同历史时期的数张原始照片,包括本书封面上的这张从长江中拍摄的和记洋行,从中可以看到,高耸的烟囱正冒着浓烟,再现了当年的历史影像。

在谭立威的帮助下,我采访到了抗战前曾在和记洋行工作的孙正佛先生,他给我讲述了青少年时代在和记洋行的种种往事,经历南京大屠杀的惨痛记忆,这也是我唯一寻访到的和记洋行历史的亲历者、见证人。

我采访了邓定海烈士的女儿邓桂兰老人和外孙女李红云女士,认真聆听了邓定海烈士的英雄事迹,深刻感悟了共产党人的初心使命,也了解了很多档案、文献中没有描述的深刻细节和感动往事!

本书中的主要内容,我在南京梅园新村"小红梅"、南京江北新区盘城街道双城社区、顶山街道、浦口区桥林街道等地方面向党员和团员进行了红色文化的宣讲,反响较好。

后　记

　　本书的完稿，我由衷地感谢在硕士阶段萧永宏教授的专业训练，博士阶段张连红教授的悉心指导，两位导师诲人不倦，严谨治学，令我受益终身，在南京师范大学六年的学习生活也是我十分美好的回忆！

　　感谢20世纪60年代江苏省哲学社会科学院历史研究室的工作人员对和记洋行资料的整理，以及口述历史的访谈，如果没有他们的努力，亲历者的历史记忆将是一个无法弥补的空白；感谢台北"中央研究院"近代史研究所等学术机构保管的和记洋行相关的原始文献，如果没有这一部分，和记洋行的故事也只能讲述一半。

　　感谢南京铁道职业技术学院马克思主义学院杨晓慧院长和各位同事，在大家的积极鼓励和大力支持下，我持续开展了后续的研究，并在2020年江苏高校"青蓝工程"优秀教学团队项目的资助下，将这项成果顺利出版。

　　感谢东南大学出版社对本书出版的大力支持！本书涉及资料较多，在审稿的过程中，责任编辑陈淑老师做了大量细致的工作，付出了很多时间和精力，并就相关的内容与我反复沟通，令我受益很多，也一并致谢！

　　《和记洋行与近代南京》这项成果虽然也花费了很多的时间，投入了较多的精力，但本研究还有很多需要完善和改进的地方，我也将继续虚心学习，将实证研究与思辨精神结合起来，书写和记洋行历史文化，传承红色革命精神！